MENSAGEM DE UMA MÃE
CHINESA DESCONHECIDA

A marca FSC é a garantia de que a madeira utilizada na fabricação do papel deste livro provém de florestas que foram gerenciadas de maneira ambientalmente correta, socialmente justa e economicamente viável, além de outras fontes de origem controlada.

XINRAN

Mensagem de uma mãe chinesa desconhecida

Histórias de perdas e amores

Tradução
Caroline Chang

Companhia das Letras

Copyright © 2010 by The Good Women of China Ltd.

Grafia atualizada segundo o Acordo Ortográfico da Língua Portuguesa de 1990, que entrou em vigor no Brasil em 2009.

Título original
Message from an Unknown Chinese Mother

Capa
Rita da Costa Aguiar

Foto de capa
© Dean Wong/ Corbis/ LatinStock.
Seatle, Washington, Estados Unidos. *c.* 1981

Preparação
Carlos Alberto Bárbaro

Revisão
Isabel Jorge Cury
Luciane Helena Gomide

Dados Internacionais de Catalogação na Publicação (CIP)
(Câmara Brasileira do Livro, SP, Brasil)

Xinran
    Mensagem de uma mãe chinesa desconhecida : histórias de perdas e amores / Xinran ; tradução Caroline Chang. — São Paulo : Companhia das Letras, 2011.

    Título original : Message from an Unknown Chinese Mother.
    ISBN 978-85-359-1802-1

    1. Mães - China - Biografia 2. Mães - Condições sociais - Século 20 3. Mães - China - Condições sociais - Século 21 4. Maternidade - China 5. Política familiar - China 6. Tamanho da família - China I. Título.

10-13592	CDD-306.87430951

Índice para catálogo sistemático:
1. China : Mães : Biografia 306.87430951

[2011]

Todos os direitos desta edição reservados à
EDITORA SCHWARCZ LTDA.
Rua Bandeira Paulista, 702, cj. 32
04532-002 — São Paulo — SP
Telefone (11) 3707-3500
Fax (11) 3707-3501
www.companhiadasletras.com.br

Um livro para crianças chinesas adotadas —
e para colaboradores do Mother's Bridge of Love

Sumário

Nota da tradutora da edição inglesa, 9
Nota de contextualização, 11
Prefácio, 21

1. A primeira mãe que conheci que havia perdido sua filha, 29
2. "As mães de meninas têm o coração cheio de tristeza", 52
3. A história da parteira, 66
4. A lavadora de pratos que tentou se matar duas vezes, 85
5. Guerrilheiros do nascimento extra: um pai em fuga, 109
6. Mary Vermelha do orfanato, 129
7. A mãe que ainda espera nos Estados Unidos, 154
8. Um conto moral dos nossos tempos, 172
9. Laços de amor: pedras e folhas, 194
10. Floco de Neve, onde está você?, 209

Posfácio, 223
Apêndice A: Mais cartas de mães adotivas, 231
Apêndice B: Leis chinesas de adoção, 236

Apêndice C: Suicídio entre mulheres, 257
Apêndice D: As dezoito maravilhas de Chengdu, 260
Agradecimentos, 267

Nota da tradutora
da edição inglesa

As histórias contadas neste livro são imensamente poderosas, o que de certo modo as torna mais difíceis de serem traduzidas. É claro, a tradução exigiu sensibilidade emocional. Quando as mães falavam sobre suas filhas perdidas, era especialmente importante escolher as palavras que atingissem o "tom" certo; a linguagem tinha que ser convincente ao leitor — nem emotiva demais nem fraca demais. Sobretudo, as palavras dessas mulheres tinham que soar tão naturais ao leitor quanto pareceram a Xinran quando ela ouviu cada uma delas. Mas o chinês é uma língua muito diferente do inglês, e às vezes traduzir algo muito literalmente não expressa as emoções que existem por trás das palavras. E também há palavras para as quais só há uma tradução óbvia, que, entretanto, tem um significado muito diferente do original chinês. Em *Mensagem de uma mãe chinesa desconhecida*, por exemplo, a palavra para "raízes" não significa uma cidade natal nem a comunidade para a qual uma pessoa retorna, como no Ocidente. Para aldeões chineses, "raízes" indica uma pessoa — o filho que tem o dever sagrado de honrar os ancestrais e, ao fazê-lo, dar continuidade à linhagem familiar. Além disso, algumas das palavras que essas pessoas usaram — sobretudo nas histórias que se passam em cenários rurais — descreviam coisas que eu jamais vira nem ouvira falar, e não constavam em dicionários. O que era, por exemplo, a "trouxa de vela", na qual se envolvia um bebê recém-nascido? Nas vezes em que me vi num beco sem saída, Xinran foi uma autora exemplar, sempre disposta a responder às minhas perguntas, compartilhando minha ansiedade em encontrar a palavra adequada.

Também houve casos de costumes que eu conhecia, mas que requereram uma palavrinha extra de explicação para o leitor: o Mês do Nascimento, por exemplo. Uma narrativa como esta está cheia de referências a costumes e crenças, do tipo que são tão respeitados e tão profundamente enraizados na comunidade que levam as pessoas a excessos. Xinran os interpretou e explicou para o leitor, mas, como tradutora, ainda assim precisei tecer as palavras com muito cuidado.

Uma das alegrias da tradução é uma certa sensação de privilégio: somos pessoas de sorte, pois temos uma janela para um outro mundo. O tradutor é uma espécie de construtor de pontes entre duas línguas e duas culturas. Espero que com minha tradução eu tenha auxiliado a tornar as experiências das mulheres e dos homens que "falam" neste livro mais reais para os leitores, sejam eles quem forem e estejam onde estiverem.

Nicky Harman

Nota de contextualização

No final de 2007, o número de crianças órfãs chinesas adotadas no mundo todo chegou a 120 mil. Essas crianças foram levadas para 27 países — e quase todas eram meninas. A maior parte dos chineses acha inacreditáveis os números da adoção, assim como acham difícil crer que crianças chinesas tenham encontrado mães e lares em tantos países. Por que a China tem tantas meninas órfãs? A maior parte dos chineses diria que é porque há algo inerentemente errado com a cultura tradicional; em outras palavras, antigos costumes são enraizados na ignorância. Os ocidentais, por outro lado, acreditam que a culpa é da política do filho único. Comecei a reunir informações quando, em 1989, passei a apresentar *Palavras na brisa noturna*, um programa para mulheres na Rádio Nanjing; à medida que esse trabalho me levou por toda a China, para fazer entrevistas, encontrei mulheres que haviam sido forçadas a abandonar seus bebês. Pessoalmente, acredito que são três as principais razões para isso. Em primeiro lugar, bebês do sexo feminino têm sido abandonados em culturas rurais do Oriente desde os tempos antigos; em segundo lugar, uma combinação de ignorância sexual, que continua muito disseminada, e o boom econômico; e, por último, há a política do filho único.

Em países em desenvolvimento, com suas comunidades que tiram o sustento de métodos primitivos de agricultura, ou da caça, ou de coletar o que a natureza oferece, ou então da pesca, a mão de obra é necessária para a sobrevivência, e assim a preferência por meninos é inevitável. Machos têm uma vantagem física indiscutível em relação às fêmeas quando se trata de trabalho pesado, de carregar produtos, caçar, defesa etc.

Outro fator que não pode ser ignorado no caso da China é um sistema antigo de distribuição de terras que persiste até hoje. Tal sistema teve início com a dinastia Xia (aproximadamente de 2070 a.C. a 1600 a.C.) e mostrou-se na sua forma mais completa no Sistema de Distribuição de Terras em Poços da dinastia Zhou (1045 a.C. a 256 a.C.), e no Sistema Igualitário de Terras organizado por volta do ano 485 pelos governantes do reino de Wei do Norte.* O que esses sistemas tinham em comum com o sistema atual é o princípio de destinar campos de cultivo com base no número de membros de uma família morando sob o mesmo teto. A discriminação em favor dos homens se tornou, portanto, uma lei imutável.** Em 485, foi feita uma listagem de clãs, e então distribuiu-se terra com base no número de membros permanentes de tal clã. A terra era dividida em dois tipos: terras aráveis, para cultivo de grãos, e terra de amoreiras, para a alimentação de bichos-da-seda. Todo homem com quinze anos ou mais recebia quarenta *mu**** de terra ará-

---

* O sistema originou-se na China no ano 485 por uma ordem do imperador Xiaowendi da dinastia dos Wei do Norte (386-534/5). [As notas chamadas por asterisco são do editor inglês. As notas numeradas são da autora.]

** Como as filhas mulheres, ao casar, passavam a fazer parte de outra família, elas não recebiam terras enquanto ainda vivessem em sua família de nascimento.

*** Na China moderna, um *mu* equivale a 1/6 acre ou 1/16 hectare. Na China antiga, porém, o tamanho de um *mu* variava de acordo com o período histórico e também com o tipo de terra em questão.

vel, ao passo que as mulheres recebiam vinte *mu*, e escravos e serventes também podiam receber terra. Essa terra revertia ao governo quando da morte de quem a recebera.

Quanto à terra de amoreira, os homens recebiam vinte *mu*, que se tornavam sua propriedade — eles podiam comprar e vender, e ela não precisava ser devolvida. Durante a dinastia Tang, 618-907, foi claramente estipulado que mulheres não receberiam, usualmente, nenhuma porção de terra. E dessa forma dinastias se sucederam ao longo da história chinesa, mas a maneira como a terra é distribuída nunca mudou, e a desigualdade básica entre homens e mulheres se tornou uma tradição profundamente arraigada. Nos vilarejos, meninos não apenas davam continuidade à linhagem familiar e herdavam o nome do clã, eles eram também fonte da propriedade familiar e os criadores da riqueza da família.

O artigo 22 da Lei de Planejamento Populacional e Familiar da República Popular da China, promulgada em 29 de dezembro de 2001, diz: "Ficam proibidos a discriminação e maus-tratos de mulheres que derem à luz bebês do sexo feminino e de mulheres que sofrerem de infertilidade. Ficam proibidos a discriminação, maus-tratos e o abandono de bebês do sexo feminino". Entretanto, uma "boa mulher" deve dar à luz um menino — toda aldeã casada sabe disso. É não só o seu dever sagrado como também a mais fervorosa esperança de seus sogros. Então, em alguns vilarejos mais pobres, se a primeira criança é uma menina, o desafortunado bebê é abandonado ou asfixiado logo após o nascimento. Nos lugares onde o controle de natalidade não é uma prática devidamente compreendida, o abandono de crianças é apenas mais uma lei da natureza, vigente desde tempos imemoriais. Se o bebê que a família não tinha como criar era um menino, ele podia ser adotado por outra família ou então vendido. Para uma menina, a morte era praticamente inevitável.

A política chinesa de um filho por família foi arquitetada no Segundo Simpósio Nacional sobre Demografia, ocorrido na cidade de

Chengdu, na província de Sichuan, de 11 a 14 de dezembro de 1979. A então vice-primeira-ministra, Chen Muhua (que por acaso também foi a primeira ministra mulher na história da China), convenceu os delegados, no debate de encerramento, que limitar os casais a terem um filho poderia desacelerar a rápida taxa de crescimento populacional da China. Esse foi o início da "revolução populacional" que até hoje é tema de debates acirrados. O professor Ma Yanchu,[1] renomado especialista em

---

1. O economista Ma Yanchu (1882-1992) ingressou na Universidade de Tianjin em 1901 para estudar mineração e metalurgia; após um mestrado em economia na Universidade Yale e um doutorado na Universidade Columbia, ele retornou à China, em 1915, e trabalhou primeiramente no Ministério das Finanças do republicano "governo Beiyang", de Yuan Shikai, e posteriormente como professor de economia na Universidade de Beijing. Em agosto de 1949, tornou-se reitor da Universidade de Zhejiang e ocupou vários cargos no governo. Começou a dirigir suas pesquisas ao problema da rápida expansão demográfica ocorrida na China nos primeiros anos da década de 1950, publicando *Nova teoria populacional*. Ma ressaltava a necessidade de se acumular capital, desenvolver a ciência e a tecnologia, melhorar a produtividade da mão de obra, índices de desenvolvimento humano e níveis educacionais, bem como incrementar o fornecimento de matéria-prima para a indústria; concluindo que urgia controlar os números da população, ele estabeleceu três pontos principais: 1) Apenas se os números demográficos fossem controlados os níveis de consumo poderiam diminuir, permitindo a acumulação de capital. 2) Para construir o socialismo, era necessário aumentar a produtividade da força de trabalho, desenvolver a indústria pesada e fazer com que a agricultura passasse a ser mecanizada e movida à eletricidade. 3) Havia um conflito entre agricultura e produção de matéria-prima industrial; a pressão da população quanto a recursos alimentares significava que havia pouca terra na qual cultivar algodão, bicho-da-seda, soja, amendoins e outros tipos de lavoura com alta liquidez comercial. "Apenas razões alimentares já bastam para que a população seja controlada", ele escreveu, e isso precisava ser feito sem demora. Em várias ocasiões Ma trouxe à baila, com Mao Zedong, o problema demográfico. Mao Zedong discordava: "Podemos planejar a produção de pessoas? Podemos submetê-las a estudos e experimentos?". Uma campanha nacional foi lançada para criticar o "pensamento reacionário de Ma Yanchu". Mas Ma manteve-se firme e, apesar de já idoso, declarou publicamente: "Pelo bem do meu país e da verdade, continuarei a defender a minha teoria demográfica, haja o que houver. Não tenho receio de ser atacado nem posto no os-

estudos demográficos, advertiu, no início da década de 1950, que a população do país estava crescendo rápido demais; em função de uma sugestão sua, o governo realizou o primeiro censo populacional da China, nos primeiros meses de 1953. Os resultados foram publicados em 1º de novembro daquele ano: à meia-noite de 1º de junho de 1953, a população chinesa era de 600 milhões. Em apenas quatro anos decorridos após o estabelecimento da República Popular da China, em 1949, a população havia crescido em 100 milhões. Em seu estudo comparativo, *Nova teoria populacional* (1957), o professor Ma escreveu que nos anos entre 1953 e 1957 a população de fato pode ter ultrapassado os 20% de crescimento anual detectado no censo de 1953. Segundo ele, o lento crescimento da tecnologia de manufatura junto com um salto na população, acrescido dos conflitos sociais daí resultantes, significava que, à medida que a economia global e a civilização se desenvolvessem, a China ficaria para trás. As ideias de Ma eram diametralmente opostas às de Mao, segundo as quais a população e a economia deveriam crescer em paralelo. Como resultado, Ma foi perseguido durante a Revolução Cultural.

Mas a história provou que Ma estava certo: a população continuou a crescer — de 700 milhões em 1966 a 1,2 bilhão em 1979 —, enquanto os níveis educacionais e econômicos ficavam muito atrás dos níveis do Primeiro Mundo. Até hoje, a maior parte dos habitantes urbanos com mais de 45 anos se lembra dos valiosos cupons de racionamento

---

tracismo, tampouco temo provações, demissão, prisão e nem mesmo a própria morte". Em 3 de janeiro de 1960, ele foi forçado a se demitir do cargo de reitor da Universidade de Beijing e logo em seguida foi demovido de suas funções no Comitê Permanente da Assembleia Popular Nacional. Foi proibido de publicar textos, de falar em público, de dar entrevistas e de receber visitantes estrangeiros, mesmo se fossem apenas amigos. Por suas más ações, ele também foi colocado sob prisão domiciliar.

Depois do desbaratamento da Gangue dos Quatro, Ma Yanchu foi novamente indicado reitor da Universidade de Beijing. Ele morreu logo depois do seu centésimo aniversário, em 14 de maio de 1982.

para óleo, carne, grãos e tecido. Certo ano, lembro de ter ficado na fila desde as cinco da manhã até o meio-dia, na neve e sob temperaturas enregelantes, para comprar um quarto de quilo de carne de porco para a minha professora. Essa era a ração para o jantar de Ano-Novo chinês de toda a família! No campo, a população continuava aumentando. As cada vez mais estreitas estradas entre os campos eram uma prova muda da luta para extrair comida de todo pedaço de terra, por menor que fosse. A bem dizer, a economia estava estagnando, e a imposição de uma política de controle populacional ofereceu uma breve trégua a um povo que padecera de um século de guerras e levantes políticos, e que lutava contra a pobreza diariamente.

Milhões de famílias, porém, continuavam a acreditar que era seu dever sagrado produzir um herdeiro homem para levar adiante a linhagem familiar; na verdade, era um pecado não fazê-lo. À medida que a "era de planejamento familiar" de fato começou, nos anos 1980, essas pessoas pagaram um preço muito alto. Famílias inteiras foram arruinadas, casas foram destruídas e muita gente morreu nas mãos de autoridades locais que praticavam políticas de planejamento familiar de forma cruel e violenta. As famílias de camponeses analfabetos eram quem mais aferradamente combatia o governo local pela chance de ter um bebê do sexo masculino.

Há um ditado chinês que já citei antes que diz "o céu é alto, e o imperador está longe" — o que significa que quanto mais alguém se afasta da sede do governo, mais provável é que regras locais prevaleçam sobre éditos da capital. Com uma área de 9,6 milhões de quilômetros quadrados, a China é um país vasto, e há áreas onde a política do filho único nunca foi efetivamente implementada. Nas regiões mais remotas no oeste da China, ela só vale da boca para fora. Em 2006, enquanto realizava entrevistas para meu livro *Testemunhas da China*, na região banhada pelos rios Amarelo e Yangtze, encontrei em vilarejos montanhosos no oeste muitas famílias com cinco ou mais filhos (havia exceções para grupos étnicos minoritários); mesmo no leste da China, eram comuns famílias de camponeses pobres com três filhos ou mais. Nem todos os jovens com vinte e poucos anos na China são filhos únicos; também há vários com pencas de irmãos e irmãs.

Diferentemente, nas áreas urbanas do leste da China, o cumprimento da lei era e é draconiano.[2] No início dos anos 1990, quase todo mundo vivia dentro dos limites da economia planejada pelo governo. De forma que ter mais de um filho significava a perda do emprego, da casa (que era alocada pelo empregador), do direito às rações de comida e de roupas, do direito da criança à educação e à assistência médica, e até mesmo da chance de encontrar outro emprego, já que ninguém ousaria contratar tal pessoa. Apenas porque você tivera um filho "extra", você e a sua família estariam abrindo mão de absolutamente tudo. Entre a população com bom nível educacional, havia de fato muito poucas pessoas preparadas a correr o risco de arruinar suas perspectivas de vida dessa maneira. Entretanto, isso não as impedia de lançar mão de todo e qualquer meio, de tecnologias médicas modernas até remédios à base de plantas da medicina chinesa, para garantir o nascimento de um filho homem. Acho que isso explica, até certo ponto, o desequilíbrio de gêneros em algumas áreas da China.

Nos muitos anos que passei entrevistando pessoas em função do meu trabalho, descobri outra razão simples, porém importante, para o abandono de bebês: a combinação de ignorância e de liberdade sexual entre os jovens.

Examinando retrospectivamente a primeira década das reformas econômicas, fica claro que 1992 marcou um ponto de virada para a população urbana chinesa. Até aquele momento, moradores urbanos de

2. Entretanto, em julho de 2009 as autoridades de Shanghai anunciaram publicamente um abrandamento oficial (já em prática na cidade havia três anos) quanto à política do filho único. Preocupadas com o equilíbrio populacional — resultado de uma queda na taxa de nascimentos nas classes mais favorecidas e de uma população cada vez mais velha —, começaram a incentivar o nascimento de um segundo filho em alguns setores da população.

bom nível educacional eram espectadores passivos dos acontecimentos. Muitos chegaram a fazer pouco das reformas como sendo mais uma manobra política. Olhavam com certo desprezo para trabalhadores migrantes vindos do interior que labutavam furiosamente para erguer-se acima da pobreza absoluta; e menosprezavam aqueles ex-vagabundos sem profissão que passaram a prosperar como donos de banquinhas ou camelôs nas metrópoles e grandes cidades. Nos anos 1980, a expressão "famílias de 10 mil yuans por ano" designava a população sem instrução que havia ganhado dinheiro assumindo riscos. Os que tinham instrução eram mais cautelosos. Levaram uma década para acordar para o fato de que, se não quisessem perder o bonde da história, precisavam reunir coragem e agarrar as oportunidades oferecidas pelas reformas. Uma grande leva de jovens não tardou a inundar faculdades e universidades. Empreender entrou na moda, assim como qualquer coisa que fosse ocidental. E no que dizia respeito a jovens estudantes, as reformas pareceram encontrar sua mais dramática expressão nas relações "ocidentalizadas" entre os sexos — houve um repentino salto nos números de jovens que dormiam juntos sem ser casados.

Uma amiga minha da China certa vez se lamentou para mim ao telefone por não mais saber que regras sociais estavam em vigor e o que significava moralidade. "Na nossa época", ela disse, "ninguém ousaria sequer conversar a sós com alguém do outro sexo. Nossos pais não se beijavam nem se abraçavam na frente dos filhos! Mas agora minha filha de dezenove anos troca de namorado a cada dois meses, e volta e meia dorme fora de casa. Ela chama isso de liberdade sexual e de ser dona do próprio nariz! Não sei mais: será que sobrou algum padrão de comportamento social?"

Não discutirei aqui que padrões de comportamento social deveríamos seguir. Julgar todo mundo pelos mesmos padrões é algo ignorante e autoritário. O que quero é falar sobre esses jovens, a geração da filha da minha amiga, que cresceram nos anos 1990. Eles passaram direto da vida em uma sociedade na qual ainda vigiam padrões morais tradicionais para a adoção de costumes sexuais ocidentalizados. O problema é que muitos deles praticamente não tiveram nenhuma educação ou orientação sexual: viviam uma existência "assexuada" no seio da família, na escola e na sociedade. Uma combinação de fatores — ignorância sexual, ausência de programas de saúde sexual, bem como atitudes hipócritas no que diz respeito à sexualidade por parte da geração mais velha — resultou que quando tais jovens foram subitamente expostos à ocidentalizada liberação sexual e ao novo hedonismo, as consequências foram desastrosas. Muitos nada sabiam sobre contracepção, nem mesmo sobre como são feitos os bebês. O negócio do aborto se tornou um ótimo caminho para se ganhar dinheiro rapidamente, e anúncios para esse tipo de serviço eram afixados em toda parte nas periferias das cidades. Quase nenhuma das estudantes que engravidavam ficava com o bebê. As famílias chinesas disputavam os meninos, mas os bebês do sexo feminino inevitavelmente terminavam em orfanatos. Essa é provavelmente uma das razões para o aumento dramático nos números de bebezinhas em orfanatos chineses de 1990 em diante, e também para a instituição da política governamental de 1992 que permitiu a adoção internacional.[3]

Claro, há também outras razões que explicam o abandono de recém-nascidos, e tais razões são ainda mais perturbadoras e terríveis. Por exemplo, um adivinho pode prever que isso "poupará problemas futuros à família"; e há também as crenças populares de que matar um

---

3. No meu trabalho, e também quando pesquisava sobre as necessidades culturais das crianças chinesas adotadas, aprendi bastante sobre leis de adoção. A Lei de Adoção da República Popular da China foi aprovada na XXIII Reunião do Comitê Permanente da VII Assembleia Popular Nacional em 29 de dezembro de 1991 e passou a vigorar em 1º de abril de 1992. Foi retificada na V Reunião do Comitê Permanente da IX Assembleia Popular Nacional, em 4 de novembro de 1998. Então, em 2005, a China assinou a Convenção de Haia de 29 de maio de 1993, relativa à Proteção das Crianças e à Cooperação em Matéria de Adoção Internacional (Convenção de Haia para a Adoção). Ver apêndice B.

bebê vai "evitar catástrofes naturais". Entre muitas pessoas, persistem as crenças relativas ao abandono de bebês que foram transmitidas pelos membros mais velhos de uma comunidade.

Neste livro, o leitor encontrará histórias trágicas sobre o que tradicionalmente tem acontecido com bebês abandonados do sexo feminino, e ainda continua a acontecer. As ferramentas que reforçam essas tradições, forjadas a partir da necessidade de sobreviver, têm sido ao longo dos séculos mantidas amoladas pelas mães — e ainda assim as vítimas são justamente mulheres e meninas. Em 2004, fundei na Inglaterra uma instituição de caridade chamada The Mothers' Bridge of Love (MBL). Ela tem três objetivos principais: fornecer recursos culturais para crianças chinesas espalhadas pelo mundo; ajudar crianças que foram adotadas por famílias ocidentais, e que portanto têm uma herança cultural dupla; e, especialmente, fornecer auxílio para crianças deficientes que perecem esquecidas em orfanatos chineses.

Prefácio
Um livro escrito para filhas adotivas

Levei muito tempo até reunir a coragem para reviver algumas das lembranças e experiências de minha vida como repórter na China. Em *As boas mulheres da China*, escrevi sobre as corajosas chinesas que me contaram suas histórias quando eu trabalhava como apresentadora de um programa de rádio. Mas havia histórias que eu ainda não conseguira contar. Eram dolorosas demais e próximas demais. Não sou uma mulher especialmente corajosa; sou apenas uma mulher que deseja sentir o abraço de uma mãe e aquela relação vitalícia de amor e dependência que há entre mãe e filha. Pouco a pouco esse desejo abriu caminho em mim, até que começou a dominar meus pensamentos dia e noite. Redespertar essas lembranças ameaçava abrir velhas feridas: eu sentiria falta de minha própria mãe mais do que nunca, e ficaria ainda mais amargurada por jamais ter experimentado tal tipo de amor.

Em um evento de que participei na Feira Internacional do Livro de Melbourne, Austrália, em 2002, alguém me perguntou: "Xinran, qual é o seu sonho?".

Eu disse: "Ser filha".

Houve uma agitação na plateia de algumas centenas de pessoas. "Mas você nasceu, então deve ser filha de alguém!"

"No sentido biológico, sim", expliquei. "Mas nasci no seio de uma cultura tradicional, vivi levantes políticos brutais quando criança, e minha mãe e eu vivemos numa época que não considerava importantes os laços afetivos familiares. O resultado é que não consigo lembrar de uma só ocasião em que a minha mãe tenha dito que me amava, ou que tenha sequer me abraçado."

Terminado o encontro, deparei com uma fila de mulheres de cabelos prateados, em pé, esperando por mim junto ao carro que me levaria de volta ao hotel. Estavam ali, disseram, para me dar um abraço materno. Uma a uma elas se aproximaram de mim, colocaram os braços ao meu redor e pousaram um beijo na minha testa...

Não pude evitar: as lágrimas inundaram o meu rosto. Lá dentro, no meu coração, exclamei: "Sou grata pela afeição genuína dessas mulheres, mas como eu gostaria que minha própria mãe tivesse me abraçado desse jeito. Sinto tanta falta do amor da minha mãe!". E essa é a razão que me deixava tão receosa de voltar a lembranças que tantas lágrimas me custaram na época e revisitar a dor das mulheres que abandonaram suas filhas. Era ainda mais difícil encarar a pergunta feita por meninas chinesas que foram adotadas por culturas estrangeiras: "Xinran, você sabe por que a minha mãe chinesa não me quis?".

Meus livros foram publicados e traduzidos em mais de trinta línguas e, como resultado, recebi fotografias, fitas e vídeos de famílias adotivas e de meninas chinesas adotadas de todo o mundo. Suas cartas, como as duas que reproduzo no apêndice A, me confortaram, e foi graças a esse incentivo que finalmente registrei aqui as histórias das mulheres chinesas que foram forçadas a abandonar os seus bebês...

Prezada Xinran,

Sou a mãe (adotiva) de duas lindas filhas da China. Minhas filhas têm agora onze e nove anos. Ambas são muito felizes na nossa família, e muito amadas. Elas também nunca vão esquecer que têm uma família biológica na China. Elas amam as suas mães biológicas e as duas, como você, gostariam de ver o rosto das suas mães biológicas e ouvir as suas palavras. Por favor, escreva o seu livro. Dessa maneira elas vão conhecer os sentimentos de suas mães biológicas. Embora tenhamos dito a elas que procuraremos suas mães biológicas se quiserem conhecê-las, também dissemos que tal busca pode se mostrar infrutífera. A mensagem das mães biológicas que você vier a mandar pode ser tudo o que elas jamais saberão sobre suas famílias chinesas.

Uma coisa que você pode dizer às mães biológicas chinesas é que as filhas delas não as esqueceram. Na nossa família, as mães biológicas são estimadas. Minhas filhas e eu estudamos mandarim. Por duas vezes já voltamos à China com as nossas filhas. Elas amam sua terra natal, assim como o pai delas e eu amamos. Temos orgulho de ser uma família chinesa americana.

Por favor, mande o nosso amor, nossa gratidão e nosso respeito às mães chinesas.

Obrigada,

Família Macechko

(EUA)

Prezada Xinran,

É um prazer ter notícias suas. Sei exatamente a que você se refere quando diz que leva dias até que sua "cabeça" chegue até onde está o seu corpo. Voar pelo mundo é uma experiência muito estranha nesse sentido.

Por favor por favor por favor, escreva o livro *Mensagens das mães chinesas*. Você precisa escrevê-lo, para todas aquelas meninas. Mei e Xue até hoje perguntam por que suas "mamães de barriga" não puderam cuidar delas. Eu tenho que dizer não sei. Porque de fato não sei. Não posso mentir. Posso apenas adivinhar — talvez por causa da pobreza, talvez por causa de depressão pós-parto, talvez por causa de um estupro, talvez por elas serem meninas, talvez porque a mãe fosse uma adolescente? Só posso imaginar a dor. Coleciono livros e recortes de jornais sobre a China, para que, quando as meninas forem maiores, elas possam ler sobre como era a vida lá e tentar entender — talvez tentar entender o que suas mães biológicas viveram. Mas se você contasse algumas histórias das mães chinesas, tudo ficaria mais claro.

Não consegui ler *As boas mulheres da China* porque achei doloroso demais. Chorei, chorei e chorei. Cada mulher eu imaginava como sendo a mãe de Mei e Xue — e o que ela teve de enfrentar e a perda de ter que abandonar seus bebês. Algum dia, todas essas meninas adotadas precisarão entender que suas mães as deram em adoção — não porque não as amassem (TOMARA), mas porque a vida era difícil e dolorosa demais. Elas precisam entender isso bem entendido. É a única maneira de fazer passar a dor de terem sido rejeitadas.

Mei e Xue trouxeram muita alegria à nossa vida. Barry e eu nos sentimos completados com elas, e a nossa família é uma linda e íntima união. Mas sei que em algum lugar há uma mãe (se ela está viva) que sente uma dor profunda por causa de suas meninas. Quero que ela saiba que as meninas estão vivas e felizes, e que ela não precisa se preocupar. Mas também sei que a vida é muito complexa e que uma ocidental bem-intencionada pode facilmente causar muitos problemas.

Conheço bem o trabalho da MBL. É algo muito importante. A conexão entre todas essas meninas e suas mães. Para alguns, seus livros são apenas histórias, mas para muitos de nós são muito mais do que isso. Algum dia Mei e Xue vão ler seus livros e entender um pouco sobre a vida da sua mãe biológica e das suas avós biológicas. Por tudo isso, só podemos agradecer a você.

[...]

Com muitos abraços, Xinran (Mei e Xue também estão mandando). Elas são fascinadas por você — Xue gosta de literatura e adora a ideia de que você escreve livros. Ela me fez ler seu e-mail em voz alta para ela (li algumas partes). Tanto uma quanto a outra sentem alguma conexão com você. É muito interessante. Volte, venha nos ver e fique conosco na próxima vez em que estiver por aqui.

Com amor, Ros

(Nova Zelândia)

Tantas foram as cartas que recebi que quase fui afogada por elas. Seu conteúdo volta e meia me vem à mente e me faz pensar: se eu fosse uma filha adotiva, como lidaria com isso? Onde encontraria respostas às perguntas que um início de vida tão estranho assim decerto acarreta?

Em abril de 2007, voltei à China e mais uma vez tentei confrontar minha mãe. Eu queria me livrar de lembranças que eram como fardos, estocados nos mais profundos, mais escuros recessos da minha alma; eu queria contar a ela o que havia acontecido comigo, sua filha, durante a Revolução Cultural, enquanto ela não estava comigo. Eu queria que ela entendesse os momentos de pesadelo por que passei e que ainda me perseguem. Que ela soubesse o quanto senti sua falta e o quanto ainda desejo sua presença, dela, minha mãe. Mas, assim como em outras incontáveis ocasiões anteriores, não consegui arrancar dela uma só palavra. Fiquei sentada em silêncio à sua frente, inundada por lágrimas. Mas dessa vez, algo foi diferente: sentada ali em silêncio, comecei a entender que as filhas adotadas desejam entender suas mães biológicas e dizer a elas o quanto as amam. Percebi que, de certa forma, eu era uma delas. Naquele dia decidi que, independentemente de quão doloroso fosse, eu iria escrever as histórias que por tanto tempo havia guardado. Eu podia partilhar com filhas adotadas meus pensamentos e meus sentimentos sobre mães e sobre a vida e, dessa maneira, agradecer as mães adotivas pelo amor que elas têm por suas filhas chinesas.

À medida que as lembranças gradualmente começaram a surgir e peguei minha caneta para escrever, outros medos me assaltaram: deveria escrever num registro documental ou deveria romancear tudo? O que incluir e o que deixar de fora? Que imagem das suas mães biológicas seria passada para as crianças adotadas? Será que eu deveria embelezar os fatos ou mantê-los sem adornos? Deveria deixar que minha seleção de tais fatos fosse ditada por minhas emoções? Durante quase dez meses me debati com tais dúvidas, até que consegui encontrar minhas respostas. Este livro deveria ser um relato honesto da vida das mães, um presente de amor trocado entre mãe e filha que eu, uma filha, poderia dividir com outras filhas, a mensagem de uma mãe chinesa desconhecida para sua filha, onde quer que ela estivesse.

Comecei a escrever este livro no dia 2 de fevereiro de 2008, em uma casinha à beira-mar na Blues Point Road, em Sydney, Austrália. Estranhamente, meu trabalho foi acompanhado por duas semanas de tempestades violentas que um verão no hemisfério sul às vezes ocasiona. Será que o Todo-Poderoso sabia do redemoinho emocional em que eu me encontrava, do meu medo aterrorizante de registrar aquelas lembranças no papel? Estaria minha decisão sendo fortalecida de um jeito dramático?

No dia 7 de fevereiro era o Ano-Novo chinês, ou Festival da Primavera, e a mídia australiana cobriu as dezenas de milhares de chineses que participaram das festividades culturais. Entre eles, mais de cem famílias que haviam adotado crianças chinesas. Tive sentimentos contraditórios ao assistir àquelas meninas vestidas com roupas tradicionais chinesas perguntando a seus pais australianos, em inglês, o que era o Festival da Primavera. Aquelas meninas eram realmente filhas da China? Sim, acho que eram. Como diziam os antigos: quando laranjas do sul são transportadas para o norte, elas não deixam de ser laranjas, ainda que o gosto se altere um pouco. Acredito que, apesar de essas meninas terem sido criadas em países estrangeiros, no seio de culturas estrangeiras, o sangue de suas mães chinesas ainda corre nas suas veias.

Mas e o que sentem suas mães biológicas? A mãe chinesa desconhecida sente alegria ou tristeza ao saber que sua filha querida está feliz, nos braços de outra mãe? Eu não dei à luz nenhuma filha, tampouco sou mãe de uma filha adotiva, mas choro cada vez que tento imaginar como elas se sentem. E uma vez perdi uma mininha que era como uma filha para mim, então sei um pouco como elas se sentem. Há um vazio que nunca pode ser preenchido, há uma dor sentida pela atormentada mãe biológica, pela família adotiva no Ocidente e pela filha, que vai passar o resto da sua vida num abraço duplo — porque a vida que ela vive é produto de uma grande alegria, mas também de uma grande tristeza.

Os nomes das pessoas e dos lugares citados neste livro foram todos trocados a fim de proteger a privacidade das mães biológicas. Suas histórias, porém, são todas verdadeiras.

1. A primeira mãe que conheci que havia perdido sua filha

Meu nome é Waiter — não no sentido de alguém que serve uma mesa em um restaurante, mas no sentido de alguém que espera por um futuro que nunca virá.

Ao me despedir da China e rumar para a Inglaterra no verão de 1997, viajei com a bagagem emocional de quarenta anos difíceis na China — e com todos os meus pertences materiais enfiados em uma só mala. Eu estava indo para um país do qual nada sabia e não estava levando praticamente nada para minha nova vida. Eu podia escolher a dedo apenas alguns pedaços de "lar" para levar comigo, e mesmo estes não podiam ultrapassar a franquia de 25 quilos.

Além das coisas básicas para o dia a dia, que nunca possuí em grande quantidade, eu tinha outras posses às quais era mais ligada e que havia acumulado nos vinte anos de vida adulta anteriores a minha partida: sobretudo livros, pedras e fitas cassete de música. Todas essas coisas fizeram de mim o que eu sou, tanto como mulher quanto como mãe; e a história da "primeira mãe" tem que começar com minha própria jornada...

Meu amor pelos livros começou quando as chamas da Revolução Cultural destruíram uma infância até então feliz. Todos os dias eu era levada às lágrimas pelos valentões da escola, o que fez que um dos meus professores de língua ficasse com pena de mim e me abrigasse numa salinha dos fundos repleta de livros que ele havia salvado das fogueiras dos Guardas Vermelhos. Foi nesse cubículo (conforme descrevi em *As boas mulheres da China*), cuja janela era tapada por folhas de jornal, que comecei a ler, com o auxílio da luz que entrava por um pequeno buraco. A primeira grande obra de literatura que me ofereceria abrigo da minha infelicidade era uma tradução chinesa de *Os miseráveis*, de Victor Hugo; à medida que meus olhos percorriam a primeira página e eu lia sobre as humilhações sofridas pela pequena Cosette, mourejando naquela taverna sórdida, fiquei surpresa ao me dar conta de que havia no mundo pessoas em situação bem pior que a minha.

Naqueles dias desesperançados, as batalhas de *Os miseráveis* e as agruras e as lutas sangrentas que enchiam a vida dos personagens me devolveram uma sensação de equilíbrio. Eu não era a única criança solitária às voltas com sofrimento; eu vivia no mundo real, e nem tudo era ruim. Pelo menos eu não estava passando fome nem havia uma guerra estourando ao meu redor, como era o caso deles. Pelo menos eu tinha o que comer, e eu tinha livros.

Passei a gastar a maior parte do meu dinheiro em livros de história, biografias, livros sobre culturas do mundo e traduções de clássicos, até que os volumes encheram a minha casa. Cada título novo me dava uma sensação suprema de satisfação, bem como novos conhecimentos; e eu lia noite adentro. Quando emigrei, tive não apenas que fincar raízes em um país desconhecido e praticamente "crescer" de novo. Também tive que passar pelo excruciante processo de abandonar minha adorada coleção de livros, que, a essa altura, chegava a vários milhares de volumes. Mais de 2 mil foram para o Palácio Baixia das Crianças, em Nanjing, onde comecei uma pequena biblioteca para os pais que a cada fim de semana levavam os filhos para lá a fim de terem aulas de artes e afins. Doei cerca de outros 2 mil às mulheres dos soldados voluntários de áreas pobres, muitas das quais não sabiam ler nem escrever, para que começassem uma Biblioteca para Aprendizado Adulto. Quase 2 mil livros ilustrados, sobre a China, sobre história e sobre a vida em outros países, além de uma grande quantidade de obras infantis, foram para trabalhadoras migrantes que viviam em espaços exíguos nas periferias dos centros urbanos; seus filhos eram a primeira geração nascida na cidade e nunca haviam participado de atividades culturais. Tive esperanças de que meus livros pudessem ajudar a educar os pais do futuro.

Com isso restavam duzentos livros que eu realmente não poderia levar para minha nova casa. Depositei-os no escritório de uma boa amiga, onde eles passaram a comunicar ao mundo o quão culta ela era. Finalmente, uma dúzia de livros ou mais, dos quais eu não conseguia nem pensar em me separar, ocuparam um terço da minha pequena mala.

Meu amor por pedras, e a diligente coleção que evoluiu de um hobby para algo bem mais importante para mim, se deve a uma viagem que fiz no final da década de 1980. Eu havia viajado para um pequeno vilarejo montanhoso próximo de Yulin, na província de Shaanxi, para entrevistar uma mulher que era uma espécie de lenda local. Ela tinha um rosto profundamente vincado e mãos calejadas com dedos retorcidos, sua pele estava incrustada com décadas de poeira, e ela recendia a fumaça. De tempos em tempos, esfregava o ranho que escorria do nariz, limpando em seguida os dedos nas roupas. Ao olhar para ela, foi quase impossível acreditar na sua extraordinária história. Nos anos 1950, quando era menina, seus pais voltaram dos Estados Unidos para ajudar na "reconstrução nacional", mas foram presos como espiões quando o governo descobriu um complô orquestrado por chineses espalhados pelo mundo e pelo inimigo baseado em Taiwan, o Guomindang. Na época ela era adolescente e na noite que antecedeu à prisão dos seus pais ela foi levada por um amigo da família para um esconderijo na parte mais pobre das montanhas de Shaanxi.

No início da Revolução Cultural, foi combinado que ela se casaria com um dos homens mais pobres das redondezas — isso a protegeu, colocando-a em área "vermelha". Ela guardara, como testemunhos da sua história, três fotografias: uma mostrava uma menina feliz, de vestido, abraçando os pais; em outra ela estava tocando piano, usando um vestido de noite branco; e a terceira era dos seus pais, vestidos em roupas ocidentais, diante de sua casa americana. A mulher que eu estava entrevistando parecia uma camponesa qualquer — não havia traço algum de sua antiga vida abastada e elegante —, embora eu pudesse perceber uma semelhança física com os pais.

"Como foi que a senhora... a senhora...?" A verdade é que eu não sabia como fazer a pergunta.

"Como foi que eu aguentei? É isso o que você está perguntando?" Ela esfregou o nariz mais uma vez e apontou, sem nenhum traço de sorriso no rosto, para um riacho que passava por uma rachadura na pedra a seus pés. Ela disse: "Pegue um seixo e quebre ao meio. Aí você vai saber!".

Apanhei um seixo e o quebrei ao meio com o auxílio de uma pedra grande, mas não conseguia discernir, lá dentro, resposta alguma à minha pergunta.

"Por que um seixo é redondo?" Ela estava visivelmente incomodada por eu ser tão obtusa.

"Foi desgastado pelo tempo e pela água, não é isso?", respondi, hesitante.

"E a parte de dentro? A água chega à parte de dentro? É lá que está a mulher." Ela me lançou este último comentário e saiu caminhando.

Então entendi: uma mulher era como um seixo desgastado e arredondado pela água e pelo tempo. Nossa aparência externa é alterada pelo destino que nos cabe na vida, mas água alguma poderia alterar o coração da mulher e seus instintos maternos.

Depois disso, caí de amores por seixos; pareciam simbolizar meu desejo de abarcar a verdadeira natureza das mulheres chinesas.

Em minhas viagens pelo mundo, não pude carregar comigo pedras pesadas. Depois de muita agonia, dei meus adorados seixos, recolhidos durante viagens como repórter, a meus amigos. Não sei se eles entenderam meus sentimentos quanto às histórias por trás de cada um, e sobre o "seixo" que eu estava me tornando à medida que ficava mais velha. Para apreciá-los, é preciso entender por que são tão valiosos. Eu não sabia o quão longe minha jornada me levaria, nem por quanto tempo. Mas eu me sentia reconfortada por saber que os seixos que eu havia deixado nas mãos de meus amigos não se gastariam durante toda a extensão de nossas vidas, e que nenhum desastre os destruiria. Levei comigo apenas um seixo. Era um que vinha me acompanhando havia anos, em espírito e também em minhas viagens pela China; eu o havia apanhado nas margens do rio Yangtze na ocasião em que quis o destino que eu encontrasse primeiro uma mãe e depois uma filha, cujas histórias podem ser lidas no capítulo 9 deste livro.

Os únicos itens de "capricho" que eu tinha entre meus pertences eram umas centenas de CDs e cerca de cem fitas cassete gravadas, como se fazia antigamente. Nessa época os DVDs ainda estavam se popularizando na China, e eu não podia comprá-los.

(Eu tampouco tinha muitos vcds, por uma razão que me parecia plausível, embora sem dúvida outros me julgassem ridícula: assistir a vcds era associado, na minha cabeça, com oficiais corruptos do governo que apalpavam as secretárias do escritório durante o dia, passavam as noites nos braços de acompanhantes profissionais em bares de karaokê, dormiam com as amantes nos fins de semana e então iam para casa para acusar, aos gritos, a esposa de ser entediante. Sempre que pensava em comprar vcds, eu sentia uma onda de desprezo por esses vermes bêbados. Os anos passados apresentando programas de rádio para mulheres, ouvindo acusações lacrimosas de filhos sem pai e francas confissões sobre maridos roubados por outras mulheres haviam me ensinado que uma das razões que levaram esses homens a friamente desertarem suas famílias era a irresistível atração exercida pelo karaokê. Aquele cenário onírico, aquele sorriso inesquecível, aquelas letras de música de fazer parar o coração, aquela lufada de perfume da mulher cantando em pé logo ao lado...)

Mas as fitas de música eram algo diferente, e tive sérias dificuldades de me separar delas. Estavam comigo desde o momento, no final dos anos 1980, em que a grande mídia começou a usar música popular ou música clássica ocidental para acompanhar suas transmissões até o final dos anos 1990, quando o país, mergulhando de cabeça no desenvolvimento econômico, se apaixonou pela cultura ocidental. Deng Xiaoping abriu à força a vacilante porta que durante milhares de anos isolara a China do mundo exterior, e — me parecia — a música que nos inundou alimentava a castigada alma do povo chinês. Naquela época, ninguém possuía computador, e a maior parte das pessoas não tinha televisão, tampouco telefone. A comunicação a longa distância era limitada ao monótono tom das emissões de propaganda governamental. Na China dos anos 1980, a cultura mais "moderna" era representada por músicas chinesas e peças teatrais que datavam dos anos 1950. Todo homem chinês e toda mulher chinesa com mais de quarenta anos têm uma música preferida que nunca deixa de comovê-los. Esses ritmos emocionantes nutriam seus surrados, reprimidos e empobrecidos espíritos, e as letras prometiam amor e afeto a carnes que ansiavam pelo fruto proibido do amor carnal.

Ao ler as cartas das minhas ouvintes, descobri que uma canção popular ou a sugestiva letra de uma música frequentemente voltavam à minha mente, e a minha reação era colocar para tocar uma música ou alguns compassos de uma melodia. Essas fitas à moda antiga se tornaram para mim o repositório do espírito daqueles tempos.

Para dar meu intrépido salto na direção de um futuro totalmente desconhecido no Ocidente, eu me blindei levando comigo apenas músicas que conhecia e adorava e sem as quais não conseguia imaginar a minha vida: um CD chinês de *Paradiesvogel* e duas fitas, de Enya Brennan e Schumann.

Träumerei, de Robert Schumann, era a música que abria o primeiro programa que apresentei na Rádio Nanjing, *Palavras na brisa noturna*. Nunca imaginei que as minhas palavras e as notas macias, oníricas, de Schumann atrairiam mais de uma centena de cartas todos os dias, mas sabia, à medida que a música começava a tocar, que eu seria uma apresentadora honesta e direta em um programa que eu tornaria meu.

O CD chinês de *Paradiesvogel* é uma seleção das melhores músicas executadas por James Last na flauta de Pã[1] e de clássicos modernos — tanto ocidentais quanto chineses. Eu gostava particularmente de "Edelweiss" e "Moscow Suburbs Night", bem como de outras às vezes mencionadas pelas ouvintes do meu programa.

---

1. A flauta de Pã é um antigo instrumento musical chinês, e melodias nela executadas estão entre as músicas chinesas mais alegres.

Enya[2] passou a ser ouvida na China no final dos anos 1980, época em que a mídia chinesa começara a fazer transmissões ao vivo de seus principais programas. Lembro como fiquei encantada com seus sons langorosos ao ouvir sua voz, durante o rotineiro trabalho de escutar discos recém-lançados. A verdade é que seu canto não apenas me levou às lágrimas como revolveu, no meu coração, emoções indescritíveis — transitórias, oníricas, ao mesmo tempo vivazes e com o poder de me despertar. E sua gloriosa música me conduziu a uma jornada por todos os cantos do mundo, que dura até hoje.

Quando toquei Enya no meu programa pela primeira vez, escolhi "Evening Falls", "Orinoco Flow" e "Na Laetha Geal M'Óige", do seu álbum *Watermark*, como músicas de fundo para respostas a cartas de ouvintes, uma das quais fora enviada por uma jovem que se alcunhava "Waiter".

Tudo isso aconteceu há muitos anos, mas permanece fresco na minha memória e me volta à mente a cada vez que ouço "Evening Falls", de Enya.

"*Querida Xinran...*" Ela foi a primeira das minhas ouvintes a se dirigir a mim desse jeito — na verdade, a primeira pessoa em todos os meus quarenta anos de China. Embora eu também tivesse estudado inglês, ainda estava surpresa com seu uso desinibido dessa forma ocidentalizada de tratamento. É preciso que o leitor

---

2. Enya (Brennan) é uma cantora irlandesa, musicista e compositora. É a artista solo campeã de vendas na Irlanda e o segundo mais importante produto de exportação musical do país (depois do U2). Seus discos lhe valeram quatro prêmios Grammy e uma indicação ao Oscar, e ela também é conhecida por ter se apresentado em dez línguas diferentes ao longo de sua longa carreira. Enya é uma transcrição aproximada da pronúncia de Eithne no seu irlandês nativo, no dialeto de Donegal.

entenda que, à exceção de um minúsculo número de estudantes de língua estrangeira em grandes cidades como Beijing e Shanghai, ninguém ousaria chamar — ou sequer pensar em chamar — alguém que não fosse da família, ou mesmo alguém da família, de "querida", pois o termo foi condenado como "sentimentalismo burguês" no início da Revolução Cultural! Seja como for, quando comecei a apresentar *Palavras na brisa noturna*, nenhuma das pessoas que escreviam para mim todos os dias me chamava de *"querida"*. Na maior parte era *"camarada Xinran"* ou alguma respeitosa forma de tratamento ao estilo soviético.

O que se seguia era um jorro de vinte páginas ou mais, nas quais ela contava a sua história, que era a seguinte:

Querida Xinran,

Em primeiro lugar, obrigada pelo seu programa *Palavras na brisa noturna*. Todos os dias espero por ele, e todas as noites ele enche a minha cabeça de pensamentos.

Quantas vezes, e de quantas maneiras diferentes, você exortou suas ouvintes a não sofrerem de forma agonizante por causa de algo que aconteceu no passado! Você diz que deveríamos encontrar em cada dia as sementes de oportunidade para o futuro, que deveríamos encontrar na nossa mente um lugar tranquilo para encher com planos para o futuro, porque nossa vida não deveria ficar emperrada em um passado que está morto e distante, e que deveríamos usar nossa capacidade de viver para construir um futuro melhor.

Sei que sua intenção é boa — você não quer que pessoas boas joguem fora sua vida hoje por causa de alguma dor ou de algum remorso que tenham sofrido, ou por erros que cometeram, no passado. Mas apesar de você ter usado a expressão "sofrimentos agonizantes", não sei se você realmente sabe o que significa sofrer de forma agonizante. Você acha mesmo que as pessoas podem escolher o que querem guardar do seu passado, como quem muda de casa? Vou lhe contar uma história verdadeira, de alguém que realmente sofreu de forma agonizante.

Esta é a história de uma geração de jovens universitárias chinesas e de uma juventude perdida antes mesmo de ser realmente aproveitada. O gosto amargo dessa história ficará com você por um bom tempo.

"Waiter" tem vinte e cinco anos, e faz dois anos que ela sai com seu namorado. Ele propôs casamento, mas ela não tem coragem de aceitar. Ela tem muito medo de enfrentar o exame ginecológico pré-nupcial[3] e também de ser honesta com o namorado sobre seu passado. Ela mal se permite ter esperanças de que um dia possa ser mãe, que dirá quanto a ser avó, e tem medo até mesmo de que o homem que ela ama a ouça chorar enquanto dorme. Pois essa mulher não apenas perdeu sua virgindade: ela deu à luz um bebê.

Cinco anos atrás, Waiter foi aceita por um curso de cultura e línguas ocidentais do Departamento de Línguas Estrangeiras de uma instituição de ensino superior focada em telecomunicações. A instituição ficava na capital da província, longe de sua cidade natal, de modo que Waiter saiu de casa para estudar. Seus pais a haviam criado sob estrita vigilância, mas agora ela podia ir e vir a seu bel-prazer. Ela lia as histórias românticas que constavam dos seus livros didáticos, e conversava e fazia brincadeiras com os colegas homens assim como com as colegas mulheres. Em poucos meses, tais liberdades lhe subiram à cabeça como vinho. Seus pais escreviam

---

3. Um exame pré-nupcial para verificar se o hímen estava intacto era obrigatório para todas as mulheres desde os tempos antigos. Esse costume ancestral continuou sendo compulsório na sociedade chinesa até mesmo na nova China pós-Liberação e só veio a morrer, finalmente, com as reformas dos anos 1990.

com frequência, as regras da faculdade estavam afixadas em todos os lugares, e "quadros operários e camponeses" monitoravam o comportamento dos alunos, mas ela rapidamente se cansou deles. Waiter passou a rejeitar as normas de comportamento socialmente aceitas, sobretudo depois de fazer a descoberta chocante de que, para se tornarem Guardas Vermelhos durante a Revolução Cultural, tanto seu pai quanto sua mãe haviam abandonado as pessoas que amavam verdadeiramente; em vez disso, obedeceram a seus líderes e casaram-se um com o outro, e, na sequência, abortaram um bebê, tudo pelo bem da Revolução. Ela simplesmente não conseguia acreditar que os pais que ela havia idealizado tinham sido tão cínicos e covardes. Prometeu a si mesma que seria como Zhu Yingtai na velha história "Amantes borboletas" e que encontraria o amor de verdade. Quando isso acontecesse, como Jane Eyre sacrificaria tudo para defender seu amor e se tornaria uma mulher que viveu para amar.

Então, um entusiasmado jovem do último ano começou a ajudá-la com sua pronúncia de inglês e a conversar com ela sobre as grandes obras-primas da literatura universal. Estar com ele fazia sua pulsação se acelerar de excitação. Só de ouvi-lo respirar ela já se sentia intoxicada. Waiter foi dominada por um desejo incontrolável que nunca sentira antes. Não demorou muito até ela sentir a mão dele no seu ombro, até ela levantar o rosto na direção do dele. Eles beijaram-se apaixonadamente, repetidas vezes, no canto da biblioteca.

Ela passou a maior parte daquela noite acordada na sua cama de dormitório. Quando o dia raiou, ela caiu num sono exausto e sonhou que uma voz profunda trovejava do céu: "Você é uma mulher má, roubando o fruto proibido". Waiter acordou, mas sorriu consigo mesma. O que havia de errado em ser uma "mulher má", se ela tinha tanta sorte?

Qualquer chinês nascido em meados do século xx sabe que a

maior parte de nós foi produto de uma sociedade em que grassava a ignorância sexual. Colocávamos afeto, sexo e amor no mesmo saco, como se fossem uma mesma coisa, perdemos nossos instintos animais e nos tornamos "domesticados"; não havia padrões aceitáveis de certo e de errado, e não tínhamos como saber o que era ou o que significava o amor. Em nossos lares, nossas escolas e na sociedade como um todo, educação sexual era uma expressão feia, inclusive vista como algo que poderia desgraçar uma família.

Naquele ano, numa noite fria de inverno, os jovens amantes se esconderam em uma cozinha próxima à biblioteca e, ao lado do pote cálido de cerâmica onde ficava a massa de pão, a garota se transformou em mulher e entregou sua virgindade ao primeiro homem que a tocara. Ela não ficou chocada pelo sangue do hímen rompido — ela sabia, por causa do dicionário, que "sacrifício" significava dar a própria vida e o próprio sangue. Ela ficou orgulhosa e entusiasmada de sangrar pelo amante.

Durante os dois meses seguintes de inverno, eles "comprovaram" a força de seu amor junto ao tépido pote de cerâmica da massa em crescimento por vezes seguidas. Todos os seus colegas de aula diziam que eles eram os alunos mais aplicados da faculdade porque voltavam ao respectivo dormitório muito tarde da noite. Eles nunca constavam da lista de estudantes que estavam fora da escola, embora seus nomes aparecessem frequentemente nas fichas de empréstimo da biblioteca. O céu decerto estava sorrindo para eles, permitindo que não fossem punidos por roubar aqueles frutos proibidos, em uma época em que rapazes e moças não tinham permissão para ficar na companhia uns dos outros.

Ainda assim, eram frutos proibidos, e quando, dois meses depois, Waiter foi para casa para o feriado de Ano-Novo chinês, sua menstruação ainda não chegara. Ela não sabia o que isso significava — seus pais não haviam permitido que recebesse qualquer forma de educação sexual durante sua formação. Viviam a vida em torno da filha como se fossem duas máquinas de trabalhar. Desde que ela conseguia se lembrar, a única maneira de eles a amarem, a única coisa que queriam dela, era que estudasse. Eles nem sequer pensavam que seria natural — em se tratando de uma adolescente — ela querer parecer bonita! Constantemente a advertiam de que ela deveria "ser forte, ter respeito por si mesma e viver uma vida simples e trabalhar duro".

As duas semanas do feriado do Ano-Novo chinês pareceram dois anos. No primeiro dia de volta às aulas, ela e o namorado se encontraram ao lado do pote de massa para pão.

Depois de fazerem amor, o namorado a cerrou nos braços e falou baixinho: "Na próxima vez em que você ficar menstruada, vamos mesmo assim nos encontrar aqui e nos abraçar bem forte. A biologia não deve atrapalhar o nosso amor. Estou prestes a me formar, quem pode dizer para onde vou ser enviado para trabalhar? Não quero perder uma só noite do nosso tempo juntos".

Às palavras dele, ela se sentiu inundada de felicidade. "Querido, não se preocupe", murmurou. "Tenho alguma bendita doença, não fico menstruada há dois meses..."

"O quê? Dois meses? E não está preocupada?", ele perguntou em tom de urgência, afastando-se dela e segurando o rosto da namorada nas mãos.

O rapaz parecia tão preocupado que ela se deixou levar pela emoção, pressionou os lábios contra os dele. "Não é nada", ela disse, delicadamente. "É só que eu estava com tanta saudade de você que não consigo comer nem dormir. É exatamente o tipo de doença de amor que os Amantes Borboletas tinham."

"Bem, então está bem", ele disse, abraçando-a forte. Naquela noite, fazer amor a deixou mais feliz e mais satisfeita do que nunca. Porém, algo muito estranho aconteceu em seguida. Durante dias, seu namorado não foi até a biblioteca. Depois de mais ou menos duas semanas, ela não pôde mais suportar. Nunca fora até a sala de aula dele antes, nem mesmo até as salas das turmas do ano em que ele se encontrava. Eles haviam combinado que precisavam manter em segredo o relacionamento. Se fossem descobertos, não apenas seriam punidos, também seriam forçados a se separar. Mas ela não estava dando a mínima para isso agora. Procurou-o em toda parte, mas todos lhe diziam que ele havia ido embora e se transferido para outra faculdade. Disseram-lhe que, dessa forma, ele conseguiria ser designado para um trabalho melhor. Ele mexera os pauzinhos e entrara em uma universidade de Beijing antes mesmo de se formar.

Tinha ido embora? Sem falar nada para ela? Seu amado namorado, que lhe dissera o quanto a amava, que fizera amor com ela! Ela ficou chocada e confusa. Devia ser um pesadelo. Mas seu abdômen, que não parava de crescer, finalmente a fez acordar: ela estava grávida!

A constatação aterrorizante de que era uma mulher grávida e solteira a trouxe para a realidade. Ela estava tomada de pânico, exasperada de ansiedade. A pessoa que ela mais amava desaparecera da sua vida, mas uma outra vida estava nascendo no seu corpo. Ela saiu e comprou uma grande quantidade de gaze e, escondida pelo mosquiteiro, amarrava a barriga, bem apertada, todas as noites. Um filósofo uma vez disse que as criaturas que precisam lutar para viver têm os genes mais tenazes. O feto no seu útero podia ser um marginalizado social, mas estava exigindo seu direito à vida. Nenhuma quantidade de gaze iria fazê-lo parar de crescer.

A temperatura estava cada vez mais alta, e os blusões largos que ela usava faziam-na suar por todos os poros. Mas seus colegas de aula eram tão ignorantes quanto ela, se não mais. Ela dizia que era do sul e que sentia frio mesmo no verão, e ninguém fez mais perguntas. De qualquer forma, estavam todos ocupados demais estudando. Um dia, sem conseguir aguentar mais o calor, ela pediu permissão para sair da aula e ir se deitar no dormitório. Três colegas de dormitório estavam lá, e quando se foram ela tirou as roupas, para se refrescar. De repente, a faxineira entrou — e se confrontou com a visão da barriga, inequivocamente grávida, da aluna. As duas ficaram se olhando, sem saber o que dizer.

A faxineira suspirou e perguntou, não sem gentileza: "De quantos meses?".

"O que quer dizer?" Ela franziu o cenho, tentando entender o que a pergunta significava.

"Quantos meses desde a última vez que você ficou menstruada?"

"Cinco meses!", ela respondeu, vestindo um sobretudo de lã.

"Menina, você está grávida!" A voz da faxineira era séria.

"Eu sei!", Waiter disse sem se alterar, enquanto abotoava o casaco.

"Mas... por quê?", a faxineira perguntou, meio preocupada, meio agitada.

Aquele "por quê" soou acusador a Waiter. Ela nunca vira aquela mulher antes e não gostou de ser pressionada por uma estranha. Então disse: "Não tenho ninguém a quem recorrer. Meus pais vão me matar, a escola vai me expulsar, e todo mundo vai me chamar de vagabunda!".

"E ele? Ele não fez nada para tirar você dessa enrascada?"

"Ele? Ele desapareceu!", ela disse, numa súbita explosão de raiva.

"Desapareceu! Ele..." A faxineira não conseguia não soar estridente.

Mas Waiter a interrompeu. "Não quero falar nele. Você não entenderia."

"Menina, não sei como é que vocês, gente estudada, tratam dos seus problemas amorosos, mas eu entendo disso aí. Posso ajudá-la."

"Me ajudar como?"

"Meus pais moram numa cidade pequena que não fica muito longe daqui, e a minha tia é médica no posto local de vacinação. Ela pode fazer um aborto em você."

"Você quer que eu faça um aborto? Matar um ser vivo minúsculo? Não, não, não posso!" Mas a convicção de Waiter vinha apenas do que ela lera em livros e da sua própria ingenuidade. Não apenas ela não tinha ninguém com quem compartilhar seu segredo como tampouco tinha conhecimento suficiente para poder tomar uma decisão ou proteger a si mesma.

A faxineira olhou para um pequeno despertador preso a seu avental e perguntou, ansiosa: "Então como é que você vai ter um bebê aqui? O que a escola vai dizer, isso para não falar nos seus pais? Você está sendo burra, precisa pensar melhor! Vou terminar de limpar os outros quartos e então eu volto".

Pensamentos conflitantes passavam céleres pela cabeça de Waiter, mas ela acabou por aceitar a sugestão da faxineira. Ela falsificou uma carta dizendo que seu pai estava muito doente e pediu uma licença. Então foi ficar com a família da faxineira.

O casal em questão tivera as terras requisitadas pelo governo e ganhava a vida limpando e lustrando os metais de um hotel. Apenas uma filha solteira continuava morando em casa; os demais filhos do casal haviam partido para encontrar trabalho na cidade grande. Eram pessoas simples, honestas e gentis. Quando a parenta deles, a médica, fez o teste de sangue pré-operatório, ela descobriu que a contagem de plaquetas estava baixa. Preocupada com a possibilidade de Waiter ter uma hemorragia, a médica prescreveu alguns remédios e convenceu a jovem a esperar algumas semanas antes de fazer um aborto. Para deixá-la forte, o casal matou todas as suas galinhas poedeiras, uma depois da outra, comprou suplementos e tônicos e fez sopas nutritivas para ela todos os dias. Algumas semanas depois, ela finalmente estava deitada na mesa de cirurgia. Enquanto concluía os exames pré-operatórios, a médica disse, com um pouco de remorso: "É um feto saudável, bem grande. Veja como se mexe com força".

Waiter se desfez em lágrimas, tomada pela culpa. Ela quase podia ouvir o choro indignado do bebê: "Por quê? Por que você quer me matar?". Ela não sabia de onde tirara a força, mas quando viu estava de pé, gritando: "Não, não posso fazer isso. Não posso matar meu filho!".

Determinada, pegou todo o dinheiro que seus pais haviam lhe dado e o enfiou nas mãos do casal. "Por favor, me deixem ter o bebê aqui!"

Ela deu à luz um bebê a termo — uma menina rechonchuda, de pele lisa. Chamou-a de "Mei" 浼, significando que aquela coisinha pequena e calma havia sobrevivido à desgraça. O casal apenas balançou a cabeça, confuso. Eles nunca haviam visto aquele obscuro caractere chinês antes.

Quando o Mês do Nascimento* chegou ao fim, a faxineira colocou nas mãos de Waiter um grande envelope. Continha um anúncio de Pessoa Desaparecida que fora feito pela escola, um comunicado dizendo que ela fora expulsa, por falsificar a carta sobre a doença do seu pai, e algumas cartas de seus pais, primeiro expressando preocupação com seu paradeiro, e então anunciando para ela e para a escola que não mais a reconheciam como filha.

Ela não apenas fora expulsa da escola por mau comportamento como também desgraçara seus pais, para quem a "honra" era tudo, de forma que eles não queriam mais saber dela. A única família que lhe sobrara era ela própria e sua filha de quatro semanas de idade.

Aninhando a filha nos braços, Waiter chorou ao ler as cartas,

---

* Tradicionalmente na China, após dar à luz a mulher deve descansar durante um mês; ela fica confinada à casa e recebe uma dieta especialmente nutritiva. Mãe e bebê devem permanecer sob abrigo, a fim de evitar ventos frios e vírus.

uma a uma. Quando terminou, a faxineira disse: "Dê o bebê para os meus pais cuidarem. Você está sozinha, sem marido nem família. Como vai conseguir se virar?".

"Não, eu não poderia ser tão egoísta. Seus pais me ajudaram tanto, não posso pedir que façam mais nada. Se tivesse nascido um menino, eles poderiam acolhê-lo para a família ter algum apoio extra, mas aqui ninguém valoriza meninas. Além disso, seus pais começam a ficar velhos e ainda trabalham o dia inteiro para sobreviver e guardar um pouco para mais tarde. Não posso impor a eles mais um fardo."

E Waiter levou Mei, então com seis semanas, para seguir o fluxo de gente posto em movimento pelas reformas econômicas de Deng Xiaoping, e desceu para o sul, para Guandong. Lá, longe da família e das lembranças do passado, ela pretendia começar do zero.

A realidade, porém, se mostrou exatamente como a faxineira previra: conseguir trabalho era impossível para uma mulher sem marido nem família e sobrecarregada com um bebê. Nos dormitórios das fábricas as moças dormiam em sete ou oito num mesmo quarto. Tinham pouco tempo para descansar do trabalho duro e das horas extras que faziam. Ter, além disso tudo, um bebê chorando e tumultuando o dormitório era demais para elas. Quanto a alugar um lugar para si, nenhuma babá estaria disposta a se apertar num só quarto com a patroa; a essa altura as economias de Waiter estavam quase no fim e ela não podia, nem mesmo nos seus sonhos mais loucos, pagar aluguel por um quarto extra para a babá.

Durante algum tempo, ela deu duro para pagar as contas, mas finalmente teve de encarar o fato de que seu bebê estava perdendo peso e ficando fraco. Como último recurso, deixou Mei na porta de um orfanato em Guanzhou, capital da província de Guandong, na esperança de que os serviços de bem-estar social cuidassem dela. Ela se afastou um pouco e, sem conseguir sair do lugar, observou enquanto alguém da equipe do orfanato apanhava o bebê. Ela esperava ouvir o choro da filha mais uma vez, mas Mei não emitiu nenhum som. Seria possível que aquela menininha entendesse o suficiente do que estava se passando para tentar evitar mais tristeza à mãe?

No segundo em que a filha desapareceu pelo portão do orfanato, Waiter saiu correndo em direção à estação, sabendo que, se não o fizesse, logo se veria batendo na porta e pedindo a filha de volta. Em um canto da sala de espera da estação, chorou de modo inconsolável. Passantes se juntaram ao seu redor, então gradualmente se dispersaram, deixando-a sozinha. Agarrando o pequeno babador manchado de leite da filha, ela partiu para Zhuhai.

Quatro meses mais tarde, finalmente obteve um contrato de trabalho definitivo. Tomando um trem noturno para Guanzhou, ela tratou de correr até o orfanato — para descobrir que o orfanato e a sua filha tinham desaparecido sem deixar rastros, a não ser um monte de pó. O prédio, lhe disseram, havia sido demolido, e o orfanato, fechado.

Fechado? E os órfãos? Ninguém sabia. Ela percorreu, enlouquecida, um prédio do governo atrás do outro, do Comitê da Vizinhança local até os escritórios do governo municipal, do Departamento de Planejamento até o Departamento de Demolições, mas ninguém sabia lhe dizer para onde tinham ido as crianças do orfanato.

Na China daqueles dias, muitas coisas ficavam sem explicação.

Xinran, você consegue entender os sentimentos de uma mulher que perdeu a filha? Nunca mais ser feliz, condenada a viver uma agonia silenciosa — você consegue imaginar isso? Você é capaz de fazer desaparecer as lembranças que essa mulher guarda da filha, ao longo da vida?

Waiter, a mulher que espera, sou eu. Esse é o nome que dei a mim mesma depois que perdi minha filha — não "waiter" no sentido de alguém que serve uma mesa em um restaurante, mas no sentido de alguém que espera por um futuro que nunca virá. Antes, eu não sabia que estava esperando. Eu só sabia que estava cumprindo a minha pena e sendo punida por Deus. Não me entenda mal, não sou uma pessoa religiosa, mas não ouso crer que Deus não exista, porque estou sendo punida! Não há um só dia sem que eu pense nela. Não posso evitar, sempre observo qualquer menina que passe por mim, mesmo se ela for grande ou pequena demais. Afinal de contas, essa menina — tão próxima que eu poderia estender a minha mão e tocá-la — pode ser Mei! Não suporto assistir a propagandas televisivas de produtos infantis. A mãe e a criança no filme deveriam ser eu e a minha família, mas nunca vou ter minha família de volta. Não consigo ler um livro ou ouvir música sozinha — minha filha toma vida na melodia e nas páginas que leio. Sinto tanta falta de Mei que a minha vida se tornou uma ilha desolada, inabitada. Todas as noites, falo com ela, na minha ilha: "Como você está, meu nenê? Sabe que sua mãe, a mulher que lhe deu a vida e que também deu a vida dela por você, está pensando em você? No seu seio você bebeu não só o leite, mas a própria alma da sua mãe. Onde você está? Seu desaparecimento me fez prisioneira de lembranças. Volte para mim! Rompendo as barreiras do tempo, venha e me deixe tocar seu rosto, deixe-me ver você viva e livre!".

Agora sou duas pessoas diferentes. De dia, sou como qualquer outra mulher da minha idade, trabalhando que nem louca, buscando reconhecimento por tudo, da minha aparência e do modo como me visto à minha inteligência e o meu trabalho. Anseio por amor, e de fato amo meu namorado. Mas à noite me transformo na mulher solitária em que me tornei, sobrecarregada pela culpa de ter abandonado a minha filha. A dor de sentir tanto a falta dela me corrói por dentro, a ponto de às vezes eu achar que está me provocando um ataque do coração de verdade, físico.

Xinran, você acha mesmo que eu posso esquecer o passado que a minha filha me deu, simplesmente apagá-lo da memória, e viver o presente e olhar para o futuro?

E ela assinava "Waiter, uma mãe em agonia".

Naquela tarde, sentei para preparar, como sempre, *Palavras na brisa noturna.* Naqueles dias, as emissões eram regidas por uma série de exigências: não deveríamos discutir religião, casos relatados pela mídia ocidental, ideias "livres" que não estivessem alinhadas com o pensamento do governo chinês, propostas para um sistema jurídico independente, as vidas privadas de líderes do governo e sexo. Marquei trechos da carta de Waiter com minha caneta vermelha e me preparei para ler aquela carta no ar sem cair no choro e também sem infringir as regras. Entretanto, quando a fita da música de Enya começou a rodar e meu programa teve início, de repente vi que era impossível ler em voz alta mesmo os trechos selecionados. De que forma eu poderia reproduzir, calmamente, o lamento de amor que ela dirigira à filha? Que tipo de resposta isso seria ao seu sofrimento?

Tratei de me conter, sufoquei as lágrimas e li em voz alta os trechos, com o máximo de compaixão possível, para uma menina que provavelmente não fazia ideia de quem era a sua mãe. Minha esperança era que as pessoas ouvissem e entendessem, fossem quem fossem, e fornecessem à desesperada mãe as notícias tão esperadas.

Entretanto, nenhuma das centenas de cartas que recebi depois do programa dizia algo que valesse a pena ser ouvido.

Talvez eu não devesse admitir isso aos meus leitores, mas

para ser sincera a maior parte das respostas aos sofrimentos de Waiter eram negativas. Riam-se dela, a condenavam e algumas até mesmo expressavam surpresa de que tivesse tão pouca vergonha a ponto de contar a todo mundo sobre o seu comportamento de "vagabunda".

Não acredito que essas pessoas que a condenaram fossem incapazes de ter compaixão. Acho que uma vida inteira submetida aos valores tradicionais chineses condicionara suas naturezas enquanto indivíduos. Os "mandamentos" que governavam a vida de muitas pessoas retiraram, como numa cirurgia bem-sucedida, seus instintos humanos naturais, de forma tal que elas se tornaram incapazes de reconhecer o amor.

Do modo como vemos as coisas, tanto nosso presente quanto nosso futuro dependem daquilo por que passamos em nossa vida.

Nos dois primeiros anos depois que vim a Londres sozinha, todos os fins de semana eu era atraída para o McDonald's local pelos gritos e risos das hordas de crianças. Eu precisara deixar Panpan com meus pais em Nanjing, primeiro enquanto eu dava duro para decidir se conseguiria construir a minha vida no Ocidente, e então enquanto eu tentava me estabelecer em Londres. A dor da saudade que eu tinha dele estava comigo todos os dias. Quando eu parava e pensava no filho que eu não pudera trazer comigo, e sentia sua falta, a voz angustiada daquela mãe ressoava nos meus ouvidos:

"Como você está, meu nenê? Sabe que sua mãe, a mulher que lhe deu a vida e que também deu a vida dela por você, está pensando em você? No seu seio você bebeu não só o leite, mas a própria alma da sua mãe. Onde você está? Seu desaparecimento me fez prisioneira de lembranças. Volte para mim! Rompendo as barreiras do tempo, venha e me deixe tocar seu rosto, deixe-me ver você viva e livre!".

Porém, tive muito mais sorte que Waiter. Dois anos depois de deixar a China, voltei a abraçar meu filho, Panpan, e fui libertada do inferno da saudade.

Ainda não sei se Waiter algum dia contou a verdade ao namorado. Caso tenha se casado, será que seu marido descobriu a pessoa em que a mulher se transformava nos seus próprios pesadelos? Em caso afirmativo, será que tiveram coragem de admitir abertamente a existência dessa filha? Isso significaria não apenas desprezo pelas normas sociais; a política do filho único também sentenciaria que eles jamais poderiam ter um filho juntos. A agoniada mãe poderia até mesmo ser punida por seus empregadores. Ninguém no seu círculo de conhecidos jamais voltaria a respeitá-la, independentemente da pessoa extraordinária que ela pudesse ser. Quantas mulheres chinesas, ao longo das eras, foram destruídas dessa maneira?

Por isso, depois do programa, sempre que eu ouvia a música de Enya eu lembrava daquela mulher. Ela provavelmente ainda espera por uma filha que deve ter agora cerca de vinte anos, mais ou menos a idade que sua mãe tinha quando a deu à luz. Os velhos na China dizem que só quando se tornar pai ou mãe você saberá o quanto seus pais o amaram. Será que a filha de Waiter começou a entender os sentimentos de sua mãe biológica? Muito provavelmente nunca lhe foi dito quem ela é, na verdade, e de onde ela veio.

Nunca me esqueci de Waiter. Ela está presente não apenas na música evocativa de Enya; ela e a sua história afinaram o foco de uma pergunta sobre a qual tenho meditado desde então. Com todas as dramáticas mudanças pelas quais a China passou, será que as mulheres que pela tradição foram forçadas a abandonar suas bebezinhas terão algum dia a chance de abraçá-las novamente?

2. "As mães de meninas têm o coração cheio de tristeza"

"Mas tem uma coisa que eu gostaria de lhe perguntar. Você pode me dizer como se faz para ter um filho homem?"

Em 1989, visitei pela primeira vez uma região muito pobre ao norte do trecho central do rio Amarelo. Enquanto eu entrevistava os camponeses locais, uma mulher de cerca de trinta anos de idade rebocando três filhos me perguntou: "Você já 'resolveu' uma bebezinha?". De início pensei que a pergunta tivesse algo a ver com cuidar de uma criança ou com trabalho doméstico...

"O que você perguntou? 'Resolver' uma bebezinha? Que diabos isso quer dizer?" Pensei que eu havia entendido mal o sotaque da região.

"Você nem sabe como resolver uma menina... e você é uma mulher?!" Ela estava tão confusa quanto eu. "Se você não sabe isso, então o que você faz se o seu bebê é uma menina? Arranja outra pessoa para resolver, ou o quê?"

"Eu, ahn... não tenho nenhuma filha." Ainda assim eu não entendia.

"'Resolver' uma menina é se livrar dela quando ela nasce!", o policial local que estava me acompanhando fez a gentileza de me informar.

"O quê? Matar uma bebezinha? Mas por quê?" Agora eu estava completamente confusa.

"Você não pode não *resolver* meninas, a não ser que só dê à luz meninos. A família do seu marido jamais a perdoaria. Transformariam a sua vida num inferno! Bateriam em você, e você nunca mais receberia comida suficiente!" A mulher estava claramente surpresa que houvesse no mundo mulheres que não sabiam sobre "resolver" bebezinhas.

À medida que o tempo foi passando e que viajei pela China recolhendo material para o programa, descobri que o velho costume das pequenas cidades rurais de "resolver" bebezinhas por meio da morte era extremamente comum em províncias como Henan, Shandong, Anhui, Jiangxi, Hunan, Shaanxi, Shanxi e no norte de Jiangsu. Dependendo de onde você estivesse, expressões diferentes designavam o ato, e variavam as maneiras de se livrar dos bebês, mas não tinha como negar que se tratava de um fato trivial da vida de uma mulher, exatamente como a camponesa dissera. Esses brutais costumes populares me deixaram sem fala, mas mesmo assim eu ainda queria saber se essas mulheres realmente asfixiavam as filhas — para elas uma prática comum — tão casualmente como faziam uma refeição ou como jogavam fora o pedaço estragado de uma fruta. Claro, não era assim. As pessoas podem dizer que uma mulher que abandona o próprio bebê decerto tem um coração de pedra, mas tudo o que eu vi e ouvi me dizia que esse quase nunca era o caso. Essas mulheres amavam seus bebês tanto quanto qualquer outra mulher. Como certa vez me disse uma mulher de Shandong com cinquenta e poucos anos: "Toda mulher que já teve um bebê sentiu dor, e as mães de menininhas têm o coração cheio de tristeza!".

Conheci essa mulher em 1989 enquanto fazia uma reportagem na área montanhosa de Yimeng,[1] na província de Shandong. Éramos quatro e iríamos jantar na casa do chefe da aldeia. Quando entramos, passando pelo pátio, ele apontou para uma faixa azul e branca, de um material toscamente tecido, de uns cinco centímetros de largura e vinte de comprimento, tremulando ao vento sobre a entrada. "É para comunicar às pessoas que a família vai ter um bebê e que não quer ser incomodada!"

O pequeno pátio dessa família camponesa seguia o padrão local. Havia casas baixas de tijolos de barro em três lados; os aposentos dos pais ficavam no meio, dando de frente para o portão; o filho casado tinha um aposento íntimo e mais um cômodo no lado direito, ao passo que os quartos dos filhos solteiros ficavam no lado esquerdo, junto com o depósito dos implementos agrícolas e a forragem dos animais. Os pais eram os únicos a ter uma cozinha: um cômodo grande que fazia divisa com o quarto, onde comiam todos os membros da família. Utensílios de cozinha e outros objetos de uso doméstico eram apoiados diretamente so-

---

1. As aldeias da área montanhosa de Yimeng são isoladas, e as ligações por estradas são escassas. Os aldeões têm pouco a vender para o mundo exterior e consequentemente não têm dinheiro para comprar nada. Durante a Guerra Antijaponesa e durante a Guerra da Libertação, quase 200 mil locais se juntaram ao Exército da Liberação do Povo, e quase todas as famílias perderam um de seus membros. Porém, a pobreza extrema ainda persiste: a falta de recursos naturais e políticas efetivas por parte do governo fizeram com que, já no final dos anos 1990, quase metade dos aldeões ainda tivesse uma renda anual de menos de duzentos yuans (cerca de vinte libras esterlinas, pelas taxas de conversão de 2009), fazendo dessa região uma das áreas da China com a maior concentração de famílias pobres.

bre o chão; havia também uma mesa quadrada com cerca de um metro de lado e uns doze bancos de tamanhos variáveis — bancos demais para serem acomodados em torno da mesa. Na verdade, na maior parte das regiões montanhosas pobres do Norte da China as pessoas não se dão ao trabalho de usar a mesa. Apenas se sentam agachadas, segurando uma tigela de sopa rala, um pão achatado seco e um pedaço de picles, tudo numa mão só; geralmente não há outros pratos além desses para serem colocados sobre a mesa.

Mal havíamos nos sentado na cozinha quando ouvimos um gemido de dor vindo do quarto adjacente. A mulher do chefe da aldeia, aquela que havia me dito que "Toda mulher que já teve um bebê sentiu dor, e as mães de menininhas têm o coração cheio de tristeza!", falou, educadamente: "Não deem bola. Minha nora está em trabalho de parto. Vamos jantar".

"Vocês precisam de alguma ajuda?", ofereci, retribuindo a cortesia.

"Não, não, eu não poderia deixar vocês, camaradas da cidade, sujarem as mãos. Por favor, comam. Desculpem a comida simples interiorana, panquecas fritas de inhame e ovo. A sopa de espaguete de farinha vai ficar pronta logo, logo, já vou trazer. Comam, por favor! A parteira está com ela e eu já esquentei água, mas não sei se ela ainda vai precisar!"

Naquela época, eu só havia feito algumas viagens a aldeias do interior, e amargamente tomei consciência de quão pouco eu sabia sobre os costumes locais, isso para não falar nos dialetos, que tinham sons diferentes a cada poucos quilômetros. Tenho de admitir que só entendi metade do que a mulher dissera. O que eram panquecas de inhame e sopa de espaguete de farinha? Para que ela estava fervendo água? E por que não sabia se a água seria usada ou não?

Um dos policiais que estavam nos acompanhando, ao ver

que eu estava prestes a fazer mais perguntas estúpidas, me levou até um banco num canto e sussurrou próximo da minha orelha: "Eles fazem as coisas de um jeito diferente aqui. Não faça mais perguntas, senão vai me arranjar problemas com meus superiores". Quando ouvi as palavras "eles fazem as coisas de um jeito diferente aqui", não ousei falar mais nada. Na China, não é apenas o dialeto que muda a cada poucos quilômetros; a cada quarenta quilômetros, mais ou menos, você encontra costumes diferentes. Sem querer, você pode ofender tabus locais, por melhores que sejam suas intenções.

Os gritos vindos do quarto tornaram-se mais altos — a mulher estava suportando as dores bravamente. Ouvi a voz de outra mulher dizendo, em algo parecido com mandarim:* "A cabeça vai sair. Respire! Empurre, com força!". As meras palavras me fizeram começar a suar. Eu sou mãe, e me compadeci da mulher. Provavelmente ela estava pensando que estaria melhor se morresse. De repente, o som aumentou num crescendo — e de repente parou. Houve um soluço baixinho, e então a voz irritada de um homem disse, acusadoramente: "Coisa inútil!".

Os dois policiais que me ladeavam obviamente adivinharam o que estava se passando na minha cabeça "liberada" de mulher da cidade e, ao mesmo tempo, me encurralaram no canto onde eu estava sentada. Atrás de mim havia um balde de água suja coberto e alguns vasos malcheirosos de lavagem para os animais. Eu estava confusa sobre o que estaria acontecendo no cômodo ao lado. Normalmente, deveríamos ter ouvido o choro do bebê, não deveríamos? Mas não houve som algum. O chefe da aldeia e a mulher continuaram sentados, parecendo constrangidos, para não dizer completamente mortificados.

* Isto é, o chinês padrão, não um dialeto. Parteiras viajavam de aldeia a aldeia, e portanto precisavam se comunicar em mandarim.

Não demorou até um rapaz de cerca de vinte anos entrar onde nos encontrávamos, com a cabeça baixa, pegar uma tigela da sopa de espaguete de farinha e voltar lá para dentro. Enquanto o observávamos, ouvi um lamento sufocado no canto, atrás de mim, e, ao me virar, vi a mulher que obviamente era a parteira limpando as mãos no avental. O chefe da aldeia lhe entregou um pequeno envelope que continha seu pagamento e ela tratou de ir embora.

De repente, pensei ter ouvido algum movimento no balde de água suja atrás de mim e automaticamente olhei para trás. Senti meu sangue congelar. Para meu absoluto horror, vi um minúsculo pé saindo do balde. Eu não conseguia acreditar no que estava vendo. Então o pezinho tremeu! Não era possível. A parteira decerto largara aquele bebezinho vivo dentro do balde de água suja! Quase mergulhei na direção do balde, mas os dois policiais me seguraram pelos ombros com firmeza. "Não se mexa, você não pode salvá-la, é tarde demais!"

"Mas isso é... assassinato... e vocês são da polícia!" Eu estava horrorizada.

Ficamos sentados em silêncio enquanto eu, enojada, não tirava os olhos do balde. Parecia que tudo ao meu redor havia parado. O pezinho estava inerte, agora. Os policiais me seguraram por mais alguns minutos.

"Vamos fumar um cachimbo no jardim. Está fedendo a sangue aqui!", disse o chefe da aldeia afinal, e levou os policiais para fora. Eles me largaram e saíram. As únicas pessoas que haviam sobrado no cômodo agora eram a mulher do chefe da aldeia e eu, e, no quarto adjacente, a mulher que acabara de dar à luz, com o homem que lhe levara um pouco de sopa. Mas eu não conseguia me mexer.

"Resolver uma bebezinha não tem nada de mais por aqui. Vocês, gente da cidade, ficam chocados na primeira vez que veem, não é?", a senhora falou, tentando me confortar e obviamente vendo o quão chocada eu estava.

"É uma criança viva!", eu disse, numa voz instável, apontando para o balde de água suja. Eu ainda estava tão chocada que não ousava me mexer.

"Não é uma criança!", ela me corrigiu.

"Como assim, não é uma criança? Eu vi." Eu não podia acreditar que ela ia mentir para mim tão descaradamente!

"Não é uma criança. Se fosse, cuidaríamos dela, não cuidaríamos?", ela me interrompeu. "É uma menina, e não podemos ficar com ela."

"Uma menina não é uma criança, e vocês não podem ficar com ela?", repeti, sem entender.

"Por estes lados, não dá para se virar sem um filho homem. Você fica sem ninguém para queimar incenso no altar dos ancestrais. Mas não é só isso. Você também não recebe a porção extra de terra. Se os seus filhos só comem, e não produzem nada, você não tem terra nenhuma e nenhum grão, então pode muito bem morrer de fome!" Ela olhou para mim e acrescentou: "Vocês, gente da cidade, recebem comida do governo. Nós recebemos nossa ração de grãos de acordo com o número de pessoas na família. Meninas não contam. Os oficiais encarregados não nos dão nenhuma terra a mais quando uma menina nasce, a terra arável é tão escassa que as meninas vão morrer de fome de qualquer jeito".

Era 1989, e até então eu não sabia que um sistema de distribuição de terra datando de 2 mil anos antes ainda estava em uso nas aldeias chinesas, quase no final do século xx. Eu certamente não fazia ideia de que, por causa dele, tantas menininhas haviam sido privadas de seu direito à vida.

"Toda mulher que já teve um bebê sentiu dor, e as mães de menininhas têm o coração cheio de tristeza!", a mulher do chefe dizia enquanto carregava outra tigela de sopa de espaguete de farinha para o quarto.

Eu só podia ficar sentada ali, estupidificada, olhando para aquele balde de água suja e a minúscula vida lá dentro, que mal nascera e tão rápido fora apagada. Com tanta pressa de se ir, e tão sozinha. Só porque se tratava de uma menina! "As mães de menininhas têm o coração cheio de tristeza!" As palavras ressoaram nos meus ouvidos anos a fio. E a lembrança daquele pé minúsculo, se debatendo, ainda hoje perturba meus sonhos... Poderia eu tê-la salvado?

Cerca de dois anos depois, um casal de camponeses veio até a emissora de rádio para falar comigo. Estavam buscando trabalho na cidade e me disseram que eram os pais do bebê que fora jogado no balde de água suja que eu havia conhecido nas montanhas Yimeng. Eu não chegara a ver a mulher, mas reconheci o homem como sendo aquele que saíra do quarto para levar uma tigela de sopa para a esposa. Dois anos de trabalho pesado no campo pareciam tê-lo envelhecido pelo menos dez anos. Convidei-os para almoçar em um pequeno restaurante que servia espaguete ensopado e então o homem partiu, para se candidatar a um emprego. Fiquei sentada com a esposa e conversamos durante algumas horas.

Sentada ali, ela parecia bastante tensa, então, para deixá-la mais à vontade, comecei lhe perguntando sobre sua família. "Como vão os seus sogros?"

"Muito bem, obrigada."

"Eles ainda estão firmes, trabalhando na terra?"

"Mais do que nunca."

"Por quê?"

"Porque todos os homens da aldeia partiram para a cidade grande para trabalhar. Como o meu marido."

"Então só sobraram as mulheres?"

"Só os velhos e as crianças ainda trabalham a terra. Este ano, as mulheres também foram embora, pela primeira vez."

"Os velhos e as crianças aguentam?"

"Precisam aguentar. Se as famílias deles moram perto o suficiente da estrada, os trabalhadores da cidade voltam para ajudar na colheita. Se a aldeia fica muito além da estrada, então eles estão em maus lençóis. Se não semearem os campos, a administração da aldeia tira a terra deles. Se não colherem o que têm, então não recebem a ração de sementes do governo, e também lhes tiram a terra, então, como é que eles vão viver?"

"Agora que vocês dois foram embora, os seus pais estão fazendo todo o trabalho lá?"

"Precisam fazer. Este ano o governo começou a dizer que se você não tem terra nenhuma, você pode conseguir um emprego na cidade. Nós precisamos ir para onde está o trabalho. Foi isso o que meu sogro falou. E se a família não tem um filho homem, não tem raiz nenhuma. Você não consegue andar de cabeça erguida, você não serve para nada. Se a família não tem raízes, então está tudo acabado! Então meu sogro disse para a gente ir embora, e para voltar com um filho homem!

"Não queríamos ouvir o que os outros aldeões andavam falando, então ficamos longe das áreas de construção onde eles trabalham. Meu sogro disse que numa cidade grande as pessoas têm mais educação, então nos disse para vir para cá. Não viemos pedir sua ajuda, meu marido já tem trabalho. Mas tem uma coisa que eu gostaria de lhe perguntar. Você pode me dizer como se faz para ter um filho homem?"

"Eu?" Respondi a ela, com toda a honestidade, que eu não tinha esse tipo de conhecimento, mas havia ouvido várias pessoas da cidade dizerem que é possível saber de qual sexo vai ser o bebê pelo tipo de comida que a mãe prefere comer, quando está grávida: alimentos ácidos indicam um menino, e comida apimentada e temperada indica uma menina. Eu também ouvira falar que havia ervas que se podiam tomar para gerar um menino. Eu nunca as havia experimentado, então não sabia se funcionavam. Aconselhei-a a conseguir um emprego limpando verduras ou matando galinhas no mercado. Talvez ali ela encontrasse alguém que tivesse algumas dicas para lhe dar. Mas avisei que nenhum método era garantido.

"Você ainda pensa na sua filha?", perguntei à mulher. Ela sabia que eu estava me referindo ao bebê do balde de água suja.

"Claro que penso! Aquele foi o meu primeiro bebê, e nem cheguei a vê-la. Só ouvi dois gemidinhos, e então a jogaram fora." A mulher parecia contrariada, mas não especialmente triste.

"Então vocês têm um menino agora?", tentei adivinhar.

"Não, não temos. Senão não teríamos ido embora de casa. Mas o disse me disse na aldeia era tanto que ficou insuportável." Ela deixou cair a cabeça e pareceu envergonhada, como se tivesse feito algo errado.

"Você quer dizer que não teve mais bebês?" Fiquei preocupada com a possibilidade de ela ter sofrido algum tipo de ferimento que a tivesse impossibilitado de ter mais filhos.

"Tive mais dois bebês, mas os dois eram meninas, e meu sogro deu elas para estrangeiros", ela disse, simplesmente. Mesmo então seu rosto não expressava nenhuma tristeza, mas me perguntei o que ela sentia, lá no fundo do seu coração, sobre essas perdas.

"Deu para estrangeiros? Como assim?" Até então, eu jamais ouvira falar de estrangeiros adotarem crianças chinesas, já que a mídia chinesa não cobria o assunto.

"Meus sogros disseram que era melhor elas serem adotadas por estrangeiros do que matá-las. Elas iriam para bem longe, para o estrangeiro, e ninguém ia ficar sabendo sobre elas! Depois que 'resolvemos' a primeira menina, fui embora da aldeia e me escondi para ter as outras duas. Dissemos a todo mundo que estávamos indo para a cidade para encontrar trabalho. Pensamos que teríamos um filho homem e que voltaríamos para casa, mas os dois bebês seguintes eram meninas. Meu sogro arranjou alguém para levar os bebês para o sul e nos disse que seriam adotados por estrangeiros." Ela ainda não levantara o olhar.

"Você sabe que tipo de estrangeiros?" Os camponeses sabiam tudo sobre o assunto, mas nós, repórteres, jamais ouvíramos tal coisa, então eu estava ansiosa para saber mais. A adoção estrangeira de crianças chinesas começou oficialmente em 1993, mas parece que trabalhadores migrantes no sul da China falavam sobre o assunto já em 1990. Sempre houve rumores de que a adoção por estrangeiros começara antes de 1993, mas o governo negou sistematicamente tais suposições.

"Não sei. Meu sogro disse que eram estrangeiros com olhos coloridos e nariz grande. Parece assustador, as minhas filhas devem morrer de medo! Você já viu algum estrangeiro?" Ela olhou para mim, apreensiva.

"Sim, já vi, em livros, em filmes e nas ruas. A maior parte dos estrangeiros são boas pessoas, e eles gostam de crianças", falei, da forma mais tranquilizadora possível.

"As minhas duas filhas eram preciosas como ouro. A mais velha ficou comigo todo o Mês de Nascimento. Era uma comilona, adorava tomar o leitinho dela! Não sei se ela gostaria tanto assim do leite da estrangeira. A segunda foi levada embora em menos de três semanas para pegar uma estrangeira que estava esperando por um bebê. Foi tudo tão corrido que não tive tempo de dizer às pessoas que vieram buscar a menina para dar o recado de que ela dormia melhor se a gente a segurasse com o braço esquerdo. Você acha que os estrangeiros sabem como segurar o meu bebê? Não posso fazer nada quanto à bebezinha que foi 'resolvida' e que

morreu, mas as duas seguintes viveram, e me preocupo tanto...
Meu coração dói sempre que penso nelas. Meu marido diz que
estou deprimida." Nisso, ela agarrou o decote do casaco que estava usando, como se estivesse tentando aliviar a dor do coração
enfiado lá dentro.

"Os estrangeiros são que nem eu e você, eles sabem o que
as criancinhas precisam. Todas as mulheres, de todos os lugares,
têm instintos maternais, por dentro somos todas que nem a Guan
Yin.*" A pobre mulher estava se torturando de ansiedade, e essas
foram as únicas palavras que me ocorreram para confortá-la.

"O que são instintos maternais?", ela perguntou. Então continuou: "Não sei ler nem escrever. Mas vim até aqui para ver se
encontrava os estrangeiros que adotaram as minhas filhas. Além
disso, ouvi falar que as pessoas da cidade sabem como ter um filho
homem. Pensei que eu também podia aprender isso, ter um menino e então ir para casa e viver que nem gente, ao menos por um
tempo!". Aquela mulher realmente fora educada na crença de que
"você não conta, como ser humano, a menos que tenha um filho
homem".

Eu disse a ela que instintos maternais eram aquilo de que sua
sogra falara: "Toda mulher que já teve um bebê sentiu dor, e as
mães de menininhas têm o coração cheio de tristeza!".

"A sua sogra é casada com o filho mais velho da família?",**
perguntei, curiosa para descobrir mais sobre alguém da geração
mais velha que conseguia entender tão profundamente os sentimentos de outras mulheres.

"Sim, senão como é que ela ia saber o que eu estava sentindo?
Ela me contou como ficou deprimida, também. Acho que ela ficou
com medo de que eu ficasse deprimida. Ela não é uma mulher má,

---

* Deusa budista da misericórdia.
** Isso tornaria para a camponesa ainda mais importante ter um filho homem.

e sofreu muito. Ela me disse que passou seis anos terríveis quando deu à luz quatro meninas e 'resolveu' todas elas, antes de ter um filho. Ela me contou que tudo era uma confusão naquela época, não havia nada para comer e nenhum dinheiro, então não dava para ir embora. Os oficiais do governo eram ainda mais rígidos naquela época, e, se você não trabalhasse no campo, chamavam você de contrarrevolucionário. Ela não teve coragem de 'resolver' a primeira filha, mas 'resolveu' sozinha a segunda, a terceira e a quarta. Os aldeões diziam que ela era muito boa em 'resolver' as suas nenezinhas, a coisa se acabava num piscar de olhos. Meu marido é seu único filho. Depois dele ela teve mais várias meninas e eles ficaram com todas elas. Meu sogro era um oficial do governo, então, por baixo dos panos, ele conseguiu mais uns pedaços de terra para ele e a família, mas a minha sogra diz que sempre passou fome. Mas ela nunca deixou os filhos passarem fome. Duas das minhas cunhadas foram as únicas meninas da aldeia a ir à escola. Os outros pais não podiam se dar a esse luxo. Minha sogra dizia que se você tivesse um pouco de instrução e se casasse com um homem da cidade que também soubesse ler e escrever, então não importava se você não tivesse um filho homem."

"Você acredita nela?", inquiri. Fiquei me perguntando se eu acreditaria nisso, se tivesse crescido numa aldeia como a dela.

"Claro que acredito! Ela é uma boa mulher e tem um coração muito bom. Nunca me bateu nem me deixou sem comida. É difícil encontrar uma boa sogra. Para uma mulher como eu, que não consegue ter um filho homem, não tenho nenhuma alternativa, tenho? Se não acredita em mim, pode perguntar para qualquer outra mulher."

Então tive de me despedir dela e voltar ao trabalho. Ainda posso ver aquela mulher ali, esperando o retorno do marido — e ainda esperando por um filho homem.

Durante os muitos anos em que pesquisei a vida das mulheres chinesas, descobri que era extremamente difícil pôr as mãos em provas documentais que, em países desenvolvidos, seriam guardadas pelo governo central ou local. Isso se devia em parte porque qualquer coisa "velha" foi pilhada e destruída durante a Revolução Cultural. Mais importante, porém, é o fato de que as mulheres chinesas, desde o início dos tempos, jamais tiveram direito às suas próprias histórias. Elas viviam na camada inferior da sociedade, esperava-se delas obediência inconteste e elas não tinham meios de construir a própria vida. Isso se tornara tão natural que a maior parte das mulheres só desejava duas coisas: não dar à luz filhas mulheres nesta vida e não renascer como mulher na próxima.

Muitas mulheres, sobretudo em áreas rurais pobres, sofriam tanto que isso as tornava indiferentes ou até mesmo cruéis para com outras mulheres. Também não acreditavam que suas próprias filhas pudessem fugir desse círculo vicioso, e no entanto não queriam vê-las "desgraçando" a família, ou sofrendo o mesmo tipo de destino que lhes fora infligido. Então, às vezes num ato de amor, elas as "livravam do sofrimento", asfixiando-as logo após o nascimento. É possível que os tempos tenham mudado na China, mas muitas mães, sobretudo as que viviam em áreas pobres urbanas e rurais, continuaram a enfrentar os mesmos dilemas; isso, parece, fazia parte de ser mulher e de ser mãe.

3. A história da parteira

*Se eu conseguisse ver que ia ser um menino e se fosse o primo-
gênito, então era um "nascimento-incenso". Eu podia cobrar
três vezes o preço normal nesses casos.*

Foi a carta de Waiter que abriu meus olhos para o fato de
que as mulheres se livravam dos seus bebês, e minha experiência
na aldeia da montanha Yimeng pela primeira vez me colocou em
contato com uma dessas mães. A primeira vez que encontrei um
bebê abandonado, entretanto, foi numa manhã de inverno em
1990.

Eu estava com muito trabalho. Às onze da manhã eu tinha
uma reunião para discutir estratégia e às três da tarde, a costu-
meira sessão de estudos políticos. Eu também tinha que dar um
jeito de encaixar a entrevista de um convidado especial antes do
Palavras na brisa noturna, à noite, então decidi ir até a rádio bem
cedo para produzir o programa e preparar a música, e para ler e
editar as cartas das ouvintes.

As ruas mal estavam iluminadas e fazia um frio atroz enquanto eu ia, montada na minha bicicleta Flying Pigeon, para o trabalho, às oito horas daquela manhã. Minhas mãos estavam enregeladas apesar das luvas, e muitas das pessoas que se apressavam para o trabalho estavam usando máscaras. (Quando, em 1997, cheguei ao Ocidente e li nos jornais que os chineses usavam máscaras para se proteger do ar poluído das cidades, não pude deixar de rir. Antes de 1990, a grande maioria dos chineses não sabia o que era poluição ambiental. Nos primeiros anos da reforma econômica, as áreas de construção mais fervilhantes ficavam todas em cidades costeiras do sul. No interior, ainda estávamos seguindo a filosofia do "espere e veja". A reconstrução urbana de grande escala só começou no final dos anos 1990. As temperaturas de inverno do nosso clima continental caíam subitamente para dez, ou até mesmo para trinta graus negativos, então as pessoas usavam máscaras para proteger o rosto do frio. Eu não gostava muito de usar máscara, por três razões: minhas orelhas são pequenas demais, e a máscara não ficava bem fixada; meus óculos embaçavam; e a parede interna da máscara muito rapidamente se tornava úmida e desagradável.)

Meus percursos de bicicleta, enquanto eu abria caminho flutuando por entre mercados de rua e pelas ruelas distantes das principais vias públicas, me ensinaram lições valiosas sobre a sociedade em que eu estava vivendo. Até o final dos anos 1970, era possível ver filas do tipo que hoje não se veem mais: toda manhã, assim que houvesse luz, longas filas de pessoas se formavam no mercado ainda vazio, esperando se abrirem as barracas de carne, óleo, tofu, porque naqueles dias havia mais cupons de racionamento do que artigos de primeira necessidade (combustível, arroz, óleo e sal) a serem distribuídos. Ninguém lia livros nem jornais — as únicas notícias então eram as notícias do Partido, que seriam transmitidas a todo mundo de qualquer maneira. Não havia disputa e empurrões para conseguir as melhores ofertas — isso poderia fazer você ser fuzilado por "comportamento imperialista". Então, as pessoas por acaso jogavam conversa fora para suportar as longas horas passadas na fila? É claro que não! Muitas pessoas haviam sido presas por "conversa ociosa"! As únicas vezes em que vozes se erguiam era quando gritávamos palavras de ordens políticas. Nunca falávamos sobre a vida cotidiana.

Nos anos 1980, havia combustíveis básicos e artigos de alimentação em grandes quantidades à venda, mas não existia muita escolha no que diz respeito à qualidade ou ao preço. Uma década depois, as principais ruas da maior parte das cidades e dos grandes centros urbanos haviam sido transformadas pelo boom econômico, mas seus efeitos ainda não circulavam pelas ruas laterais onde as pessoas comuns faziam suas compras. Havia mais uma coisa que não mudara: as filas de pessoas que avançavam lentamente no despontar das manhãs. Vestidas em roupas amarfanhadas, com olhos sonolentos e encolhidas de frio, formavam longas, impacientes filas no lado de fora de fedorentos banheiros públicos — alguns dos quais, não possuindo saídas de esgoto apropriadas, vazavam detritos — e xingavam os ocupantes dos banheiros por demorarem demais. Era impossível evitar esses banheiros, embora eu bem quisesse fazê-lo. Havia um em quase todas as ruas — um único, para mais de uma centena de moradores.

Naquele dia, bem quando eu passava por um desses banheiros, em vez da fila de sempre vi uma multidão de pessoas se empurrando próximo à entrada. Pensei que algo decerto acontecera. Havia poucas formas de entretenimento na China daqueles dias, já que a mídia era rigidamente controlada e a maior parte das pessoas não tinha televisão nem telefone, nem dinheiro para ir ao teatro ou ao cinema (na verdade, não havia quase nada em cartaz para ser assistido, mesmo se você tivesse dinheiro para tal). Então, para a maior parte das pessoas a única diversão, e a única chance de participar das "notícias", era quando algo fora do comum acontecia na rua e elas podiam ficar por ali assistindo estupidificadas. Aquela multidão específica parecia formada por todos os moradores da rua. Mantive meu dedo na buzina da bicicleta e comecei a avançar, desviando das pessoas. Todo mundo estava falando ao mesmo tempo, e, com os empurrões à frente e atrás de mim, só muito lentamente eu conseguia abrir caminho.

Finalmente cheguei ao ponto onde a multidão estava mais concentrada. Uma briga parecia estar ocorrendo e trechos da discussão chegavam até mim:

"Ai-iá! Que coisa minúscula! Deve ser prematuro."

"Ai-iáá! Olhem, parece que está respirando! Vai ver ainda está vivo!"

"Claro que está! Olhe só para a cabecinha se mexendo, pobrezinho!"

"Deve ser uma menina. A mãe decerto queria que ela vivesse, senão teria jogado na privada."

"Acho que o bichinho não vai durar muito, está tão frio hoje, vai expirar logo, logo. Olhem, está ficando azul, não vai aguentar muito mais..."

Eu jamais ouvira uma discussão como aquela antes e fiquei apreensiva. Eu me perguntei o que diabos estava acontecendo.

Minha bicicleta e eu finalmente conseguimos romper o círculo de pessoas. Havia algo no chão, algo embrulhado bem apertado, da cabeça aos pés, num tecido barato estampado de azul e branco. Sua cabecinha minúscula — não maior que o meu punho fechado — estava meio azulada, mas ainda se mexia de vez em quando e fazia esforço para respirar. Era um bebê, e ainda estava vivo!

"Ei, olhem só, ainda está se mexendo!" Gritaram as pessoas ao redor, mas ninguém apanhou o bebê do chão. Não sei havia quanto tempo ele estava caído ali, mas a julgar pelo tamanho da multidão e quão enregeladas *as pessoas* pareciam, devia ser havia bastante tempo. Por quê? Será que aquelas pessoas estavam tão desprovidas de humanidade que podiam assistir a um recém-nascido morrer de frio embaixo do nariz delas sem levantar um dedo para ajudar? Empurrei a minha bicicleta para alguém da multidão e mergulhei para apanhar a bebezinha, peguei-a nos braços e a enfiei sob meu casaco de couro. Comoção geral.

"O que ela está fazendo?"

"Será que ela vai levar o bebê embora?"

"Será que ela sabe o que está fazendo? Que imbecil. Não se pode fazer isso!"

"Os jovens são tão impetuosos. Pegar é muito fácil, mas como é que ela vai fazer para se livrar do bebê?"

Não dei muita atenção. Segurando aquele embrulho enfiado sob meu casaco, vasculhei minha bolsa a tiracolo atrás de um cartão de visitas e o entreguei para o jovem atônito que estava segurando a minha bicicleta. "Por favor, leve-a até a emissora de rádio para mim. Eu apresento o programa da noite. Antes do início do programa, vou esperá-lo na recepção e lhe dar uma pequena recompensa. Obrigada!" Não esperei pela resposta e saí correndo com o recém-nascido para o hospital mais próximo. Naqueles dias, poucos táxis se aventuravam naquelas estreitas ruas secundárias.

"O bichinho não vai durar muito..." As palavras ressoavam nos meus ouvidos, mas continuei repetindo para mim mesma: "Não, não, não vou deixar esta criaturinha morrer diante dos meus olhos. É um ser humano. Um ser humano de verdade, vivo, capaz de dar vida a incontáveis outros seres humanos."

Entrei correndo na emergência do hospital e fui direto ao guichê de atendimento. A enfermeira que registrava as entradas me parou: "Com licença, este bebê é seu? Você tem a certidão de nascimento? Sem a certidão de nascimento, não podemos tratá-lo".

"Me desculpe, não sei nada disso. Acabei de pegá-la no lado de fora de um banheiro público. Olhe, ela está azul de frio. Quero que um médico a examine e salve a criaturinha." Ergui o bebê e o segurei contra o vidro, na esperança de que a visão dele acionasse os instintos maternais da enfermeira.

"Sinto muito, mas sem uma certidão de nascimento não podemos fazer o registro de entrada. E se não tem registro, nenhum médico vai tratá-la. Eles recebem bônus de acordo com o número de pacientes registrados!"[1] O pequeno embrulho que eu mostrara a ela obviamente não tivera efeito algum.

"Salvar vidas é o dever dos médicos! Não acredito que você vai ficar aí parada vendo este bebê morrer diante dos seus olhos!", falei, agora mais duramente. Estávamos correndo contra o tempo, ela tinha que saber disso.

"A senhora tem razão, mas os médicos também são seres humanos. Se eles forem contra as regras e as regulamentações e perderem o emprego, você vai se responsabilizar?"

Dava para ver que a discussão não estava me ajudando em nada. Abri minha bolsa, tirei minha carteira de jornalista e a coloquei contra o vidro: "Dê uma boa olhada nisto aqui. Vou fazer uma reportagem jornalística sobre este bebê. O que é mais importante na China de hoje — uma vida humana ou o sistema do qual você está falando? Se este bebê morrer hoje, no seu hospital, vou relatar tudo no programa desta noite e o assunto vai estar nos jornais amanhã. Me pergunto o que seus chefes terão a dizer a respeito!". Naquela época, os jornalistas detinham um poder impressionante, e a enfermeira sabia disso.

Ela pareceu aterrorizada pelo meu discurso, e claramente não sabia o que fazer.

"Por favor chame seu supervisor. Senão, vou reportar tudo

1. Os bônus valiam várias vezes o salário básico nos anos 1980.

agora mesmo para a rádio da província e em meia hora a notícia vai se espalhar por toda a cidade."

"Vou lá chamar a supervisora", a enfermeira disse e pendurou um aviso de "Registro Fechado" no vidro. Então saiu correndo em busca de orientações.

Alguns minutos depois, chegou um médico de meia-idade que, sem emitir nenhuma palavra, tirou o bebê dos meus braços. Levou-o para a Sala de Emergência, mas me parou quando viu que eu o estava seguindo e fez sinal para eu esperar do lado de fora. Eu nem bem me sentara quando um homem vestido num jaleco do hospital se aproximou de mim.

"Com licença, você é a Xinran, da rádio?"

"Sim, e daí?", perguntei, irritadiça. Eu ainda estava furiosa com a rejeição no guichê de atendimento.

"Sou o enfermeiro-chefe do hospital, e o gerente pediu que eu viesse explicar o que aconteceu no guichê de atendimento. A enfermeira seguiu procedimentos corretos, mas ela deveria ter sido mais flexível na abordagem. Nosso hospital tem a responsabilidade de desempenhar nosso trabalho de acordo com a política governamental do filho único, e os departamentos de Maternidade e de Pediatria envolvem questões delicadas. Nenhum profissional de nenhum hospital tem o direito de descumprir essa política. Se assim fizéssemos, todos nós perderíamos o emprego", ele explicou com gentileza.

"E se isso significar prejudicar um ser humano? Salvar vidas não é mais importante do que regras hospitalares?", retorqui, teimosa.

"Claro que sim. Isso é uma questão de bom-senso, e nós, médicos e enfermeiros, também somos seres humanos com sentimentos. No passado salvamos a vida de muitos bebês abandonados no lado de fora do hospital, quase todos do sexo feminino. Mas não podíamos mantê-las aqui. Éramos obrigados a mandá-

-las para o orfanato. Então o orfanato disse que não podia mais abrigá-las, havia bebês abandonados além da conta. Não estavam recebendo mais dinheiro nem mais funcionários para cuidar deles, pois o orfanato já estava bem acima da quota! Não tínhamos um sistema formal de adoção aqui. Nós mesmos, funcionários do hospital, gostaríamos de ficar com esses bebês, mas se já temos um filho a política do filho único não permite. Não poderíamos nem mesmo mandar os nossos próprios filhos para a creche, e ninguém quer estragar as oportunidades do próprio filho. Tivemos de passar a evitar que as pessoas abandonassem os filhos aqui. Não vou mentir para você: contratamos vigias noturnos para patrulhar a entrada e passamos a admitir para tratamento somente quem tivesse se registrado no guichê de atendimento. E além disso ninguém tem permissão para ficar ali fora." O enfermeiro suspirou: "Menininhas nunca tiveram muita vez numa sociedade que só valoriza homens".

Logo o médico apareceu para me dizer que a bebezinha era muito forte. Ficara um pouco queimada do frio, mas de resto era completamente sadia. Sugeriu que a mantivessem em observação por um ou dois dias porque recém-nascidos expostos ao frio corriam o risco de desenvolver pneumonia. Ele não falou nada sobre certidões de nascimento nem honorários médicos. Então o bebê foi levado até a Unidade de Emergências Médicas. Quando cheguei à rádio, a minha bicicleta já estava no complexo. A recepcionista me entregou a chave da bicicleta e disse: "O homem vai voltar para falar com você às nove horas".

Quando o programa daquela noite começou, deixei para lá a rodada usual de notícias. Em vez disso, senti que tinha de contar às minhas ouvintes sobre os perturbadores acontecimentos daquela manhã e pedir que ajudassem a procurar a mãe e a família do bebê. Lá pela metade do programa, a produtora me disse que havia uma chamada telefônica urgente. Naqueles dias, os programas não recebiam ligações de ouvintes. As ouvintes não tinham telefones próprios, e apenas umas poucas chegaram algum dia a ligar para o escritório da produção e deixar mensagens para serem veiculadas no programa. Eu sabia pela voz da produtora que se tratava de uma ligação telefônica incomum, senão ela não permitiria que eu fosse interrompida. Meus pensamentos se voltaram instintivamente para meu filho: "Aconteceu alguma coisa a Panpan?".

"Não era uma ligação da sua casa", a produtora me tranquilizou. "Era uma mulher chorando, implorando para você falar com ela." Era evidente que a pessoa que telefonara suscitara a compaixão da minha produtora.

Peguei o fone. Dava para ouvir, no fundo, um rádio tocando o que parecia a música do meu programa.

"Olá, eu sou...", comecei, mas fui interrompida por uma voz aos prantos, dizendo, com urgência:

"Eu sei que você é a Xinran, muito obrigada. Estou ouvindo o seu programa numa lojinha de esquina. Mas estou ficando sem dinheiro! Obrigada por ter acudido a minha filha, pobrezinha. Obrigada! Por favor, dê um beijo nela por mim, enrole ela bem no cobertor..."

Era a mãe da criança! Perguntei, ansiosa: "Onde você está? A sua filha está no...".

"Eu sei onde ela está, eu segui você hoje de manhã. Eu sei que você levou a minha menininha para o hospital. Obrigada. *Ai-iá*... Meu dinheiro está acabando. Diga à minha bebezinha que eu sinto muito, eu sinto muito, muito..." E com um clique as palavras cheias de ansiedade foram cortadas e a linha ficou muda.

Fiquei ali sentada, estupidificada, com seus soluços ecoando nos meus ouvidos e com a imagem do rostinho do bebê, azul de frio, dançando diante dos meus olhos.

A produtora estava completamente confusa — ela pegou o fone da minha mão e apertou o botão de rediscagem. Não houve resposta. "Ela decerto ligou de um telefone público. Eu devia ter ligado para ela mais rápido", ela disse, com remorsos.

Estupefata, voltei ao microfone. Eu simplesmente não sabia o que dizer. Então algo me fez escolher a seguinte música para ser tocada: "Deixe-me enxugar as suas lágrimas com minhas mãos suaves e aquecer seu coração com o meu amor...".

A partir daí, passei a cantar essa música para mim mesma, pensando nas mães que haviam perdido suas filhas. Algum tempo depois, quando eu estava em Londres e criei a minha instituição de caridade voltada para crianças adotadas, The Mothers' Bridge of Love, foi essa canção que usamos como música-tema no site da MBL. Conversei com o homem que escreveu a música, Guo Feng. Falando por telefone da China, ele foi muito simpático: "Vá em frente e use a música, se quiser", ele me disse. "Se essa música pode dizer às crianças adotadas que suas mães biológicas sentem falta delas, então ela é a minha contribuição para ajudar essas mães."

Naquele dia, após o final do programa, telefonei para o departamento de Pediatria do hospital. "O bebê está se alimentando bem", o médico me disse. "Ela está dormindo bem tranquila agora... Mas onde está a mãe? Não a vi."

Na manhã seguinte, fui até o hospital para ver a bebezinha. Seus olhinhos brilhantes estavam abertos, seu rosto, rosado e ela não estava mais se remexendo nem se contorcendo. O médico me entregou um pedaço de tecido estampado azul e branco que reconheci como sendo o material no qual a criança estivera enrolada. Era a única coisa que a acompanhara na sua nova existência. "Ela só tem dois dias de vida", o médico me disse. "Está com uma leve infecção pulmonar, mas ela nasceu com sorte. Você a trouxe para cá. Mais uns dois dias de observação e poderemos devolvê-la à mãe." Peguei o pedaço de pano com uma mão e, com a outra, enfiei um envelope grande na mão dele. Continha dinheiro, ele se daria conta disso imediatamente.

Mas o médico tornou a empurrar o envelope na minha direção. "Não há necessidade. Nós também temos filhos e realmente ficamos condoídos com uma coisa dessas. Vamos dividir entre nós os custos do tratamento dela!"

"Não posso deixar que vocês paguem o tratamento dela. Vocês já estão descumprindo a lei, só por receber a menininha e cuidar. Vocês não podem também pagar por tudo isso..."

Mas ele tratou de me interromper, com um gesto peremptório: "Temos um monte de pacientes ricos. Que eles paguem um pouco mais para cobrir o tratamento da bebezinha".

Ao ouvir isso, parei de discutir. Por que aqueles oficiais corruptos não poderiam pagar pelos cuidados dela? Em uma sociedade doente, por que não usar métodos escusos para revidar?

O pneu da minha bicicleta havia sido furado por cacos de vidro na rua, e, naquele dia, no intervalo do almoço, a empurrei até uma pequena oficina de bicicletas que eu conhecia ali perto. Das 2 mil ou mais pessoas que trabalhavam na emissora de rádio, cerca de 1,8 mil usavam bicicletas para ir e voltar do trabalho, e mais da metade dessas pessoas conheciam a mulher que cuidava daquela oficina específica. Não apenas porque ficava perto e porque o serviço era barato, rápido e de boa qualidade, mas também porque ela sabia reparar tudo, de bolas de futebol a sapatos de borracha e guarda-chuvas.

Lembro de brincar com ela uma vez: "Seus consertos são tão bons e duram tanto tempo que logo, logo ninguém vai ter mais nada para você arrumar. Aí você vai ficar sem trabalho, não?".

"Eu faço as contas de outro jeito", ela disse. "Com mais de mil pessoas como você na rádio, se todo mundo vier fazer um reparo uma vez por ano que seja, então isso me dá trabalho o ano todo. Isso sem contar todas as vias principais e as ruelas aqui por perto. Muitas pessoas usam bicicletas para ir ao trabalho. Só o que preciso é que uma pessoa a cada cem espalhe que o meu trabalho é bom, e eu sempre vou ter serviço. Claro, se alguém dissesse algo de ruim a meu respeito, então eu teria que fazer as trouxas e ir embora, porque, como você bem sabe, 'notícia ruim viaja rápido, notícia boa fica em casa'. Mas eu gosto daqui. Vocês são pessoas inteligentes e muito gentis comigo. Todo Ano-Novo me dão roupas de presente. Sei que são roupas velhas e gastas para vocês, mas eu sou só uma velha que conserta bicicletas, não poderia sonhar em comprar essas coisas bonitas para mim!"

Assim que cheguei, ela depôs com cuidado o guarda-chuva que estava consertando e sem esperar que eu pedisse pegou a bicicleta das minhas mãos, apertou o pneu dianteiro, e então o traseiro.

"A câmara do pneu traseiro está furada, e a do pneu dianteiro também não está lá muito boa. Deixe aqui comigo, e depois que eu fechar hoje à noite levo de volta para você e deixo na recepção. Desse jeito, você não precisa ficar esperando enquanto eu conserto. Só não esqueça de vir aqui me pagar amanhã."

"Não tenho nada agora à tarde. Deixe-me ver você mudar a câmara interna, aí eu aprendo como se faz."

"Mesmo?" Ela olhou para mim, incrédula, por cima das lentes dos óculos.

"Mesmo, a menos que vá levar mais que um turno. Não me agrada a ideia de ir embora no meio do aprendizado." Segui a mulher até um pedaço de chão batido, onde ela colocou a bicicleta de cabeça para baixo.

"Todo o meu trabalho manual é 'tecnologia de dez minutos', você não vai precisar de nenhum minuto a mais. Me diga, o que você quer aprender?"

"Como consertar a minha bicicleta. Podemos começar quando a senhora terminar o que está fazendo." Apontei para o guarda-chuva que ela estivera manuseando.

"Isso não vai nos atrapalhar. A mulher não queria mais, então deu para mim, para eu usar as peças que estão boas. Eu sei que posso consertá-lo, e vou fazer isso quando tiver um momento livre. Venha cá!"

Ela removeu a válvula, puxou o bocal da válvula pelo aro da roda e num só movimento puxou a câmara, com o auxílio de um pedaço de madeira enrolado num farrapo.

"Sobre o que você tem falado no rádio, ultimamente?", ela perguntou, enquanto trabalhava.

Enquanto ela conferia as câmaras, mergulhadas numa tigela de água com espuma, procurando por buracos, contei-lhe sobre o que eu falara nos últimos programas. Quando cheguei aos acontecimentos do dia anterior e ao bebê abandonado, a senhora de repente parou de trabalhar:

"Você guardou o pano branco e azul com o qual ela estava enrolada?"

"Sim. Por quê?" Fiquei surpresa por ela ter se fixado naquele pequeno detalhe. Pensei que ela estava só jogando conversa fora, enquanto trabalhava.

"Provavelmente tem alguma história ligada a esse pedaço de pano, não acha?"

"Como assim?"

"Vou lhe contar uma coisa. Antes de vir para a cidade, em 1987, eu era uma parteira-viajante, mas parei porque comecei a precisar de óculos e as minhas mãos começaram a tremer, e fiquei com medo de machucar alguém."

Fiquei impressionada.

"Não pareço uma parteira, pareço? Posso lhe dizer, trabalhar com bebês é muito mais difícil do que consertar bicicletas, guarda-chuvas, bolas de futebol e sapatos. De verdade: se você sabe o que está fazendo, uma pessoa vai ficar em pé e cuidar de si por cinquenta anos. E se o seu trabalho não presta? Você pode matar uma pessoa saudável em menos de três dias, ainda mais quando uma mulher dá à luz. No parto, é difícil evitar a hemorragia. E sangramento puerperal é perigoso, acaba com a mulher, é 'sangue cansado'. Se uma mulher perde sangue fresco, então ela perde força. Assim que começa a perder sangue bom, ela perde toda a energia, e é aí que você tem problemas, em qualquer lugar do corpo..."

Suas palavras me fizeram pensar nas muitas cartas de ouvintes que descreviam parteiras — algumas eram salvadoras cheias de solidariedade, outras eram açougueiras e ladras. "Então você 'resolvia' bebezinhas para as pessoas?", perguntei com cuidado, usando eufemismos do interior, sem ousar lançar mão da arrepiante palavra "asfixiar".

A mulher que consertava bicicletas estava esfregando a área avariada da câmara. Nesse momento ela fez uma pausa no seu trabalho. "Ganhei o pão como parteira, trazendo ao mundo o herdeiro masculino..."

Não entendi. "A senhora sabia se era uma menina ou menino antes do nascimento?"

"Claro que não dava para ter certeza. Naqueles dias, não havia ultrassom e coisas do tipo. Mas se eu olhasse para a forma da barriga da mulher, a expressão no rosto dela, então eu podia dar um bom palpite e acertava na maior parte das vezes."

"Como é que a senhora fazia para saber?" De repente lembrei das minhas colegas de trabalho, gesticulando em torno da minha barriga enquanto tentavam adivinhar se Panpan seria um menino ou uma menina.

"Você decerto acha que é algo extraordinário, mas na verdade é bem simples: quando a barriga é pontuda na frente, normalmente é um menino. Se a mulher carrega o bebê mais junto ao corpo, normalmente é uma menina. Um umbigo saliente significa um menino, um umbigo retraído, uma menina. E lá onde eu morava tínhamos um ditado que dizia que um menino 'come' a mãe por dentro, enquanto que uma menina é como maquiagem. Isso significa o seguinte: mulheres que estão grávidas de meninas parecem frescas e com olhos brilhantes, mas estar grávida de um menino tem muito mais impacto sobre a mulher."

Fiquei interessada nessas pérolas de sabedoria popular. "Lá na sua terra havia muita gente que sabia disso, assim como a senhora?"

"Não sei. Provavelmente não muitas. Se todo mundo soubesse disso, então de onde iam sair as minhas refeições?"

"Não sei se entendi direito." A essa altura eu estava confusa quanto ao que significava essa sabedoria popular.

"Antes de o bebê nascer, a família me perguntava se era menina ou menino. Em parte isso era para poderem preparar o meu pagamento, e também para prepararem os festejos do nascimento. Isso quando era um menino, claro. Então faziam ovos cozidos tingidos de vermelho para dar aos amigos e aos parentes, pequenos versos comemorativos a serem queimados, para contar aos ancestrais as boas-novas e para agradecer a bondade dos espíritos. E também havia as roupas de bebê a serem preparadas, e..."

A mulher das bicicletas parou, olhou para cima, na direção do céu, e continuou: "Alguma coisa com que resolver o problema. Eles precisariam de coisas, para se livrar dela".

"Que 'coisas para se livrar dela'?"

"Isso era para quando nascia uma menina", ela disse, obviamente relutante. Então mudou de assunto. "Era só uma questão de negócios. Se acertasse direitinho o preço, você podia se alimentar bem o ano todo. Se não, você viveria de batatas-doces durante dez de doze meses."

"Um preço pelo parto?"

"Se eu conseguisse ver que ia ser um menino e se fosse o primogênito, então era um 'nascimento-incenso'.* Eu podia cobrar três vezes o preço normal nesses casos. Se a mãe era mulher do filho mais velho, então o nascimento era considerado muito auspicioso, pois dava continuidade à linhagem familiar, e aí o preço era seis vezes o preço normal. Mesmo se não fosse nenhum desses casos, mas ainda assim um menino, eu podia cobrar um preço bem bom."

"E se você visse que era uma menina?"

"Bem, primeiro você tinha que descobrir o que a família queria. Se quisessem ficar com o bebê, mesmo se fosse uma menina, então você cobrava o preço normal, mas se quisessem se livrar dela, você colocava o preço nas alturas!"

"Então o que a senhora quer dizer com 'se livrar' do bebê?" Tínhamos voltado à minha pergunta original.

"Quer mesmo saber? Não vai me odiar por causa disso, nem falar o meu nome no seu programa?"

"Digamos que, se eu falar nisso no programa, vou apenas dizer que fiz uma pesquisa e que descobri a respeito, mas não vou mencionar nem seu nome nem seu sobrenome."

"Está bem, entendi. O seu programa é uma ajuda e tanto para as mulheres. Então, vou lhe contar... 'se livrar' significa garantir, de um jeito ou de outro, que o bebê não sobreviva."

"O quê? Isso não quer dizer matar a bebezinha?"

"Bem, não posso fazer nada se você precisa usar o linguajar da cidade, então, sim, é isso o que significa."

"E que métodos você usava?"

"Oh, todos os tipos! Enrolar o cordão umbilical duas vezes ao redor do pescoço, então, assim que a cabeça saía, era fácil estrangulá-la. Se a cabeça saísse por último, dava para fazê-la se

---

* A partir de então a família teria um herdeiro que passaria a queimar incenso para os ancestrais.

engasgar no líquido amniótico, e então a criança não conseguia dar nem mesmo um respiro. Ou então você podia colocar o bebê numa bacia, segurar papel 'esterco de cavalo'* molhado sobre o rostinho e em poucos segundos as pernas do bebê paravam de chutar. E no caso de mulheres que nunca haviam tido um filho homem, só uma menina atrás da outra até que a família estava cheia disso, a coisa podia ser tão simples quanto afogar o bebê no balde de água suja... Todo tipo de método, mas não quero mais falar nisso, eu ficava tão chateada... um bebezinho perfeitamente saudável... a mãe não chegava nem a dar uma olhada, era só despachá-lo para o Mundo Subterrâneo..."

Ouvir isso fez a minha espinha se arrepiar, e na minha mente vi de novo aquele pequeno pé, estremecendo para fora do balde de água suja na aldeia da montanha Yimeng. Eu mal tinha coragem de imaginá-lo. Também mal podia acreditar que tantos bebezinhos houvessem morrido nas mãos daquela senhora gentil à minha frente — quantos? Não tive coragem de perguntar...

Ao me ver parada ali, com uma expressão de surpresa no rosto, ela não pôde deixar de dizer: "Eu também estava livrando a família de uma calamidade".

"Essas menininhas eram uma calamidade?"

"Claro, você não vai concordar com isso, mas nós, gente do campo, tínhamos verdadeiro pavor de que o primeiro filho fosse uma menina. Se fosse, isso significava que durante uma geração inteira, ou até mesmo durante várias gerações, você não receberia do governo nenhum pedaço de terra e que você teria mais uma boca para alimentar. Então, quando ela crescesse, você tinha que pagar as roupas do casamento. Era um desastre só. A gente do

---

* Papel "esterco de cavalo": papel barato, rústico, feito de plantas e de cor marrom-amarelada.

campo é criada na miséria, não recebe educação nem o tipo de vida que as mulheres da cidade têm!"

"Então, quando era você a encarregada, tudo era simples?" Me pareceu que ela entenderia o que eu queria dizer por "simples".

"Claro que não, também sou mulher, não sou? Às vezes eu via que a mãe era uma beldade e ficava imaginando que a bebezinha também seria bonita, e eu ficava com muita pena. Às vezes a mãe e o pai colocavam algumas moedas na minha mão, escondido dos pais deles, para eu levar o bebê embora com vida. Uma das sogras foi muito malvada e enfiou o papel 'esterco de cavalo' nas narinas do bebê com as próprias unhas, mas eu era esperta... Disse para ela me dar o bebê, para 'mandá-lo para o Mundo Subterrâneo', e o enrolei com o papel e levei embora comigo. Quando eu já estava longe o suficiente, desenrolei o bebê e ele ainda estava respirando!"

"Para onde você levava os bebês?"

"Alguns tinham sorte, se alguém tivesse me feito uma encomenda. Sobretudo se uma mulher da cidade não podia ter filhos, a família muitas vezes comprava um bebê de uma parteira. Se não ficasse muito fora do meu caminho, eu podia deixar o bebê num orfanato ou simplesmente do lado de fora do portão do hospital do condado para alguém pegá-lo e levá-lo embora. Naqueles dias, um monte de gente pegava meninas assim, dessa maneira. Na maior parte das vezes elas eram vendidas a famílias de aldeias pobres onde eram criadas e mais tarde casavam com o filho da família. A vida é dura para as mulheres; nenhuma dinastia nem governo algum as valorizam. De qualquer forma, já chega disso. Guarde esse pedaço de tecido azul e branco..."

Concordei, em silêncio. Enquanto eu observava a mulher das bicicletas correr as mãos sobre a fita antifuro pela parte interna do aro, pensei ver vários bebezinhos rosados sendo "resolvidos". Senti-me um pouco tonta e muito perturbada: pelas mães a quem não fora permitido que segurassem as filhas nos braços, pelas bebezinhas que jamais saberiam quem eram suas mães, ou que nem sequer tiveram tempo de abrir os olhos para este mundo!

"Você tem uma filha?" Perguntei, após um longo silêncio.

"Dei todas."

"Sente falta delas?"

"Claro que sinto falta delas!" Ela olhou para mim furiosa. Jamais antes eu vira esse lado da mulher das bicicletas.

No dia seguinte, meus colegas me disseram que a mulher que consertava bicicletas não havia montado sua banquinha, e uma semana depois ela ainda não havia voltado. Ela se fora, levando consigo lembranças que insistiam em não desaparecer. Eu reabrira velhas feridas, e fiquei com a sensação de que ela não queria me ver novamente.

4. A lavadora de pratos que tentou se matar duas vezes

Não se trata de uma história de um livro, é uma responsabilidade muito séria. [...] Dessa vez ela tem que ir embora, não vou mais ser boazinha.

"Por quê? Por que você continua querendo fugir? Não tínhamos combinado que você falaria sobre os seus problemas, para que todos pudéssemos ajudá-la?"

Kumei ["Coitadinha"]* havia recobrado a consciência. Ela olhava vagamente à frente, os olhos cheios de angústia, mas meu desespero estava fervendo havia tanto tempo que não consegui conter as palavras de fúria.

Era a segunda vez que ela acabava num hospital, depois de uma tentativa — fracassada — de se matar.

---

* *Ku* (sofrida ou sofrimento) e *mei* (irmãzinha, mulher jovem) indica não só que a pessoa assim designada é uma sofredora como também traz má sorte.

Kumei era lavadora de pratos no Pequeno Chefe de Cozinha. Tratava-se de um restaurantezinho familiar com apenas quatro mesas, cada qual acomodando duas pessoas, a duas ruas da segunda rádio onde eu trabalhava então, em Nanjing. O marido cozinhava, enquanto a mulher fazia as compras, servia os clientes e recebia o dinheiro. Kumei preparava os legumes, lavava os pratos, varria e limpava. O pequeno estabelecimento ficava no cômodo da frente da casa do casal, no que, eu imaginava, era originalmente a sala de estar, e era separado do resto da casa por um corredor estreito e escuro, abarrotado até em cima de suprimentos. A "cozinha", construída com três pedaços de folha de aço, ficava lá fora, no quintal atrás da casa. Apenas uma década antes, um rápido olhar para dentro de pequenos estabelecimentos familiares como esse garantiria que você nunca mais voltaria a engolir nenhuma bocada da comida do lugar, apesar dos cheiros de dar água na boca e dos sons crepitantes. Mas o Pequeno Chefe de Cozinha era limpo e arrumado. De fato, era tão bem organizado que, até mesmo quando a cozinha estava no auge da movimentação e a fumaça e as chamas erguiam-se do fogão, era possível ficar ali e trocar algumas palavras com o cozinheiro ou sua mulher sem ser tragado pelos cheiros nem sentir que se estava no meio do caminho.

Minguang, a mulher, era excepcional nessa espécie de negócio do setor de serviços — uma mulher que coletava livros usados. Ela frequentemente fornecia resenhas de livros para os meus programas, então, quando abriram o pequeno restaurante próximo ao meu trabalho, passamos a nos ver com bastante frequência. Lá, nos intervalos de almoço, eu buscava refúgio do meu agitado e barulhento escritório e pedia um prato de fígado de porco com broto de feijão rapidamente refogados ou bucho frito em molho de soja, acompanhado por verduras da estação refogadas e uma tigela de arroz. A dois ou três yuans a refeição, tratava-se de uma ótima relação custo-benefício, além de ser uma delícia.

Enquanto esperava pela comida, eu abria um livro e bebia uma xícara de chá verde, ou conversava com Minguang sobre livros e autores recém-lançados. (Ela sempre me presenteava com uma seleção de notícias e fofocas, do tipo que nunca chegava até nós, na mídia oficial, sobre livros que haviam sido censurados ou banidos.) Enquanto comia um almoço delicioso, eu podia empinar as orelhas para as fofocas dos outros clientes... Era quase como se uma peça estivesse sendo encenada à minha frente. Sempre acreditei que tais cenas corriqueiras do cotidiano inspiram grandes obras de arte e lhes dão vida.

A maior parte dos clientes do Pequeno Chefe de Cozinha eram frequentadores contumazes que, com o passar do tempo, se tornaram amigos. Muitos também eram ratos de biblioteca, atraídos para o lugar porque a gerente adorava ler. Éramos discretos, talvez porque pessoas que leem muito tenham a tendência de valorizar sua privacidade. Era raro os clientes comerem juntos ou emendarem conversas sem fim nos celulares como a maior parte dos chineses. Em vez disso, quando nos encontrávamos no restaurante, às vezes trocávamos algumas palavras sobre nossas famílias ou sobre livros. Então comíamos nossa comida, baixávamos nossos pauzinhos, pagávamos a conta e dávamos adeus. De início, Minguang e eu tínhamos pouco a ver uma com a outra, à exceção das suas contribuições ao meu programa e dos almoços que eu comia no seu restaurante. Foi só quando ela contratou Kumei que passamos a ter algo muito mais importante sobre o que falar.

Kumei havia sido apresentada a Minguang por uma sobrinha, Ying, da província de Anhui. Ying dizia que ela era uma moça quieta, cujo marido havia partido para ser um trabalhador migrante e nunca mais voltara. Corria a fofoca de que ele arranjara uma amante na cidade. Sendo isso verdade ou não, o fato é que Kumei continuou mourejando para seus sogros, em casa. Eles, por outro lado, não apoiaram a nora e chegaram mesmo a espalhar para todo mundo que o seu filho tinha arranjado uma mulher de quadris largos que lhes dera um neto, ao passo que Kumei ficara na casa deles consumindo suas insuficientes rações de grãos! Nessas aldeias miseráveis, não ter filhos ou netos era considerado mais sério do que não ter casa ou terra. De acordo com Ying, todo mundo sabia que Kumei estivera grávida, mas nenhum dos bebês havia sobrevivido. Ela não fora capaz de dar um herdeiro à família. Essa era aparentemente a razão que fizera o marido partir para o sul, em busca de trabalho.

Kumei havia sido comprada como noiva em alguma aldeia longínqua e não tinha família nem amigos que a defendessem. Era analfabeta, não tinha ideias próprias e vivia de fato como um animal de carga, trabalhando como escrava o dia inteiro e à noite também. Ying, ao voltar para casa para o Festival da Primavera, ficou muito chateada pelo lamentável estado em que Kumei se encontrava e então, quando retornou à cidade grande, moveu mundos e fundos para encontrar um trabalho para ela. Finalmente ficou sabendo que o Pequeno Chefe de Cozinha precisava de um ajudante, e em 1992 Kumei chegou à cidade.

Minguang e o marido não tinham um quarto extra para Kumei, e a moça precisava dormir no restaurante. (Naqueles dias, era quase inédito proprietários de restaurantes urbanos fornecerem acomodação apropriada para os funcionários.) No inverno, um tradicional braseiro de carvão fornecia o calor; ninguém se preocupava com gases tóxicos, porque, assim que se abria a porta para a área da cozinha, as rajadas de ar avançavam restaurante adentro. No auge do verão havia também um ventilador elétrico antigo que fazia barulho e chacoalhava, mas que na verdade era de pouca utilidade no calor de Nanjing, que frequentemente chegava a 40 °C.

Kumei começava a lavar e a cortar legumes às dez e meia da

manhã, e continuava trabalhando até as dez e meia da noite, quando varria tudo e fechava a porta. Porém, famílias locais às vezes alugavam o estabelecimento para casamentos ou enterros, ou para festas de aniversários dos mais velhos ou das crianças, e de todo modo em Nanjing fazia tanto calor no verão que as pessoas saíam para petiscar alguma coisa e fofocar até tarde da noite, de forma que muitas vezes Kumei ia para cama só depois da meia-noite.

De segunda a sexta-feira, todas as semanas eu terminava o meu programa à meia-noite e então, no verão, eu costumava dar uma passada no Pequeno Chefe de Cozinha, caso ainda houvesse clientes lá, para comer uma tigela refrescante de espaguete frio ou tomar um chá verde gelado. Mas, diferentemente de meus conterrâneos de Nanjing, era raro eu me debruçar sobre um prato de caracóis, mastigando e jogando conversa fora com amigos até a madrugada. Eu podia me manter anônima naquele lugar, e era isso o que eu queria. Lá eu tinha o meu próprio espaço, livre das infindáveis pequenas responsabilidades que recaíam sobre mim na minha vida profissional.

Numa noite no auge do verão, Kumei tentou se matar pela primeira vez.

No prédio em que eu trabalhava, a rede de energia elétrica era desligada à noite, de forma que o ar-condicionado também parava, exceto no estúdio em que eu ficava, onde a temperatura era controlada o tempo todo. As portas e as janelas do prédio também ficavam fechadas, para afastar o vento e a chuva, assim, quando eu saía do estúdio, o calor sufocante e a umidade quase levavam a melhor sobre mim.

Decidi ir até o Pequeno Chefe de Cozinha, onde eu podia beliscar algo e onde estaria fresco. Eu também precisava desanuviar minha mente, sempre acelerada após o programa, senão passaria a noite toda sem conseguir dormir e sem ninguém, a não ser as estrelas, com quem conversar. Naquela época, eu tinha um motociclo — fui uma das primeiras mulheres na China a usar um. Eu desligava o motor quando entrava na rua onde ficava o restaurante, para não incomodar os moradores.

Todas as luzes estavam acesas no Pequeno Chefe de Cozinha, o que era incomum — imaginei que estivesse havendo uma festa familiar naquela noite e que a mesma tivesse recém-terminado. Normalmente, quando isso acontecia, o restaurante ficava fechado para outros clientes. Desapontada, eu já estava fazendo meia-volta com o motociclo quando Minguang apareceu na soleira da porta e chamou, em voz baixa.

"Xinran! Por favor, entre."

"Não quero incomodar. Vá para a cama", falei, ainda manobrando o motociclo para o lado, para mostrar que eu falava sério e que não estava apenas tentando ser educada.

"Aconteceu uma coisa!" Ela parecia em pânico.

"O que foi?" Voltei a virar o motociclo e o empurrei em direção à porta.

"Por favor, entre. Estou tão assustada, e eu estava justamente pensando que talvez você aparecesse. Vou trazer uma sopa gelada de feijão-mungo." Ela não esperou que eu dissesse nem sim nem não, mas foi direto até a cozinha.

Era evidente que houvera uma festa de aniversário no restaurante — para uma menina. Tudo era rosa, e pedaços de enfeites de papel repousavam sobre os restos de comida, nas mesas. O marido de Minguang estava limpando tudo, em silêncio. Eu o conhecia pouco; ele nunca me dera nenhuma oportunidade de conversar. O máximo que eu conseguira dele, à guisa de resposta às minhas perguntas, fora um breve "sim", "ainda tem", "tínhamos um pouco" ou "não sei". Então era "obrigado" e "adeus"!

Minguang logo voltou com uma tigela de sopa gelada de feijão-mungo. "Coloquei dois torrões de açúcar. Isso vai refrescar você!"

"O que aconteceu com Kumei? Ela tirou folga hoje?" Perguntei casualmente, pegando a tigela de sopa das suas mãos. "A festa deve ter durado bastante. Já é quase uma e meia e vocês dois ainda estão limpando. Ter um restaurante não é fácil, não é mesmo?"

"Kumei foi levada para o departamento de Acidentes e Emergência! Minha sobrinha, Ying, está com ela." Minguang deu um suspiro e tratou de acender um cigarro, distraída.

A colher de sopa estava a meio caminho da minha boca. Devolvi-a para a tigela e fiquei olhando para Minguang. "Mas por quê? O que aconteceu?"

"Ela tentou se matar..." Minguang disse com relutância, baforando um anel de fumaça.

"Se matar? Aqui? Hoje? Por que diabos?" Senti um arrepio me percorrer. Em resposta às minhas perguntas, o marido de Minguang parou de limpar e se sentou. Torcendo e apertando as mãos nervosamente, ele disse: "Não sabemos".

"Mas como foi que aconteceu? Vocês contaram à polícia?"

"Não sabemos de nada", disse Minguang. "O que temos para contar à polícia? Antes da festa de aniversário ela estava bem, cuidando do seu trabalho sem nenhum problema. Ela até comentou como era simpática a menina que estava fazendo aniversário. Mas quando cortaram o bolo, ela ficou ali parada no canto, como se tivesse esquecido o que estava fazendo. Pensei que fosse porque ela era do interior e nunca vira uma festa de aniversário antes, então a deixei assistir a tudo por um bom tempo. Assim ela saberia o que fazer na próxima vez em que houvesse uma festa de aniversário.

"Não pensei mais no assunto. Mas quando os clientes foram embora, ela também desapareceu. Encontrei-a caída em cima das caixas ali no corredor. Estava vomitando uma espuma branca e tendo convulsões. Parecia confusa. Perguntei o que havia acontecido, mas ela não disse. Fiquei tão preocupada que gritei com ela e a virei à força. Embaixo dela havia duas garrafas, uma de soda cáustica, que a gente usa para limpar bucho. A outra era de desinfetante. De repente me dei conta de que ela tinha engolido tudo e que decerto estava tentando se matar.

"Estávamos os dois mortos de medo, então chamamos o serviço de emergência. Eles nos disseram que a ambulância não conseguia entrar na nossa ruela, então o meu marido carregou-a nas costas até a via principal. Quase não conseguiu que a aceitassem, pois ele não estava levando dinheiro suficiente! Malditos hospitais de hoje em dia, quem eles acham que são? O que foi feito da vocação médica? Alguém que está doente e não tem dinheiro? Esqueça! Não vão nem deixar essa pessoa passar pela porta, que dirá cuidar dela!

"Seja como for, já chega disso. Mandei uma mensagem para Ying, no jornal. O namorado dela também trabalha num restaurante, então eles têm dinheiro vivo nas mãos, nos finais de noite, e, por sorte, ela conseguiu ir direto para lá. Os médicos disseram que a dose que Kumei bebeu não foi fatal, já que o líquido não era muito concentrado — o desinfetante diluiu e diminuiu a força da soda cáustica, e a vida dela não corria risco. Mas sua membrana estomacal podia estar danificada. Eles iam fazer uma lavagem estomacal e então ela podia ir para casa, mas vai ter que tomar cuidado com o que come, daqui para a frente. Ficamos preocupados pensando que mais alguma coisa pudesse estar errada com ela, então fizemos com que a mantivessem em observação durante a noite. Os médicos do turno do dia iam examiná-la de novo e nos dizer se ela podia ir embora.

"Foi tudo um horror! Então por que relatar à polícia? Não fazemos ideia de por que ela fez isso. Você não acha que enxergar um uniforme de polícia pode assustá-la ainda mais? Essa gente do interior se assusta ao ver qualquer pessoa vestida de um jeito mais arrumado na cidade e se enxerga um uniforme automaticamente pressupõe que é a polícia. Como Kumei, por exemplo — um dia, dois seguranças que cuidam das bicicletas para uma companhia local entraram, e ela se escondeu na cozinha e se recusou a sair de lá. Pensou que tinham vindo atrás dela."

Pensei que Kumei devia sentir culpa por causa de alguma coisa, e prossegui nas minhas perguntas: "Então vocês não fizeram Kumei se registrar para obter uma permissão de residência temporária?". Nisso, o marido de Minguang olhou para a mulher, então se levantou e tratou de carregar as louças sujas para fora da sala.

Olhando para as costas do marido, se retirando, Minguang falou: "Ele também disse que eu deveria fazê-lo! Dei uns bons gritos com ele por causa disso. Seria só mais uma despesa para o restaurante. Você acha que é fácil fazer tudo direitinho? Você deve estar brincando! Não está claro como fazer o registro ou de quais documentos Kumei precisa. Não vou nem falar no dinheiro necessário para pagar as pessoas para resolverem o problema, mas onde é que se faz isso? Lá na aldeia dela, no interior, ela nunca recebeu nem mesmo uma daquelas certidões do governo, com cabeçalho vermelho. Ela só tem um pedaço de papel com o carimbo do escritório local de impostos, acho que eles eram todos analfabetos e ninguém sabia qual carimbo usar para qual documento. Decerto só entregaram o papel para se livrar dela. Minha sobrinha também não conseguiu entender isso direito.

"E tem mais uma coisa: mesmo se, contrariando todas as expectativas, eu conseguisse registrá-la, quem é que pode garantir que um belo dia ela não vai simplesmente se levantar e ir embora? Casos desse tipo nunca aparecem nos noticiários nacionais, mas os noticiários locais estão cheios deles. Muitos trabalhadores simplesmente dão no pé discretamente e desaparecem. Se você se desentende com eles, eles podem muito bem roubar suas coisas, ou então chamar os amigos para lhe darem uma surra.

"Não se pode saber o que se passa na cabeça de uma pessoa. Se Kumei tem alguma coisa para esconder, ela não nos contou nada a respeito. Ela nunca abre a boca, a não ser para dizer 'Obrigada, titio e titia, vocês foram tão bons para mim'. Se fomos tão bons para com ela, por que ela nos dá um susto desses?" E Minguang acendeu mais um cigarro, na ponta do anterior.

Fiquei observando o marido de Minguang indo de um lado para o outro, carregando os pratos sujos e os restos de comida, e falei: "Deixem-me ajudá-los. Tudo vai ficar limpo num piscar de olhos, e então vocês poderão ir e descansar um pouco".

"Não, não, largue esses pratos! Não podemos deixar você sujar as mãos! Quando terminar de tomar a sopa, você vai para casa. Seu filho está esperando por você." E Minguang apagou o cigarro que havia acabado de acender, tirou um avental de algum lugar, vestiu-o e disse: "A gente trabalha rápido. Quando você terminar, essas quatro mesas aqui já vão estar limpas".

Ela tinha absoluta razão. Quando enxerguei o fundo da minha tigela de sopa, os dois tinham limpado a pequena sala e estavam prontos para reabrir no dia seguinte, embora provavelmente a cozinha estivesse cheia de pratos sujos. Ao me despedir, pensei comigo que eles não conseguiriam dormir nem um pouco aquela noite.

Já passava das duas e meia quando cheguei em casa. Meu filho Panpan, então com três anos e meio, estava dormindo, o rosto coberto por uma camada de suor; Fen, minha jovem *a-yi*,* estava sentada à janela com um leque na mão. Ela pareceu preocupada ao perguntar: "Por que demorou tanto para voltar, irmã Xinran? Com certeza não foram os ouvintes que prenderam você no trabalho, falando sobre os problemas deles?".

"Não, só vou tomar uma chuveirada e já lhe conto, está bem?

---

* Ao mesmo tempo uma empregada doméstica e babá.

Está tão quente aqui dentro. Por que você não ligou o ar-condicionado?"

"Não aguento ar-condicionado, e Panpan é muito pequeno: depois que ele pega no sono, o calor não o incomoda. Assim a gente poupa um pouco de dinheiro, e você não precisa passar todo o tempo trabalhando nos seus programas, escrevendo e dando aulas."

"Que tolice, menina! Poupar dinheiro não é poupar vidas. Não é melhor você ter umas boas horas de sono e se sentir realmente bem no dia seguinte?" Dei um sermão nela, enquanto me aprontava para vestir meu pijama.

"Você pode usar tudo o que aprendeu para ganhar dinheiro. Eu não sou inteligente o suficiente para isso. Só posso ganhar dinheiro com as minhas mãos e com os meus pés. Se posso poupar dinheiro para você, então suar um pouquinho é só parte do meu trabalho!"

A verdade é que, pensei comigo mesma enquanto tomava banho, só o que aprendemos com uns poucos anos de escola é como ganhar a vida comprando e vendendo coisas. É algo de longe mais primitivo e de menos mérito do que o trabalho dessas trabalhadoras migrantes. Elas passam a vida tentando poupar nosso dinheiro, só por causa da bondade em seu coração. Tristemente, sua honestidade e suas intenções dificilmente são reconhecidas ou apreciadas.

Fen estava conosco havia dezoito meses. Eu a contratara por meio do intercâmbio de mão de obra. Como Kumei, ela tinha uma história comovente para contar: estivera casada por apenas três meses quando a casinha de madeira e telhado de sapê onde ela e o marido viviam foi desapropriada pelo governo para abrir espaço para a autoestrada expressa Shanghai-Nanjing. Nunca receberam o dinheiro pela casa e pela terra, e então o casal ficou sem lugar para morar e sem ter como ganhar a vida.

A essa altura Fen estava grávida de oito meses e mais magra a cada dia. Desesperado, o marido arrombou o depósito de suprimentos e roubou vinte ovos e dois quilos de batata-doce. Infelizmente para ele, naquela mesma noite um grupo de ladrões profissionais também entrou no depósito de suprimentos, e no dia seguinte o Departamento de Segurança Pública espalhou um anúncio muito severo urgindo os ladrões a se entregarem. O pobre homem ficou tão assustado que fez como lhe mandaram e se entregou. A polícia sabia perfeitamente bem que ele não podia ter roubado um armazém inteiro cheio de produtos porque ele não tinha nenhum cúmplice, mas triunfantemente anunciaram que haviam resolvido o caso e que ele era o "chefe da quadrilha". Ele foi sentenciado a 24 anos de prisão, deixando sozinhos Fen e o filho de apenas um mês. Fen chegou a levar o filho até a capital do condado e perguntou se podia mostrar ao marido o filho recém-nascido, mas lhe recusaram a permissão.

Fen não teve escolha a não ser procurar os pais do marido e implorar ajuda. O velho casal disse que se encarregaria de criar o bebê, porque era neto deles, afinal de contas. Mas não acolheriam nem sustentariam Fen pelos próximos 24 anos. Fen ficou furiosa com um tratamento tão injusto. Tratou de ir embora e gastou os poucos centavos que havia guardado para uma emergência em uma carteira de trabalhador migrante e na passagem de ônibus mais barata que pôde encontrar até Nanjing. Quando a encontrei, ela estava mascando um pedaço de pão seco, e a determinação com a qual o fazia me convenceu de que seria uma boa pessoa para nos ajudar. Trabalhadores contratados pelo sistema de intercâmbio de mão de obra também haviam passado a ter seguro contra acidentes, então levei-a para casa comigo.

Foi exatamente como eu esperava: tudo o que ela sabia como fazer era feito com esmero, e quanto àquilo que não sabia, dava o melhor de si para aprender. Mais importante: ela era uma pessoa realmente boa, a tal ponto que às vezes eu até ficava constrangida. Por exemplo, se vinha até a rádio para falar comigo, ela não pensava duas vezes antes de pegar um abrigo malcheiroso e suado que um colega tivesse deixado sobre uma cadeira e levar para casa para lavar. Então ela pedia que eu levasse a peça de roupa de volta para o trabalho e discretamente colocasse no lugar de onde ela havia tirado. Entretanto, os proprietários dos abrigos ficavam furiosos: aquela caipira interiorana provavelmente não seguiria as instruções de lavagem e arruinaria as roupas esportivas de marca que lhes custaram dois meses de salário. Tentei explicar isso a ela com toda a delicadeza, mas Fen não conseguia entender a indignação deles. A sua reação era dizer: "Fadas madrinhas nunca anunciam suas boas ações em público. Seus colegas podem reclamar, mas na verdade ficam felizes. Como poderiam não ficar, se alguém os está ajudando? Não dê ouvidos a eles, irmã Xinran, sei o que eu estou falando". Por fim tive de contar a ela uma mentira benévola — que o sistema de segurança havia sido reforçado e que não mais se permitiam familiares andando de um lado para o outro na rádio — para evitar que ela entrasse no estúdio a fim de fazer as suas boas ações.

Naquela noite, depois de ter tomado um banho, contei a Fen, em linhas gerais, o que acontecera comigo desde que eu saíra do trabalho. Então liguei o ar-condicionado e fui para o meu quarto dormir. Antes de Fen fechar a porta do seu quarto, a ouvi murmurar consigo mesma: "Ó céus, mais uma mulher que carrega o fardo do sofrimento!".

No dia seguinte, fui enviada para cobrir o caso de uma mulher que havia sofrido severos maus-tratos em uma aldeia não muito distante. Fiquei três dias lá, e qualquer pensamento sobre Kumei foi arquivado no fundo da minha mente. Quase todas as semanas agora eu recebia cartas ou telefonemas de ouvintes com relatos similares sobre trabalhadoras migrantes que tentavam se matar, mas eu havia tido pouca experiência com tais casos em Nanjing. Todos os dias eu via trabalhadores oriundos do interior, é claro. Vestidos de forma simples e de tez curtida, eles moravam literalmente nas ruas, guardavam suas ideias para si e trabalhavam o dia todo. Constituíam a camada mais baixa da sociedade. Mas o resto da população, e isso me inclui, estávamos tão ocupados, mantendo-nos em dia com as mudanças dramáticas que aconteciam na nossa vida e no mundo à nossa volta que ignoramos essa massa de trabalhadores migrantes e sua vida precária. Só quando acontecia algo que chamava a atenção para mulheres como Kumei e Fen era que os moradores privilegiados da cidade começavam a "ver" de verdade as pessoas que antes lhes eram invisíveis. Nem sempre, porém, reconheciam o valor delas.

Demorou mais de uma semana até eu voltar ao Pequeno Chefe de Cozinha. Kumei me deu um sorriso embotado e silenciosamente prosseguiu nas suas tarefas. Minguang parecia exausta e, lançando um olhar para a pálida moça, disse para mim, baixinho: "Na noite passada, de repente fiquei com medo, não sei por quê, e desci sorrateiramente para ver o que ela estava fazendo. Céus, foi bem na hora. Ela estava sentada no escuro bebendo alguma coisa de uma garrafa plástica. Gritei para ela parar e tirei a garrafa das suas mãos. Quando acendi as luzes e olhei para o seu rosto, fiquei chocada. Nunca vi tanta tristeza, não consigo nem mesmo começar a descrever!

"Perguntei qual era o problema, mas não lhe arranquei nem uma só palavra. Fiquei sentada com ela um tempão, mas ela só chorava e chorava, então coloquei um acolchoado em cima de uma das mesas e deitei em cima, e de algum jeito a gente passou a noite juntas. Acho que ela não dormiu nada, passou se virando de um lado para o outro a noite toda. Hoje de manhã eu estava me sentindo cheia disso tudo. Se ela não me disser qual é o problema, então é como se não me respeitasse, não é?

"Mandei uma mensagem para Ying e disse para ela vir até aqui levar Kumei embora, senão eu a demitiria e a devolveria para o intercâmbio de mão de obra. Ying veio aqui hoje à tarde, o restaurante estava vazio, então ela levou Kumei até o canto, e elas ficaram cochichando. Finalmente, enquanto nos aprontávamos para o serviço, as duas vieram até onde eu estava preparando legumes, e Kumei de repente caiu de joelhos na minha frente e disse: 'Por favor me perdoe, por favor não me mande embora!'.

"Nunca na vida vi uma coisa dessas... Levantei-a do chão mas na verdade eu não sabia o que dizer. Ying interviu, impaciente, dizendo: 'O que Kumei quer dizer é que ela está muito chateada a respeito de uma coisa que é insuportável, mas não tem nada a ver com vocês dois. Vocês têm sido muito bons com ela, mil vezes melhores do que a sua própria família. Não é mesmo, Kumei?'. Kumei fez que sim vigorosamente, como se estivesse com medo de que eu não acreditasse nela.

"Ying precisou voltar para o restaurante onde trabalha, para abri-lo, e eu estava com clientes, então não falei mais nada. Estávamos incrivelmente ocupados hoje à noite, e Kumei se comportou como se nada tivesse acontecido — estava trabalhando de forma tão ágil e prestativa como sempre. Duas vezes meu marido me disse: 'Vamos ficar com ela, ela é muito competente'. Xinran, quando vejo como ela é magra e pálida, fico com um pressentimento ruim em relação a isso tudo. Eu realmente queria ficar com ela, mas então acabo tomando outro susto. Ser uma pessoa boa não é fácil! Acho que daqui a alguns dias vou procurar outra moça. Definitivamente, quero alguém tagarela, porque, mesmo se for para discutir, pelo menos ela não vai ser como Kumei e me deixar com os nervos à flor da pele, sem nunca saber se ela está viva ou morta!"

Quando fui para casa aquele dia, contei a Fen o que Minguang havia me dito. Fen também enfrentara muitas provações e muitas vezes ela me ajudava a entender o que estava se passando com pessoas que tinham algum problema mas que não conseguiam contar a ninguém a respeito.

Quando terminei, Fen colocou uma mão sobre o coração e fez um gesto desesperado com a outra: "Irmã Xinran, vocês, gente da cidade, falam entre si sobre tudo, mas no campo nós não somos assim. Não saímos por aí rindo e falando alto, sobretudo as mulheres, e especialmente alguém que não tenha um filho homem. Se você não consegue ter um filho homem e herdeiro da linhagem familiar, então você merece muito mais do que o inferno! Mesmo que tenha um filho, se você vive com os sogros, ainda assim não deve abrir o bico. Só quando você mesma se torna uma sogra é que tem a chance de dizer o que pensa. Vá e veja com os próprios olhos... muitas mulheres se matam assim que se tornam sogras. As pessoas da cidade dizem que homens e mulheres são iguais, mas ninguém acredita nisso, no interior! Claro que Kumei não vai falar dos seus problemas para a patroa. Ela não teria coragem. Ela acha que Minguang vai pensar que ela está louca e vai querer se livrar dela!

"Nenhuma de nós sabe ler nem escrever, então a gente é diferente. Vivi com você todo esse tempo, mas quando ouço você ao telefone, falando com os seus amigos, e vocês estão batendo papo, ainda assim não entendo o que você fala. Passar roupa, por exemplo. Nós simplesmente colocamos a roupa lavada no ar livre, e pendurada ali ela se alisa, no vento e no sol. Por que vocês querem gastar dinheiro com eletricidade e passar a ferro roupas perfeitas, achatadas como uma tábua, eu não sei... Até mesmo a casca de uma árvore tem rugas. É uma coisa para a gente olhar e sentir com a mão. Uma árvore com um tronco totalmente liso seria feia, não seria? É a mesma coisa com as roupas das pessoas, não é? Seja como for, se você realmente quer saber o que há de errado com Kumei, se quer que ela desabafe tudo, então precisa fazê-la acreditar que ela não é estúpida."

Comecei a aprontar as coisas do meu filho para o dia seguinte. "Como posso ganhar a confiança dela? O que você faria no meu lugar?", perguntei a Fen, com toda a sinceridade.

"O que eu faria? Trabalhar ao lado dela? Fazê-la passar uns dias conosco? Realmente não sei..." Fen estivera dobrando uma pilha de roupas. Agora ela havia parado.

"Você confia em mim?" Assim que essas palavras saíram da minha boca, me arrependi de tê-las dito. Claro que ela diria que confiava. Tratei de acrescentar: "Por que você confia em mim?".

"Bem, você gosta de aprender coisas comigo, como quando lhe ensinei a fazer panquecas. Fiquei tão orgulhosa que eu sabia fazer coisas que a minha irmã Xinran não sabia! Como quando você me pediu que lhe ensinasse a música 'Amigos'. Pensei, uma apresentadora de rádio de uma grande emissora não consegue nem cantar uma música, que pena! Foi aí que confiei em você, quando lhe ensinei a fazer coisas."

Até então, eu nunca havia me dado conta do que "confiança" significava, e, depois, vim a fazer bom uso das palavras de Fen no meu trabalho. Ao me tornar uma "aprendiz", aprendi como os camponeses falavam e como faziam coisas com as mãos. Também consegui ouvir o que muitas mulheres pensavam de verdade.

Duas semanas se passaram e eu voltei ao Pequeno Chefe de Cozinha. As bochechas de Kumei estavam gradualmente voltando de uma palidez doentia a um tom rosado, e Minguang não mencionou nada sobre estar preocupada com a garota. Pensei que Kumei fora absorvida pela vida na cidade como incontáveis outras mulheres do interior e que, com isso, conseguira deixar para trás a dor do seu passado. Porém, certa tarde recebi um recado de Minguang no meu pager: "Por favor, Xinran, venha à Emergência do Hospital do Povo, eu imploro!".

Eu sabia que devia ser algo sério — Minguang era uma mulher forte, que não "implorava" nada a ninguém a menos que estivesse absolutamente desesperada. Pulei no meu motociclo e cheguei lá em meia hora. Encontrei minha amiga andando de um lado para outro sem parar ao lado da cama onde Kumei dormia, o rosto acinzentado contra a brancura dos lençóis.

"Xinran! Que bom que você veio! Veja! Veja só isso — ela estava bem, e agora ela tenta se matar de novo! Ela não quer ir embora, mas também não quer viver! Por que ela está fazendo isso comigo? Não aguento mais um susto desses. Desta vez ela tem que ir embora, não vou mais ser boazinha. A aldeia onde ela mora não tem nenhum telefone, e Ying não está respondendo o pager. Não sei para onde essa moça tem que ir!" Minguang parecia completamente confusa, e suas palavras estavam cheias de um medo incontornável.

"Quando a trouxeram?", perguntei, tentando ajudar de alguma forma prática.

"Esta manhã eu saí, para ir a uma reunião de escritores. Ao meio-dia, ela ainda não havia levantado, então meu marido foi chamá-la. Ele a encontrou inconsciente, caída no chão, numa poça de vômito. Ele chamou a ambulância na mesma hora e então me avisou do acontecido. Independentemente do dinheiro que isso está nos custando, toda vez fico aterrorizada, não aguento mais. Fiz o meu marido fechar o restaurante. Vamos deixá-lo fechado durante alguns dias, e então vamos ver... Precisamos terminar com essa história, senão..."

"Havia algo de estranho nela ontem à noite?", perguntei, tentando imaginar a razão para tal ato.

"Ela parecia bem. Teve uma festa de aniversário no restaurante, e a menina que estava fazendo aniversário até deu um pedaço de bolo para ela!"

Kumei dormia tranquilamente, no que decerto era a cama mais confortável em que já se deitara na vida. Ela parecia estar no limbo, em algum lugar entre a vida e a morte.

Encontrei o médico de plantão, e ele me disse que Kumei sobreviveria, mas que tivera um sério sangramento gástrico. Seu estômago havia, é claro, sido danificado pelas substâncias químicas presentes no líquido de limpeza que ela havia ingerido. "Por que ela fez isso?", ele me perguntou.

"Não sei. Talvez...", mas a verdade era que eu não fazia a menor ideia.

A angústia de Kumei e a impotência de Minguang me deixaram bem chateada. Não tinha nada a ver com o fato de ela ter ou não alguma instrução. A questão era que se uma mulher decidia se matar, isso significava que ela estava enfrentando problemas terríveis e não conseguia resolvê-los. Senti que eu devia ao menos tentar ajudar. Fui até o telefone público do hospital e liguei para Fen. Ela estaria disposta a me ajudar a tomar conta de Kumei, em casa?, perguntei. "Claro!", ela disse. "Você está sempre viajando para ajudar pessoas no interior. Essa é a minha chance de ajudar alguém na cidade."

Quando contei a Minguang sobre meu plano, ela ficou tão grata que praticamente caiu de joelhos e se pôs a me fazer reverências.

"Xinran, se você a levasse para a sua casa por alguns dias e colocasse sua *a-yi* para cuidar dela, eu lhe seria eternamente grata! Mas não vou minimizar as minhas palavras. Você entende, não é?, que, uma vez que Kumei sair daqui, o destino dela vai estar nas suas mãos, sem ter nada mais a ver comigo? Não se trata de uma história de um livro, é uma responsabilidade séria. Você pensou nisso? Senão, posso só pagar os custos aqui do hospital e levá-la até o intercâmbio de mão de obra. Assim não vamos nos ver nesta enrascada de novo. É simplesmente impossível ser bondosa com ela. Pense bem no assunto..."

"Está tudo bem", interrompi. "Vou fazer uma tentativa. Meu programa está cheio de histórias tristes de mulheres, e às vezes ouvir histórias semelhantes às suas dá esperança a elas e faz com que sintam que não estão sozinhas e que alguém sabe sobre suas vidas. E onde há esperança, sempre há saída! Minha *a-yi* teve uma vida terrível no interior quando era jovem. Talvez brote compaixão entre elas, e isso vai ajudar Kumei a se abrir."

Naquele momento, Kumei abriu os olhos. Ela estava tão desidratada que parecia nos olhar a partir de um deserto sem água. Ela havia chorado até ficar sem lágrimas. Foi então que não pude deixar de lhe perguntar: "Por quê?".

Kumei não emitiu som algum, apenas fechou os olhos, tristemente. Mas então tornou a abri-los, se sentou e começou a sair da cama. Minguang e eu ficamos tão surpresas que não tentamos pará-la enquanto ela fechava a cortina e calçava os sapatos. Mas então a agarramos, cada uma de um lado, pois ela quase caíra no chão.

"Vou chamar o doutor. Se eles disserem que está tudo bem, então ela pode vir para a minha casa", falei para Minguang e fui até o escritório do médico de plantão. Quarenta minutos depois voltei com os papéis da alta, para encontrar Minguang e Kumei sentadas em silêncio na borda da cama.

No trajeto de táxi até a minha casa, Kumei estava extremamente ansiosa. Obviamente jamais estivera num carro antes, mas, por sorte, era uma viagem curta. Quando chegamos ao apartamento, Fen havia armado uma cama de solteiro extra no seu quarto e estava redistribuindo os móveis, para fazer parecer que o quarto sempre fora daquele jeito. Passei Kumei a seus cuidados e tomei um táxi de volta até o hospital para resgatar meu motociclo. Dali fui até a creche para pegar Panpan. Depois de levá-lo para casa, voltei para a rádio a fim de preparar o *Palavras da brisa noturna* daquela noite. Liguei para casa duas vezes durante a noite, e Fen me disse que Kumei estava adormecida.

Quando voltei para casa após o programa, vi a silhueta das

duas na janela, à luz da lua, aparentemente conversando, e não pude deixar de me sentir comovida. Claramente haviam se tornado amigas — Kumei estava dizendo alguma coisa para Fen —, e deixei-as sozinhas, sentindo que elas precisavam de mais tempo a sós.

Devem ter ido dormir tarde, mas de manhã estavam de pé antes de mim e haviam realizado as tarefas domésticas sem fazer barulho. Panpan ficou deliciado de termos mais uma *a-yi*, e, em silêncio, as duas o haviam convencido a se vestir. Eu sempre insistira em preparar o café da manhã de Panpan. Eu acreditava piamente que o ponto de partida para um bom dia era um café da manhã agradável e recém-preparado; era muito importante os pais fazerem das manhãs um momento fundamental da vida da família, algo por que a criança — especialmente uma criança que nunca queria acordar de manhã ou ir dormir à noite — pudesse esperar com certa expectativa. Entretanto, naquele dia decidi pedir a Kumei e a Fen que fizessem o café da manhã de Panpan e de nós todas. Ao vê-las trabalhar juntas em harmonia, senti uma gratidão imensa por Fen e pude detectar uma grata mudança em Kumei.

O quarto dia que Kumei passou conosco foi uma sexta-feira, e quando cheguei em casa do trabalho, à noite, falei a ela que eu não iria para a rádio no sábado. De manhã faríamos juntas as tarefas domésticas e à tarde poderíamos levar Panpan para o parque. Se ela quisesse, eu poderia providenciar para que Minguang e o marido nos encontrassem lá. Kumei lançou um olhar sério para Fen, e então aquiesceu. Era exatamente como Minguang dissera: "Ela tem medo de que eu não acredite nela".

Sentamos juntos sobre a grama, e Fen levou Panpan para brincar. Antes de se afastar, ela cochichou algo no ouvido de Kumei. Kumei mais uma vez ficou séria e concordou. Então ela contou a nós três — seus empregadores e eu — a razão da sua tristeza.

Ela nascera nas montanhas no oeste da província de Hunan e fora vendida como noiva para uma família de Yuanyang, no norte da província de Anhui. No dia seguinte à sua chegada, ela foi casada à força. O homem era um camponês robusto que nunca dizia uma palavra a ninguém. Logo Kumei ficou grávida.

À medida que a hora de dar à luz se aproximava, sua sogra passava os dias inteiros queimando incensos e fazendo oferendas no altar, implorando a Guan Yin, a deusa da misericórdia, para abençoar a família com um neto. Kumei entrou em trabalho de parto e, naquela noite, como se tratava do primeiro neto, a família inteira se reuniu ao lado do quarto, na cozinha, esperando pela notícia de que Kumei havia gerado um bebê do sexo masculino. Kumei ficou apavorada, pensando na possibilidade de ser uma menina. Ficariam muito bravos com ela.

A parteira tirou o bebê e, antes mesmo de ele emitir um gritinho, verificou-o à luz pálida da lamparina. Deu um suspiro. Os decepcionados sogros, assim como o resto da família que esperava lá fora, proferiram alguns xingamentos e então se foram, um depois do outro. A parteira disse algumas palavras, pegou seu pagamento e foi embora. Kumei não sabia o que fazer. Enquanto sua bebezinha recém-nascida lutava para tragar as primeiras golfadas de ar, Kumei tentava agasalhá-la, com lágrimas escorrendo pelo rosto. Desde que era criança ouvia os adultos dizerem que se o primeiro neto fosse uma menina, não se deixaria que ela vivesse. Senão, as "raízes" da família seriam "quebradas". O primeiro bebê a viver precisava ser um menino.

Kumei olhou para a bacia de água que a parteira havia preparado para ela antes do parto. Aquela era a Água para Exterminar Problemas, usada para nela afogar a bebezinha. No caso de um menino, a bacia com a qual dar banho no bebê se chamava Banho para Regar as Raízes. Ela sabia que era seu dever pôr fim à vida da própria filha afogando-a na bacia, e foi isso o que ela fez.

No ano seguinte, ela ficou grávida novamente e infelizmente deu à luz outro bebê do sexo feminino. Desta vez, a sogra tirou a filha de suas mãos e a mergulhou na água da bacia. Mas a bebezinha estava determinada a se agarrar à vida, e quando todos menos o marido haviam deixado o cômodo, Kumei descobriu que ela ainda estava viva.

Ela implorou ao marido que levasse o bebê à cidade para lhe dar uma chance de viver, mas ninguém prestou atenção em seus apelos. Por menos de 24 horas, ela sentiu como seria ser mãe, mas não pôde sonhar com a filha crescendo para se tornar adulta. Em vez disso, só o que ela sabia era que havia falhado. Ela era quem havia falhado ao não apresentar um herdeiro à família. Então, quando o marido partiu em busca de trabalho na cidade e não voltou, ela sabia que era por sua causa. Os pais do marido, frustrados, queriam se livrar dela: ela trouxera desgraça para a família. Felizmente para Kumei, Ying a trouxe para a cidade. Com Minguang e o marido, aquela moça, que desde a infância nada recebera além de palavras ríspidas e maus-tratos, não apenas passou a ser tratada com gentileza como também ganhou o primeiro dinheiro que podia chamar de seu. Ela se sentia no paraíso!

Mas então Kumei viu a menina de cinco anos comemorar seu aniversário no Pequeno Chefe de Cozinha. Ela ficou atônita. Era possível que as pessoas da cidade realmente cuidassem de meninas daquele jeito? Parecia uma menininha de um conto de fadas. Pela primeira vez, Kumei compreendeu como poderia ter sido ser a mãe de uma menina. Se suas filhas tivessem sobrevivido, talvez tivessem o rosto tão rosado e fossem tão adoráveis quanto aquela menina. Se usassem saias, como as meninas da cidade, talvez também fossem igualmente bonitas! Se apenas elas tivessem podido conhecer a cidade grande... mas elas nem sequer tiveram a oportunidade de viver um dia inteiro. Kumei foi dominada por um sentimento de amargura que acabou por levá-la ao desespero e a tentar se matar. Pelo menos assim talvez ela pudesse abraçar mais uma vez aqueles corpinhos nus.

Quando Kumei terminou, ela nos perguntou, chorando: "Por que as minhas filhas não puderam viver? Por que eu tive que matar as minhas próprias filhas? Eu queria que elas tivessem provado pelo menos um bocado daquele bolo de aniversário, só um bocado! Se ao menos elas tivessem podido usar aquelas roupas bonitas, por um dia que fosse!".

Ficamos sentados em silêncio, com as palavras de Kumei ecoando em nossos ouvidos. *Por que as minhas filhas não puderam viver?*

Kumei continuou trabalhando no Pequeno Chefe de Cozinha até eu ir embora da China, em 1997. Minguang transformou a história de Kumei em um conto, que eu li no meu programa. Entre as muitas cartas de ouvintes que recebi como resposta, várias eram de mulheres que me disseram que também elas haviam perdido a primeira filha.

Mais tarde Minguang me disse que Kumei havia ingerido os líquidos de limpeza, incluindo o sabão líquido, porque, sendo analfabeta, pensara que todos os produtos de limpeza eram pesticidas.

Um número incontável de mulheres oriundas de zonas rurais comete o suicídio ingerindo pesticidas. Em um relatório das Nações Unidas de 2002, a China ficou em primeiro lugar na lista de suicídios femininos, e ingestão de pesticida era o método preferido. A China é um dos poucos países em que mais mulheres que homens cometem suicídio.[1]

---

1. O suicídio é a quinta causa de morte mais comum na China, atingindo principalmente mulheres. (Fonte: website da BBC News China, abril de 2002). Ver apêndice C.

5. Guerrilheiros do nascimento extra: um pai em fuga

Ela chora quase todas as noites e diz que sonhou com as meninas. Não acredito. Damos duro o dia todo, não temos tempo para sonhar!

Uma expressão que se popularizou na China dos anos 1990 foi "guerrilheiros do nascimento extra". O termo saiu de um esquete de um programa de Ano-Novo do Partido veiculado pela CCTV (o canal estatal de televisão) que mostrava um casal camponês que, após ter três filhas, abandona sua aldeia para escapar das regulamentações de controle de natalidade, para que possa continuar tentando ter um filho homem. Enquanto vagam de um lugar para outro, eles resmungam entre si e brigam. O esquete seguia a política do governo em sua descrição do mal causado por nascimentos "extras", mas também mostrava como era difícil a vida dessa população "flutuante".

Depois disso, a mídia deu o nome de "guerrilheiros do nascimento extra" aos casais que fugiam e iam para qualquer parte da China, muitas vezes de trem, se possível, ou até mesmo para o exterior, para que a mulher pudesse engravidar e dar à luz longe de sua residência de registro. Conforme comprovavam várias histórias que descobri, eles se mudavam de um lugar para outro com mais rapidez e lutavam mais tenazmente que os soldados do Exército Vermelho comunista fugindo dos bloqueios circulares das forças nacionalistas do Guomindang durante a Longa Marcha.

Tenho certeza de que qualquer pessoa que passasse pela periferia das cidades encontraria tais "guerrilhas". Não se tratava de mendigos comuns, e eles dificilmente eram vistos no centro da cidade; ou, se fossem, não ficavam lá por muito tempo. Isso porque as velhas senhoras que corriam os comitês das vizinhanças em todas as ruas e em todas as quadras residenciais escrutinavam de forma rígida o comportamento de todos. Essas senhoras desempenhavam suas funções sociais com uma devoção inabalável — elas haviam lutado pelo "bem das pessoas e pela glória de seu país" desde a sua juventude revolucionária, e nada as impediria de continuar na mesma rotina. Todas as manhãs elas levantavam antes do raiar do sol, vestiam suas braçadeiras vermelhas e patrulhavam todos os cantos de sua jurisdição. Suas responsabilidades iam desde ajudar a polícia local a resolver casos de assassinato e roubo até se certificar de que os passantes estivessem vestidos adequadamente, e suas bicicletas, devidamente estacionadas, além de ralhar com adultos por deixarem as crianças comer guloseimas frias. Em uma palavra, não havia quase nada que não fosse da alçada daquelas senhoras.

Antes dos anos 1990, a China tinha um sistema legal muito imperfeito, então, como é que o governo central desse vasto país fazia com que 1 bilhão de cidadãos obedecesse ordens tão docilmente? Essas onipresentes guardiãs locais da lei e da ordem têm boa parte do crédito! Depois da implementação da política do filho único, elas dirigiram seus olhares vigilantes para as pessoas que recebiam hóspedes em casa. Quando um bom amigo meu que levava o filho para visitar os avós fez uma pausa no meio do trajeto e passou alguns dias comigo em Nanjing, elas abriram caminho escadas acima até meu apartamento no quinto andar e exigiram saber se ele tinha a certidão para provar que aquele era seu único filho!

Os "guerrilheiros do nascimento extra", porém, não possuíam certidões temporárias de residência urbana, tampouco cartas de suas aldeias autorizando-os a se candidatarem a trabalho, nem mesmo certidões de filho único. Nas cidades grandes, eles se encontravam bem no meio do território do governo, logo atrás das linhas inimigas. Podiam passar por lá rapidamente, mas não podiam se deixar ficar. Na verdade, muitas dessas "guerrilhas" intrépidas eram formadas por boas pessoas e por pais corajosos que enfrentavam as ruas das cidades grandes com a esperança de conseguir deixar ali suas filhas "não planejadas". Sabiam muito bem que as pessoas da cidade levavam uma vida muito melhor que a deles, e também que ali as meninas eram mais bem tratadas. Esses camponeses guerrilheiros não tinham coragem para matar suas bebezinhas como alguns aldeões mais primitivos, mas, aferrando-se às tradições e à ignorância nas quais foram criados, ainda acreditavam que precisavam de um filho homem, senão sua vida seria destruída e eles não iriam para o céu. Seus ancestrais no Mundo Subterrâneo ficariam furiosos com eles por não conceberem um filho homem para levar adiante a linhagem familiar, e eles jamais conseguiriam descansar em paz! Essas pessoas dividiam-se entre os padrões esclarecidos da civilização moderna e a crueldade de tradições antigas, em que sentimentos humanos podiam se perder.

Também eram testemunhas das reformas econômicas e políticas que abriram a China. Por causa do tempo que passavam vagando de um lugar para outro e zigue-zagueando pelo país por trem em meio à sua guerrilha com as autoridades, eles tinham experiência de primeira mão quanto às mudanças pelas quais estavam passando a cidade e o campo, e quanto ao crescente desnível entre ricos e pobres. Ninguém entendia o boom econômico como eles, assim como ninguém mais tinha seu conhecimento íntimo sobre as brechas legais e as brechas resultantes da corrupção dos governos locais, que abriam espaço a essas "guerrilhas" camponesas.

A primeira vez que as encontrei foi no trem de Zhengzhou para Chengdu. Estávamos na Longhai,* a linha mais setentrional das principais rotas leste-oeste. O sistema ferroviário chinês, desenvolvido nos anos 1950, de início tinha três rotas leste-oeste e três rotas norte-sul, e agora tem duas rotas norte-sul adicionais. Nos anos 1980, a maneira como os passageiros se digladiavam loucamente para embarcar no trem e conseguir um assento tornou evidentes as falhas do sistema. Repórteres como eu tínhamos privilégios ao embarcar, e para os demais passageiros que viajavam a negócios nós éramos os "gatos gordos", mas na verdade a China era tão pobre e atrasada que até mesmo com nossos privilégios as viagens de negócios eram desesperadoramente desconfortáveis, uma espécie de penitência "estrangeira" ou do "oceano". (Viagens de negócios eram vistas como algo que os estrangeiros faziam, e já que a maior parte deles chegava à China pelo oceano Pacífico, o caractere "yang" 佯, que significa "oceano", passou a ser utilizado para designar pessoas ou coisas que chegassem à China do exterior, significando, simplesmente, "estrangeiro".)

Nos trens, havia muito poucas acomodações onde se pudesse dormir, e para se conseguir um leito em um compartimento

---

* Estendendo-se por um total de 1736 quilômetros, de Lianyungang, no leste, até Lanzhou, no noroeste.

de quatro camas de "sono macio" era preciso ser pelo menos tão sênior quanto um coronel do exército ou um prefeito de cidade. Quadros locais de capitais de condados ou de pequenas cidades do interior eram juniores demais para aspirar a leitos macios; o melhor que podiam barganhar para si eram "leitos duros". Leitos duros eram uma novidade, tendo sido introduzidos com as reformas (mais como as velhas *couchettes* dos trens franceses, eram seis leitos duros por compartimento, três de cada lado, um em cima, um no meio e um embaixo, embora sem porta).

Os três repórteres que estávamos no trem aquele dia éramos de novas unidades diferentes e rumávamos para Chengdu a fim de cobrir uma conferência nacional de economia. Para a longa viagem tínhamos apenas reservas de assentos — nosso status ainda era insuficiente para conseguirmos sequer leitos duros. Os funcionários das ferrovias que vendiam os bilhetes de leito duro eram arrogantes ao extremo, e, examinando retrospectivamente, penso que estavam entre os primeiros empregados do governo que descobriram como usar seu poder em benefício próprio, à medida que as reformas se aceleravam. Claro, é verdade que muitos repórteres também usavam seus privilégios para fazer algum ganho extra; não tivesse sido assim, eles poderiam ter dado um fim aos desenfreados níveis de corrupção que se veem na China hoje.

Embarcamos no trem e localizamos nossos assentos; o quarto assento permaneceu vazio até que um homem de meia-idade apareceu e se sentou. Ele estava vestido em um velho e desbotado uniforme do exército, e era educado e discreto. Não trazia nenhuma mala, apenas uma sacola barata de plástico que parecia conter o tipo de lanche que a maior parte dos chineses leva para longas jornadas: panquecas salgadas, conservas e ovos cozidos. Ele não carregava nada mais que pudesse fornecer alguma pista sobre sua profissão ou procedência.

Fazer perguntas é a doença ocupacional dos repórteres.

Acho que as chances de que você, neste vasto mundo com bilhões de habitantes, se sente ao lado de uma pessoa específica são tão remotas que tais encontros casuais devem ser coisa do destino. Uma viagem longa é uma grande oportunidade para conhecer seus companheiros de jornada, e sempre fui uma curiosa inveterada. Entretanto, não fui eu a fazer a primeira pergunta, mas um dos meus colegas.

"Boa tarde. Para onde o senhor vai?", ele perguntou, educado.

"Boa tarde", o homem respondeu. "Vocês três estão viajando juntos? Vocês parecem quadros seniores." Tratava-se de uma deixa para uma conversa franca.

"Não, não. Somos todos repórteres, um de uma emissora de rádio, um de um canal de televisão, e um de uma revista. E o senhor?"

"Então vocês todos trabalham com notícias. Que raro. Realmente admiro as pessoas que trabalham com notícias. Vocês nos mostram para que lado as coisas estão indo, vocês convivem com as notícias todos os dias. O seu trabalho deve ser muito interessante! Então, para onde estão indo?" Ele estava começando a parecer um repórter, pensei.

"Vamos cobrir uma conferência em Chengdu. E o senhor? A julgar pelo sotaque, o senhor deve ser do sul."

"Chengdu, é? É um belo lugar, com uma paisagem muito bonita. Há muitas coisas baratas para se comprar por lá. E quanto às mulheres de Chengdu, são mais espertas que os homens!"

"É mesmo? Dois de nós nunca estiveram lá, apesar de que Xinran já esteve. Parece que o senhor já viajou muito para lá."

"Nem tanto assim, só uma vez. Aprendi um pouco sobre o lugar, como as *Dezoito maravilhas de Chengdu*."

"O que são?"

"Vou lhes contar sobre elas. Na verdade, estão sempre mudando." E ele começou a recitar, em versos rimados:

1: Os habitantes de Chengdu ficam doentes se não forem diariamente a uma casa de chá.

2: As espertas mulheres de Chengdu são adoráveis.

3: Os homens de Chengdu adoram aquelas lindas mulheres que lhes entortam as orelhas.

4: Quem é de Chengdu come picles em todas as refeições.

5: Vendedores ambulantes de "lanches de apostadores" anunciam seus produtos aos gritos todas as noites.

6: Há jogos de mah-jong em todas as esquinas.

7: Se um rato morre, todo mundo se junta em volta para ver.

8: Sempre que faz tempo bom, todo mundo corre para tomar banho de sol.

9: Ninguém faz fofoca nem conta vantagem como os habitantes de Chengdu.

10: Em Chengdu, os convidados recebem uma massagem nos pés ou na cabeça.

11: Pequenos comerciantes levam a melhor das vidas.

12: Até mesmo bem-sucedidos homens e mulheres de negócios adoram cafés pé-sujo.

13: As pessoas montam seus tabuleiros de xadrez em qualquer esquina.

14: As jovenzinhas de Chengdu se transformam em pequenas madames.

15: Todas as mulheres usam sapatos de couro.

16: Quanto mais jornais surgem, mais eles vendem.

17: As bicicletas vêm com uma sombrinha sobre o selim.

18: Chega-se mais rápido ao trabalho de bicicleta do que de ônibus.

E então ele continuou: "Feijões do condado de Pi, vinho Pi Tong, rendas de Sichuan, alho, remédios à base de plantas de Chuanxiong, ginseng da montanha Yunding, pimenta-de-sichuan da marca Da Hong Bao, laranjas e mexericas vermelhas, laranjas peludas, salsichas de carne de porco, pimentas fortes, peras-neve, laranjas-umbigo, bagre amarelo... Chengdu é famosa por todas essas coisas". Agora ele parecia um comercial de Chengdu para turistas (apesar de que na verdade todos os lugares da China têm sua lista de "maravilhas" e elas estão constantemente mudando).[1]

Estava claro que nosso companheiro de viagem não era bobo: enquanto ele falava, ficamos impressionados com a destreza com que fugia de nossas perguntas, repetidas vezes, conduzindo a conversa para longe de si. O que ele estava fazendo? A julgar pelo que dissera, ele parecia ter um tanto de conhecimento do mundo. Não parecia alguém do interior, que estivesse usando uniforme do exército como um item de moda, mas, por outro lado, com rosto curtido e cheiro de suor, ele tampouco podia ser um trabalhador urbano. Fiquei intrigada e passei a primeira parte da viagem de trem tentando decifrar de onde era aquele homem.

Havíamos começado a viagem à noite, e a conversa e o barulho entre os passageiros logo arrefeceram. À medida que o silêncio foi tomando conta do vagão, meus colegas reclinaram a cabeça contra a janela e pegaram no sono. Eu, porém, tinha um problema nas costas que me acompanhava havia tempo e que só era piorado pelos assentos duros do trem, e precisei ficar me mexendo no assento e trocando de posição. O homem sentado à minha frente parecia compreender meu desconforto e, sem que lhe fosse pedido, manteve as pernas dobradas para trás, para me permitir mais espaço.

Após cerca de meia hora, ele se levantou. Pensei que decerto estava indo ao banheiro, mas, para minha surpresa, ele foi para o lado oposto ao banheiro. Enquanto eu o observava atravessando o vagão lotado, fiquei confusa. O vagão-restaurante já fechara, o

---

1. Ver apêndice D para a lista completa das "maravilhas" de Chengdu.

banheiro ficava na outra direção: o que ele estava fazendo? Imaginei que ele tivesse algum companheiro sentado noutro vagão...

Cerca de meia hora depois, ele reapareceu, trazendo consigo uma menininha! Ela só tinha um ano e meio, mais ou menos, e uns olhos enormes. Ela ficou sentada no colo dele, bem-comportada, chupando o dedão e olhando fixamente à frente, para mim. Antes que eu tivesse tempo de lhe dar oi ou perguntar quem ela era, o homem disse: "Esta é a minha filha. Ela estava sentada com a mãe, mas achei que estava muito cheio lá, e aqueles passageiros não são tão gentis quanto a senhora, então a trouxe para ficar comigo. Além disso, assim a mãe dela vai ter tempo de tirar uma soneca".

Fiquei impressionada ao ver como ele era atencioso com a esposa — em todas as cartas de ouvintes que eu recebia, era extremamente raro ler sobre um homem que estivesse preparado para cuidar dos filhos. Nos braços do pai, a menininha logo pegou no sono.

O homem continuou alisando as mãozinhas e os pezinhos da filha, enquanto a mantinha no colo. Ao observá-lo, não pude deixar de pensar, com amargura, no meu próprio pai. Ele nunca tentou ser um verdadeiro pai para mim, então nunca pude conhecê-lo. E tampouco da minha mãe eu tinha muitas memórias assim. Se algum dia ela me acariciou ou aninhou, deve ter sido quando eu era pequena demais para lembrar. Em nenhuma fase da minha vida vivi com qualquer dos dois: o Grande Salto para a Frente, a força-tarefa de construir o exército e a indústria da China, bem como a Revolução Cultural tinham, um após o outro, roubado de mim minha família. Jamais sequer comemorei nenhum aniversário com eles. Eu havia crescido numa época em que o país e a Revolução vinham antes de tudo.

Enquanto essas lembranças passavam pela minha mente, senti lágrimas se formarem nos meus olhos e ameaçarem rolar face abaixo... Mas eu não tinha intenção alguma de deixar alguém me ver chorar. Fui criada com a crença de que chorar é sinal de fraqueza. Eu estava esfregando meu rosto, fingindo que acabara de acordar, quando o homem disse, em voz baixa: "Logo vamos desembarcar. Adeus". "Adeus", sussurrei como resposta.

A menininha havia acordado e se agarrava ao ombro do pai, sobre o qual repousava chupando o dedão e olhando para mim com aqueles olhos enormes e brilhantes. Acenei para ela, e ela tirou o dedão da boca e me acenou de volta: "Tchau". Pressionei minha mão aos lábios e assoprei um beijo para ela, e ela imitou meu gesto e me devolveu um beijo. Toquei o nariz com o meu dedão, e ela fez o mesmo com seu dedãozinho. Coloquei ambas as mãos em cima da cabeça e agitei-as como se fossem orelhas de coelho, e ela colocou as mãozinhas ao lado das bochechas e fez a mesma coisa. Lembro da última brincadeira que fizemos antes de ela desaparecer: "dedos de orquídeas"[2] — minha grande "orquídea" contra a pequena orquídea dela!

O trem se aproximou da estação. Era uma parada breve — apenas três minutos. Naquela hora da noite, poucos passageiros embarcavam ou desembarcavam. Olhei para fora, à medida que o trem começou a se mover, mas não consegui avistar o homem e a filha entre o pequeno número de pessoas que saiu dos vagões; imaginei que estivessem fora de vista, em algum outro lugar da plataforma.

Continuei tentando me ajustar em alguma posição confortável, e uma colega, muito gentil, insistiu para eu trocar de lugar com ela; assim, sentei-me à janela. Era muito melhor — daquele jeito, eu podia me recostar no vidro e aliviar um pouco a pressão das minhas doloridas costas. Ainda dava para sentir um laivo do

---

2. Gesto da dança chinesa: mãos e dedos esticados, com o dedo médio abaixado, encontrando-se, num círculo, com o dedão, como as pétalas de uma orquídea.

cheiro dos pés dos meus colegas de cabine, entretanto, para continuar acordada, recostei a cabeça contra a janela e olhei para fora. Estava escuro como breu lá fora, exceto por alguns pontos de luz. Essa luz, eu sabia, provinha de pequenas cabanas que abrigavam os inspetores dos trilhos. Eles moravam ali o ano todo e era sua responsabilidade checar os locais onde pedras roladas da encosta da montanha pudessem bloquear as ferrovias.

Acabamos chegando à estação de Xi'an. Era uma estação grande, e a parada — quinze minutos — era longa o suficiente para permitir que as pessoas descessem para comprar comida e esticar os membros adormecidos. Eu não desci do trem, fiquei só olhando pela janela; não muito longe dali, havia um carrinho de mão contendo comida, diante do qual um mar de mãos se agitava. As pessoas não formavam uma fila. Ocorreu-me que as inúmeras tentativas de inculcar no povo um espírito comunista altruísta não haviam conseguido liquidar a crença capitalista na necessidade de colocar a si mesmo e a seus próprios interesses em primeiro lugar.

O trem havia começado a se mover novamente quando de repente avistei, sentada ao lado de um dos carrinhos, a menina com quem eu estivera brincando. Ela ainda estava chupando o dedão, com a outra mão agarrada num grande bolinho cozido no vapor, ou *mantou*. Ela estava olhando vagamente para o trem em movimento; não vi seu pai, mas pressionei meu rosto com força contra a janela e fiz dedos de orquídea mais uma vez para ela. Era minha maneira de lhe dizer adeus de novo. Achei que ela não conseguia me ver, apesar de o trem estar se movimentando bem devagar. Imaginem a minha surpresa quando me dei conta de que ela me vira. Ela ergueu a mãozinha na direção do trem em movimento e também fez dedinhos de orquídea. Que criaturinha inteligente!

Progressivamente o trem ganhou velocidade e mais uma vez

mergulhou na noite escura. A lembrança daquela adorável criança ficou comigo. Na verdade eu estava com ciúmes dos seus pais; outrora eu desejara uma filha mulher, mas, infelizmente, não era para ser. Na verdade, "desejar" não era uma palavra que sequer tivesse adentrado meus sonhos. Eu pertencia àquela geração de chineses cuja vida era marcada por uma série de crises: havíamos nascido durante a terrível fome do Grande Salto para a Frente; comecei a escola primária em 1965, mas em 1966 a Revolução Cultural fechou quase todas as escolas de ensino fundamental e médio; em 1975, quando eu deveria ingressar na universidade, fomos mandados para o interior, para trabalhar; nos anos 1980, quando deveríamos estar nos tornando pais e mães, foi anunciada a política do filho único; a vida era muito difícil, até que as reformas econômicas abriram a China para o resto do mundo e então, nos anos 1990, começou o desemprego...

De repente meus pensamentos foram interrompidos pelo alto-falante do trem: "Camarada Xinran, da emissora de rádio, por favor venha até o escritório do fiscal do trem, no vagão de número 7, para uma chamada telefônica urgente!".

Alguém estava me telefonando. Fiquei alarmada: será que algo havia acontecido com meu filho? Mas não poderia ser isso. A emissora de rádio não encararia um problema pessoal de forma tão urgente. Era, talvez, algo de emergência nacional? Ser apresentadora de um programa de rádio implicava responsabilidades políticas maiores do que trabalhar numa televisão ou na mídia impressa, porque poucas pessoas tinham televisão e eram muitos os analfabetos. Lembro de terem me dito isso logo que comecei nessa profissão; o diretor da emissora conversou comigo sobre a minha escolha de carreira e disse que, no caso de uma tentativa de golpe para derrubar o governo, seríamos nós, da rádio, que estaríamos na linha de frente, pois nós éramos a boca dos nossos governantes!

Com pressa, me dirigi ao sétimo vagão. No caminho, pensei ter visto com o rabo do olho o homem que estivera sentado à minha frente na cabine, mas a ideia era ridícula; afinal, eu havia visto a menininha na plataforma com meus próprios olhos. Como o pai dela poderia ainda estar no trem?

O fiscal do trem me entregou o fone: a essência do recado era que um blecaute midiático fora imposto pelo governo central. Enquanto os líderes soviéticos estivessem visitando a China, não deveria haver menção alguma na mídia sobre as reformas ocorridas na União Soviética ou sobre a estabilização das relações sino-soviéticas. As restrições se aplicavam a todos os jornalistas que trabalhavam com notícias, pelas 24 horas seguintes. (Ninguém previu as demonstrações de estudantes que acabaram por dar as boas-vindas à delegação soviética.)

A essa altura, eu já estava acostumada com ordens urgentes para "tecer com cuidado" as notícias, mas não pude deixar de pensar que eles estavam exagerando. Como é que eu poderia relatar notícias internacionais estando dentro de um trem? Eles podiam ter deixado um recado para mim na rádio de Chengdu. De todo jeito, os repórteres de Chengdu certamente teriam recebido a mesma ordem. Tratava-se de uma reação típica de oficiais que precisavam ser vistos cumprindo à risca as ordens de seus superiores, por receio de perderem o emprego. Hoje em dia, os jovens chineses, isso para não falar no resto do mundo, não têm ideia de que nos tempos imperiais nenhum oficial de nenhum nível ousaria dar as costas ao imperador, menos ainda dizer "não" a uma ordem.

Enquanto eu voltava para o meu lugar, me espremendo por entre os vagões lotados, minha mente ainda estava focada sobre ser jornalista e sobre as dificuldades de se desempenhar o trabalho quando diante de restrições arbitrárias.

Então, por alguma ironia do destino, eu me vi frente a frente com o pai da menina! Ele estava sentado ao lado de uma mulher muito grávida, com uma sacola de viagem na mão. Quando me viu parada a sua frente, ele pareceu aterrorizado. Ficamos nos olhando em silêncio.

"O que aconteceu com a sua filha?"

"Ela..."

"Ela o quê?" Finalmente a ficha me caiu. Fiquei chocada. Não era possível que eles a tivessem abandonado na estação de Xi'an! Mas estava claro que a sua mulher esperava outro bebê, e, se eles já tinham uma filha, não haveria nenhum lugar em que pudessem se esconder. O departamento de Planejamento Familiar iria atrás e eles seriam tratados com muito rigor. Será que aqueles pais haviam mesmo abandonado sua filhinha num lugar estranho, na calada da noite? Eu mal conseguia imaginar...

Dava para ver que os pais não sabiam o que dizer ou fazer. Senti o sangue subir ao meu rosto, e eu estava prestes a gritar: "Como é que vocês puderam jogar fora a filha de vocês? Ela é tão pequenina, como é que vai sobreviver? Já pensaram nos horrores que ela vai enfrentar, de agora em diante?". O homem evidentemente previu a explosão que se anunciava e se levantou. Ele me levou à força até o banheiro no final do vagão e me empurrou lá para dentro. Colocando-se na porta, bloqueando a minha saída, ele disse num tom de voz baixo: "Camarada, eu imploro, por favor!".

"Você... a sua própria filha. Abandonada numa estação de trem!" Gaguejei, incapaz de emitir uma frase coerente, tão indignada eu estava.

"Sim, dei um bolinho para ela. A dona da banquinha vai cuidar dela."

"Você conhece a dona da banquinha?"

"Não, não conheço."

"Então como é que sabe que ela vai cuidar da menina? Você é pai dela, não a ama? E a mãe dela, o que pensa?" Mal as palavras haviam saído da minha boca e eu me lembrei de como ele estivera acariciando a filha.

Ele parecia prestes a chorar. "Ela é sangue do nosso sangue! Claro que a amamos. Mas as crianças estavam sofrendo muito, fugindo com a gente!", ele disse, com dificuldade para engolir.

"Crianças? Você quer dizer que tem mais de uma filha?", perguntei, sem conseguir acreditar no que eu estava ouvindo.

"Essa era a nossa quarta menina. Nós..." A voz dele baixou tanto que eu mal conseguia entender o que ele dizia.

Foi assim que, no banheiro do trem, ouvi a história das "guerrilhas do nascimento extra" pela primeira vez. É uma lembrança que até hoje me enche de dor.

O homem era da província de Jiangxi, de um vilarejo dominado por um único clã. Era o filho mais velho da família, o primeiro de três irmãos. Desde o casamento, ele e a mulher estavam constantemente se mudando. Quando a mulher estava grávida de três meses, os pais dele disseram-lhes que eles deviam se mudar de cidade: desse jeito, seria mais fácil ganhar o sustento. E se acontecesse de ser uma menina, as pessoas da aldeia nunca ficariam sabendo do nascimento. A última coisa que seus pais disseram antes de eles partirem foi: não voltem para casa sem um neto para nós! Não nos humilhem deixando-nos sem um filho e herdeiro para levar adiante a linhagem familiar — era isso o que eles queriam dizer.

O homem sabia que se ele e a mulher não gerassem um filho homem num período de dez anos, a terra seria tirada dele e também outros benefícios aos quais tinha direito por ser o filho mais velho, então ele prometeu levar para eles um filho homem; assim, seus pais poderiam andar de cabeça erguida e o clã teria um futuro. Mas o Bom Deus não dera ouvido às preces diárias dos dois, e em sete anos e meio sua mulher tivera quatro filhas, uma depois da outra.

Olhando para fora da janela, ele disse, simplesmente:

"Estamos fugindo há sete anos e meio, viajamos pelos quatro cantos da China. Logo depois do nascimento da nossa primeira filha, minha mulher engravidou de novo. À medida que a barriga dela ficava maior, as pessoas começaram a olhá-la e comentar: 'Você não está pensando em ter um *nascimento extra*, está?'. Tivemos que continuar nos mudando, para evitar que as autoridades de planejamento familiar nos pegassem e a forçassem a abortar um filho homem".

"Você não disse que as quatro eram meninas?"

"Sim, mas a cada vez tínhamos esperanças de que pudesse ser o menino que tanto queríamos!", ele disse, impaciente com a minha obtusidade. Isso nem sequer havia me ocorrido.

"Mas por que você precisa abandonar suas filhas? Algumas pessoas não levam as crianças consigo, enquanto se mudam de um lugar para outro?"

"Levar as crianças conosco? Se não é o seu primeiro filho, então para onde você iria para ter o bebê? É possível *comprar* uma certidão de nascimento — por dezenas de milhares de yuans —, mas de onde tiraríamos esse dinheiro? Nunca vou me esquecer o quão aterrorizada a minha filha mais velha estava quando os oficiais do planejamento familiar apareceram procurando pela mãe dela! As suas perninhas tremiam que nem folha seca. Se você foge com uma criança, precisa ter dinheiro para alimentá-la e vesti-la, assim como à mãe. Se a criança não come, a criança na barriga dela não vai vingar, e se a mãe come, então o que é que a criança vai comer?"

"Se você tem dinheiro para pagar os bilhetes de trem, como é que não tem dinheiro para comida?"

"Não é tão simples assim. Por favor, me escute. Depois que o traficante de crianças levou embora nossa filha mais velha, meu coração ficou em frangalhos. E a minha mulher chorou durante três meses. Quando nossa segunda filha nasceu, minha mulher não tinha leite. O bebê quase morreu de fome. Conseguimos mantê-la viva dando a ela um pouco de água de arroz", o homem disse, numa voz rouca.

"Quando a minha mulher engravidou pela terceira vez, tivemos uma conversa séria e decidimos levar nossa segunda filha para a cidade. Pelo menos lá as pessoas eram mais educadas e quem sabe ela poderia acabar com pessoas boas!"

"Mas a política do filho único é muito rígida na cidade grande, como foi que vocês conseguiram não ser pegos?"

"Conseguimos ganhar do diabo no jogo do diabo, como se diz. Mas eu não devia falar assim, não é bem isso o que eu quis dizer. O que quero dizer é que nas periferias das cidades há muitos lugares onde você pode parar e descansar um pouco. Fábricas abandonadas, antigos depósitos, depósitos de canteiros de construções, onde sempre precisam de um vigia. O dinheiro não é lá essas coisas, mas pelo menos você não precisa dormir na rua. Minha esposa é uma mulher esperta, ela ganhava um pouco de dinheiro lavando e consertando roupas para os trabalhadores migrantes. Então, quando já estava quase na hora de o bebê nascer, dissemos a eles que íamos embora para ter o bebê em casa. Compramos os bilhetes mais baratos e nos afastamos o máximo possível, e fomos para uma cidadezinha pequena onde ninguém nos conhecia."

"Eles não verificam as certidões de nascimento lá?"

"Pediram para ver, mas então é só dar um pouco mais de dinheiro. Além disso, somos forasteiros, eles sabem que não vamos ficar por lá, então só o que fazem é nos dar uma mão com o parto."

"Como vocês conseguem um médico?"

"Há muita gente como nós na estrada. Você logo aprende os truques. E é possível encontrar listas, enfiadas nos postes de eletricidade ao lado das ferrovias, de pessoas dispostas a atuar como parteiros e a fazer abortos. Hoje em dia isso é um negócio e tanto, porque todo mundo quer um filho homem na família."

Ele estava dizendo a verdade, eu sabia: tudo o que ele dizia batia com informações que eu ouvira e com a pouca pesquisa que eu conseguira realizar. Era possível encontrar um nicho rentável de trabalho como médico no limbo que existia entre a lei e os costumes das famílias. O que eu queria saber era o que havia acontecido com as filhas deles: "Então suas filhas foram todas...".

Ele não me deixou terminar a frase. "Sim, foram. Na estrada ou nas ferrovias, por toda a China, abandonamos as nossas filhas. Aquela que a senhora viu foi a quarta. Ela era uma boa menina, e tão bonitinha." Ele não conseguiu continuar...

"Você não fica preocupado com o que pode ter acontecido com elas?"

"De que adianta se preocupar? Se tiverem sorte, vão sobreviver. Senão... Meninas nascem para sofrer. É uma pena que não sejam meninos."

"Mas e sua esposa? Ela também é mulher, afinal de contas."

"Sim, ela não consegue lidar com isso como eu. Ela chora quase todas as noites e diz que sonhou com as meninas. Não acredito. Damos duro o dia todo, não temos tempo para sonhar!"

"Vocês vão continuar fugindo?"

"Se eu tivesse um filho, eu iria direto para casa. Consegui guardar um pouco de dinheiro e, mesmo se estivermos passando fome, não vou usar essas economias. Estou só esperando o dia em que a minha mulher vai acertar!"

"E se ela não tiver um filho?" Eu sabia que estava sendo cruel, mas tratava-se de uma possibilidade real.

"Como assim? Ainda tenho dois anos e meio. E quando acontecer, então irei para casa e vou me tornar o chefe da família."

"Mas sua mulher já sofreu tanto, física e emocionalmente!"

"Uma mulher que não gera um filho homem não tem por que viver. Eu sou bom para ela! Ela pode ser pobre, mas eu também sou. Se tivéssemos um filho, eu também teria algumas meninas. Eu poderia cuidar delas. Por favor deixe a minha mulher fora disso, eu lhe imploro, e por favor não nos denuncie! Nós já vamos descer do trem, está bem?"

"Vão aonde quiserem ir. Não vou denunciá-los, pelas suas filhas!"

Enquanto eu voltava para o meu lugar, examinei com cuidado a mulher dele. Seu rosto era marcado por linhas e vincado de dor, sem dúvida por causa das lágrimas que derramara pelas filhas. Homens jamais entenderão a conexão emocional entre uma mulher e o bebê que ela carrega no útero durante nove meses. Cada dor infligida à criança dói na mãe 10 mil vezes mais do que se cortassem sua própria carne.

Mas eu precisava seguir viagem. Acho que o homem e a mulher desceram do trem na estação seguinte e desapareceram na multidão. O que aconteceria àquela mãe?, me perguntei. Se desse à luz uma quinta filha mulher, será que ela simplesmente deixaria a filha em uma estação anônima como aquela, no canto de uma plataforma, no banheiro, ou onde? Agora eu precisava rezar para aquela mulher ter um filho antes que os sofrimentos diários e as exaustivas viagens a matassem. Se ela por fim tivesse um filho, provavelmente ele seria enrolado num pano com todo o amor, eles voltariam para o trem e iriam para casa, triunfantes, para a aldeia do marido. Era muito difícil de acreditar.

Na minha imaginação, frequentemente vejo a quarta filha do homem de meia-idade, fazendo uma orquídea com os dedos...

Enquanto escrevo estas linhas em Sydney, um belo casal de papagaios verdes de peito alaranjado está pousado no telhado do prédio vizinho, alimentando as crias. Se pássaros conseguem se sentir assim e jamais abandonar seus filhotes, então como é possível que pais humanos abandonem seus bebês? Sucessivas vezes. Não posso — não vou — acreditar que costumes antiquados aliados à política governamental possam realmente forçar pessoas a renunciar àqueles sentimentos humanos mais belos e mais básicos, o instinto paterno e materno. Não deveria ser possível, mas é.

6. Mary Vermelha do orfanato

Eu nunca soube quem eu era. Meu nome foi escolhido pelo orfanato missionário. Primeiro me deram um nome estrangeiro, Mary, mas durante a Revolução Cultural, quando eu estava na casa dos trinta anos, os Guardas Vermelhos mudaram-no para Mary Vermelha.

Tendo por base as provas que consegui levantar, os primeiros orfanatos da China datam do início do século XX e foram fundados em função da terceira chegada de missionários ocidentais ao país (os dois primeiros períodos de atividade missionária na China foram durante a dinastia Tang, de 618 a 907, e no século XIII). Ficaram conhecidos como "Casas de Crianças" ou "Institutos de Gospel". O primeiro deles foi fundado em 1896 pela missão protestante anglo-americana na Igreja dos Quatro Santos, na cidade de Chengdu, na província de Sichuan, em memória da enfermeira missionária Fu-ji-li.[1] Foi seguido por outros orfanatos

---

1. "Jili Fu" ou Jenny Ford, uma canadense que foi para Chengdu com a Women's Missionary Society e lá morreu em 1897.

protestantes em Chongqing, em outra região de Sichuan, e nas províncias de Fujian e Zhejiang. Também havia orfanatos católicos, mais de 150 deles por volta de 1920.

Ouvi falar que, em tempos mais remotos, havia orfanatos chineses dirigidos pelo governo, mas como não consegui achar nenhuma comprovação de sua existência, isso permanece apenas uma informação "folclórica". Antes de 1990, todos os orfanatos chineses que vi com meus próprios olhos ou sobre os quais me falaram eram lugares esquecidos pela sociedade; o país e o governo simplesmente não se importavam com eles. Eram vistos como um constrangimento nacional por muitos oficiais, ao passo que as pessoas do povo os viam como depósitos de lixo humano. A reação, quando você perguntava sobre orfanatos locais, era de surpresa. Ninguém dizia com estas palavras, mas o subtexto era: "Por que você quer começar a revirar esse assunto?" ou "Essas meninas são órfãs sem raízes, esqueça-as!".

Enquanto o resto da China havia sido devastado pela guerra e perturbado por mudanças sociais e culturais durante quase um século, os orfanatos foram quase que completamente esquecidos. Foi só com o retorno de uma consciência civil (patrocinada pelo governo) nos anos 1990 que o público se deu conta de como o número de orfanatos havia aumentado.

Nos últimos anos da década de 1980, visitei alguns orfanatos e eles eram, sem exceção, lugares de uma tristeza insuportável. Para falar com todas as letras: uma instituição chamada orfanato, naqueles dias, consistia de uma sala de não mais que uma dúzia de metros quadrados, que não funcionava apenas como dormitório de crianças, mas tinha a função dupla de escritório e dormitório também para uns poucos funcionários. Nos melhores deles talvez houvesse anexada uma cozinha atulhada de coisas. Não havia banheiro interno, nenhum quintal, e neles faltava o equipamento mais básico necessário para cuidar de crianças. Tampouco havia, é claro, um lugar onde as crianças pudessem brincar ou jogar. Entretanto, na década de 1990, à medida que as reformas foram atingindo esses recantos esquecidos da sociedade chinesa, os orfanatos começaram a receber doações daqueles que haviam recém-enriquecido. (Até então, quase ninguém, da elite do governo até as pessoas comuns em cidades pequenas e no interior, tinha comida ou dinheiro sobrando para dar a órfãs que provavelmente terminariam morrendo de fome, de todo jeito. Para os pobres, era só o que eles podiam fazer para sobreviver. Caridade era algo fora de questão.)

Até então, produtos derivados de leite sempre haviam sido fornecidos em deficiência em toda a China. Isso significava que orfanatos precisavam encontrar maneiras alternativas para alimentar as crianças: no norte da China, elas eram alimentadas com mingau de farinha de trigo; no sul, com papa de arroz. Frequentemente o infindável lamento de bebezinhas famintas obrigava funcionários de orfanatos a carregá-las até a cidadezinha mais próxima em busca de alguma mãe de bom coração que tivesse acabado de dar à luz e que estivesse disposta a levá-las ao peito para mamar um pouco.

Minha impressão era de que antes de 1990 os principais itens de despesa para esses orfanatos eram vestimenta e cama. Os bebês eram enfileirados em uma longa mesa apoiada em tripés, ou espremidos em dois ou três em cestas que no interior são usadas para armazenar alimentos secos. Em orfanatos um pouco melhores, era um bebê por cesta de legumes. A maior parte dos recém-nascidos, naquele tempo, era enrolada no que se chamava de "trouxa de vela": isto é, suas mãos e pernas eram enroladas bem junto ao corpo, com algum pano macio de algodão ou seda. As pernas eram completamente unidas e imobilizadas, e só o rosto ficava visível, com a parte de trás e as laterais da cabeça protegidas por parte das bandagens, que formavam um cocuruto no topo. Se você colocasse em pé o bebê enrolado, ele pareceria uma vela com uma chama no topo.

Não sei se a técnica de enrolar bebês à la "trouxa de vela" levava esse nome por causa do formato, mas sei que era uma maneira de abrigar bebês comum a muitas etnias na China, sobretudo nas noites de inverno. Desde então, vi costumes parecidos em outras partes do mundo, e recebi explicações similares para sua utilização: seria uma maneira de garantir que o recém-nascido "cresça saudável e bonito". Na China, crescer "saudável e bonito" inclui "dormir sobre a parte traseira da cabeça", porque consideramos bonita uma cabeça que tem a parte de trás achatada, e uma "testa estupidamente proeminente e uma cabeça que é convexa atrás, tal uma colher" como algo a ser evitado.

Entretanto, os orfanatos sofriam de falta de quadros, e os funcionários não tinham tempo nem dinheiro para assegurar que as pequenas pelas quais eram responsáveis crescessem saudáveis, que dirá bonitas. Na verdade, normalmente tinham tão pouca roupa de cama que no inverno várias bebezinhas precisavam partilhar um pequeno acolchoado, e no verão elas andavam peladinhas, sem proteção contra mosquitos e outros insetos. Quando tentei descobrir mais sobre essas órfãs, ninguém, do governo central ao mais baixo funcionário de orfanato, podia me fornecer nenhum registro escrito. Provas documentais, tristemente, costumam ser escassas no que diz respeito à China do século xx.[2] Então, nos anos 1990, sobretudo após a liberalização das políticas governamentais quanto à adoção e o crescente envolvimento das famílias adotivas ocidentais, os orfanatos chineses saíram da obscuridade e começaram a ocupar uma posição central na política internacional chinesa. Num piscar de olhos, gerenciar orfanatos

---

2. Para entender por quê, ver meu livro *Testemunhas da China*, uma história oral compilada a partir de memórias de homens e mulheres chineses mais velhos.

passou a fazer parte do boom econômico, e o número de orfanatos disparou. Meu ponto de vista, porém, é de que as duas coisas na China que não deveriam ter sido desenvolvidas nem expandidas eram, em primeiro lugar, as prisões e, em segundo, os orfanatos. Precisavam ser reformados e melhorados, e não usados como uma maneira de desenvolver a economia. Um crescimento no número de orfanatos e prisões não é uma história de sucesso, para país nenhum — na verdade, não é nada menos que uma tragédia nacional.

Para ser perfeitamente honesta, eu nunca, até hoje, entrei num orfanato chinês onde tenha sentido que as crianças recebiam o tipo de tratamento justo e adequado que mereciam. Já em 2007, quando o The Mothers' Bridge of Love financiou tratamento médico para algumas crianças e tentei ir até lá para vê-las após a recuperação, experienciei pessoalmente as invencíveis pressões às quais os orfanatos são submetidos. Nesse caso, estávamos fazendo uma visita de cortesia à equipe com a qual estivéramos trabalhando, em um orfanato que havíamos financiado por vários anos, mas ainda assim não fomos recebidos. A razão era que eu havia chegado do exterior e eles suspeitavam que estivéssemos tentando levantar podres sobre a vida na China para a mídia ocidental. As autoridades já haviam punido severamente uma instituição depois que uma família adotiva americana fez, em segredo, um vídeo da comunidade local do lado de fora do orfanato e então colocou as cenas na internet. Para o governo local, isso era prova de que "a vigilância e os procedimentos de monitoramento do orfanato eram inadequados e que a pobreza dos aldeões fora usada num ataque do capitalismo contra o socialismo"!

Apesar de que tal incidente não ocorrera no "nosso" orfanato, aqueles que tinham contato com o mundo lá fora haviam recebido advertências e, como resultado, organizações de caridade haviam se tornado politicamente sensíveis, sendo mais difícil entrar nelas do que no Fort Knox. Entendo o terror dos oficiais locais de baixo escalão e dos diretores do orfanato, que enfrentavam um sistema cujas leis eram pouco salutares e em que as regras básicas mudavam constantemente. Eles não tiveram praticamente nenhum treinamento especializado, então de que forma deveriam gerenciar auxílio e dinheiro de doadores estrangeiros e manter uma "imagem internacional correta"? Seja como for, a decisão deles não se baseava numa lógica natural, mas em considerações de vida e morte (para eles) do tipo "O que pensarão meus superiores?" e "Posso perder meu emprego por causa disso?".

Havia três tipos principais de pessoas que trabalhavam em orfanatos na "China Vermelha", isto é, antes dos anos 1990: aquelas que haviam, elas próprias, crescido em orfanatos; colaboradores (e financiadores) de templos budistas locais; e mulheres sozinhas, sobretudo viúvas. (Havia muito poucas trabalhadoras mulheres.) A maioria crescera em circunstâncias que não faziam questão alguma de relembrar e levavam uma existência desesperançada, abrigando, criando e enterrando órfãs. Seu único interesse era ver as crianças passarem por fases estabelecidas: *rolar aos três* (os bebês deveriam ser capazes de rolar sobre o próprio corpo aos três meses); *sentar aos seis* (deveriam conseguir sentar aos seis meses de idade); *engatinhar aos oito...* e assim por diante. Seu principal objetivo era encontrar uma família para cada criança; os interesses de longo prazo da criança ou sua situação futura de vida nada tinham a ver com elas. Fui levada porta afora vezes sem conta com as palavras: "Não vá sair inventando histórias no seu programa sobre essas meninas que não têm família nem mãe!".

Eu sempre quisera entrevistar alguém que tivesse um cargo sênior em um orfanato e que pudesse verificar essas poucas nesgas de informação que eu conseguira reunir ao longo de uma dúzia de anos ou mais, mas nunca tinha sorte. Mas talvez o bom Deus tenha ouvido minhas preces, pois, na primavera de 2007, quando eu estava de volta à China para conferir alguns últimos dados para *Testemunhas da China*, minha persistência acabou sendo recompensada. Eu estava passando por Shanghai no caminho de volta para o Reino Unido quando calhou de eu encontrar uma ex-funcionária aposentada de orfanato.

Eu a conheci em um pequeno restaurante de macarrão na Huaihai Central Road. Ela era a única comensal desacompanhada — todas as outras mesas, à exceção da sua, estavam ocupadas por casais —, e depois de tirar meu pedido o garçom me disse que nós duas teríamos de compartilhar uma mesa. Ela parecia ter saído da Shanghai de antigamente, completamente deslocada na cidade grande moderna. Acho que tinha entre sessenta e setenta anos de idade; seu cabelo branco estava preso num coque antiquado, um penteado que hoje é usado apenas por algumas dançarinas e há muito é considerado ultrapassado. Lembro que ela estava usando um casaco misto de linho e cetim cor de bronze abotoado sobre o peito à moda antiga, na diagonal, e calças pretas de jacquard por baixo. Seus sapatos particularmente me causaram espécie: eram de algodão bordado, com a parte de cima bonita e colorida e solado de borracha macio e confortável — o tipo de sapato de que eu sempre gostara. Naquela época, o preço desses sapatos variava consideravelmente dependendo da qualidade do tecido e do bordado e das solas, e custavam algo em torno de dez a trezentos yuans.[3] À sua frente na mesa, havia uma tigela grande de macarrão Yangchun [Primavera Brilhante] e dois pratos de acompanhamento da culinária de Shanghai: peixe amarelo e vagens de soja marinados em vinho, mel e sal (que nós chamávamos de

---

3. De 1,3 dólar/0,7 libra esterlina a 39 dólares/21 libras esterlinas na época, aproximadamente (2007).

pratos "bêbados"). Quando me juntei a ela, ela comia o macarrão sugando um fio de espaguete por vez — sim, de verdade! Um por vez. Eu só havia visto meu filho, Panpan, fazer brincadeiras como essa com a comida, mas jamais um adulto.

Quando viu que eu a estava observando, a senhora pareceu ligeiramente constrangida e tratou de colocar de volta na tigela o fio de macarrão que estivera segurando com os palitinhos, e resmungou: "Faz tanto tempo que eu não comia esse macarrão". Seu sotaque parecia ser do sul da China, mas eu não conseguia dizer exatamente de onde ela era. Eu, por minha vez, me senti constrangida e disse: "Desculpe, não queria incomodar a senhora. Eu só estava pensando que acho que vou pedir isso que a senhora está comendo. Também faz muito tempo que não como legumes 'bêbados'".

"Então você não mora em Shanghai?", ela olhou para os outros comensais como se me comparando a eles. Evidentemente minhas roupas devem ter se parecido muito com aquilo que os shangaineses chamam de "provinciano", em comparação com as roupas de marca com as quais eles se vestiam.

"Minha família originalmente era de Shanghai, mas cresci em Beijing e em outros lugares. E a senhora?", perguntei, meus instintos de repórter aflorando.

"Eu também sou de Shanghai, mas fui embora quando ainda era bem jovem e não voltei desde então, até que no mês passado tive a oportunidade de voltar, e simplesmente não acredito no que vejo, não consigo!" Ela apontou para fora da janela do restaurante, para o letreiro luminoso do restaurante, de estilo ocidental.

"E quanto tempo a senhora esteve longe?", arrisquei perguntar.

"Quase sessenta anos..." Ela apanhou um fio de macarrão bem longo com os palitinhos e olhou para ele, pensativa.

"Sessenta anos!" Imediatamente senti os olhares reprovadores dos comensais ao nosso redor pela minha exclamação incontida.

"Sim, saí de Shanghai em 1948", ela disse, levando cada fio de macarrão até a boca com o maior dos cuidados.

Minha tigela de macarrão logo chegou, e peguei um fio e levei-o devagar, trecho após trecho, até a boca, com o auxílio dos palitinhos. Ela sorriu. "Você também come macarrão desse jeito?"

"Ãrrã. A senhora conhece o ditado chinês que diz que se você come em grandes bocadas, você logo fica cheio, mas se come em pequenas bocadas, você aprecia o sabor. Posso ver que a senhora é uma apreciadora de comida mais refinada que eu, então estou seguindo seu exemplo."

"Bem, não sei quanto a isso. Vivi num orfanato por muitos anos. As grandes bocadas de comida que tínhamos naquela época não eram lá muito gostosas, e só muito tempo depois era possível comer pequenas bocadas e se sentir cheio."

Quando me dei conta de que aquela senhora podia me contar muito mais, torci para que ela não tivesse visto meus olhos se acenderem à sua resposta. Porém ela percebera e ficara surpresa com meu interesse. Comecei perguntando, simplesmente, o que ela fazia no orfanato.

"Não sei o que devo lhe contar. Não são coisas sobre as quais as pessoas falem, agora já é tudo passado." E ela se virou para olhar para fora da janela, para a multidão barulhenta de homens e mulheres passando apressados de um lado para o outro.

"Você se importaria de aguardar um instantinho? Já volto." Fui até o caixa e localizei a gerente. Disse a ela que eu estava disposta a pagar dez vezes o valor da minha conta se pudesse reservar a mesa em que estava sentada, e, por favor, será que ela poderia nos trazer uma seleção de acompanhamentos típicos de Shanghai? Galinha fria no vinho de arroz, moelas de pato no vinho, tofu frito e uma variedade de vegetais — brotos de feijão, feijões de soja com molho de soja, todo tipo de coisas que a minha avó costumava servir para nós, em casa.

Voltei até a mesa e abri o jogo com a velha senhora: eu estava escrevendo um livro. E também havia fundado uma organização de caridade chamada The Mothers' Bridge of Love. Eu nunca conseguira descobrir nada sobre como era a vida nos orfanatos chineses no passado... Finalmente, implorei que me contasse a história da sua vida no orfanato.

Ela pareceu constrangida. "Acho que eu não deveria. Posso incomodar umas pessoas." Eu sabia de que "pessoas" ela estava falando.

"Mas a senhora está aposentada agora, não está? Voltou para Shanghai. A senhora não deveria contar aos mais jovens o que aconteceu no passado? Senão, todo o trabalho que cada um de vocês fez vai simplesmente ser esquecido, não vai?"

Mas ainda assim ela estava hesitante. Então contei-lhe algumas das perguntas que me foram feitas por meio de cartas escritas por meninas chinesas adotadas em outros países, e como em quase todas as cartas surgia sempre a mesma pergunta: "Por que minha mãe chinesa não me quis?".

A isso, seus olhos se nublaram. "Se elas soubessem... suas pobres, pobres mães!"

"Elas não sabem porque ninguém lhes contou. É isso o que estou tentando fazer, contar a elas no que suas mães estavam pensando."

"Não sei o que as mães delas estavam pensando, mas sei o que sofreram."

Os pratos extras que eu havia pedido chegaram, e encheram a nossa pequena mesa. A comida da terra natal pareceu levar a senhora de volta à infância. Ela olhou para a comida, então para mim, então para a comida de novo, e de novo para mim: "Essas são as comidas de que eu mais gosto. Todo o tempo que passei longe, eu sonhava com isso aqui!".

"Vamos apreciá-las juntas, e leve o tempo que quiser. Então, depois que terminarmos de comer, a senhora pode decidir se quer me contar sua história ou não." E peguei um pedaço de moela de pato e coloquei na sua tigela.

Dava para ver, pelo modo como pegávamos e comíamos cada pedaço de comida, que fazia tempo que nenhuma de nós duas degustava aqueles pratos tradicionais. Era quase como se tivéssemos medo de que pudessem desaparecer para todo o sempre uma vez que terminássemos a refeição. Comemos todo e qualquer pedaço, até a última migalha de comida e a última gota de molho, e, quando a garçonete veio para levar os pratos embora, vi os olhos da minha companheira seguindo os pratos enquanto eles eram carregados até o fundo do restaurante e sumiam de vista por uma porta. Então seu olhar voltou à mesa, onde ainda havia duas xícaras de chá de crisântemo e um prato com sementes de melão — não é considerado de bom-tom um anfitrião deixar a mesa vazia ao final de uma refeição, e uma xícara de chá e algumas sementes de melão ou amendoins são símbolo de hospitalidade.

Ela consultou o relógio, então olhou em volta, para o restaurante que aos poucos se esvaziava. Já passava da uma e meia da tarde. A maior parte dos chineses almoça antes da uma hora e janta às seis da tarde; até mesmo aqueles de nós que haviam vivido no exterior ou que trabalhavam para companhias estrangeiras na China, que falavam uma língua estrangeira e que se vestiam dos pés à cabeça com roupas de marcas estrangeiras, ainda assim tinham um estômago chinês que nenhuma quantidade de dinheiro ou novas modas conseguem mudar.

Afinal ela suspirou e disse: "Bem, não tenho muito mais tempo pela frente, e mesmo se é contra as regras, esta é a última chance que tenho de fazer algo de bom por aquelas meninas!". E foi assim que acabei ouvindo a sua história.

"Eu nunca soube quem eu era. Meu nome foi escolhido pelo orfanato missionário. Primeiro me deram um nome estrangeiro,

Mary, mas durante a Revolução Cultural, quando eu estava com trinta e poucos anos, os Guardas Vermelhos mudaram-no para Mary Vermelha, apesar de que no orfanato eu ainda era chamada de Mary. Sou órfã. As missionárias disseram que eu era de uma família rica, pois quando fui deixada na janela do orfanato, com cerca de duas semanas de vida, em 1931, as roupas que eu estava usando eram feitas de seda, com pequenas flores rosa bordadas à mão. Eu estava enrolada em um xale de brocado com filhotes de passarinhos bordados em dourado sobre um fundo prateado, e aparentemente havia também uma bolsinha feita à mão, mas não sei o que havia nela. Cada uma das missionárias afirmava uma coisa diferente — uma pulseira de prata, um pingente de colar onde era possível guardar algo, alguns dólares de Yuan Shikai.* Seja como for, a bolsinha foi guardada para mim, e me disseram que eu a receberia quando fosse batizada, mas mais tarde tudo acabou sendo perdido, quando uma das missionárias se juntou a membros do governo-fantoche de Wang Jingwei e foi para o sul, partindo de Shanghai para Hong Kong em 1945.

"Todo mundo entrou em pânico. Recebíamos proteção e apoio do governo-fantoche, então as pessoas em Shanghai diziam que nós, órfãos, éramos traidores que tinham se vendido para os japoneses. Acho que você não sabe disso, mas a partir de 1945 todos os traidores eram executados, e acho que a única razão pela qual nós não o fomos era provavelmente o fato de que recebíamos alguma proteção estrangeira.

"Seja como for, vou começar do começo: cresci no orfanato, e lembro que precisávamos rezar todos os dias antes das refeições

---

* Yuan Shikai (1859-1916) foi um general e político chinês que ajudou a derrubar o último imperador Qing da China, se tornou o segundo presidente da República da China e finalmente tentou restaurar a monarquia chinesa, consigo como imperador.

e antes de ir para a cama. Aprendi a ler e a escrever ainda bem jovem, em chinês, é claro, mas todos nós sabíamos dizer algumas frases em inglês, também: *Amen* e *God bless you*, essas dizíamos todos os dias. Comecei ajudando a cuidar das crianças menores quando ainda era bem jovem. Então, quando fiz dezessete anos, também eu me tornei uma 'missionária' no orfanato, apesar de que àquela altura não éramos missionárias de verdade. O Partido Comunista não acreditava em Deus. Ouvimos falar que eles iriam banir a religião porque era o ópio do povo e insistir para que também as mulheres se tornassem propriedade da comunidade. Os rumores que corriam naqueles dias eram realmente assustadores. Nenhuma de nós tinha contato algum com o mundo externo, exceto pela missionária que era a diretora, e ela nunca nos contava nada. Fomos criadas para fazer o que nos mandavam e nada perguntar.

"Numa noite muito fria em 1948, ela reuniu todas nós e mandou que nos aprontássemos para ir para o sul, e que partiríamos assim que ela avisasse. No dia seguinte, antes do amanhecer, embarcamos num navio. Era uma embarcação pequena, e acho que não comportava mais ninguém além de nós. Assim que zarpamos, fomos atingidas por uma forte tempestade e tivemos que nos abrigar em Taizhou, na província de Zhejiang. Quando desembarcamos, a diretora do orfanato mandou não falarmos com ninguém nem dizer de que orfanato éramos, caso nos perguntassem. Em Taizhou fui formalmente batizada, mas não ficamos por lá mais que um mês. Um navio grande nos apanhou, e fomos levadas para Fujian, para aguardar outro navio para Hong Kong, mas depois disso não apareceu mais nenhum navio, e lá ficamos.

"Logo depois disso, a China foi libertada e o governo local cuidou de nós do mesmo jeito que o governo de Wang Jingwei cuidara. Recebemos comida, e nos abrigaram numa igreja. Éramos católicos apostólicos romanos, mas aquela era uma igreja católica ortodoxa. Quando penso nisso hoje, acho que aqueles trabalhadores e camponeses provavelmente não faziam ideia nem mesmo do que era um crucifixo. Seja como for, naqueles dias estávamos sempre ouvindo que o governo nacionalista do Guomindang estava para lançar um contra-ataque na China continental; e quando saíamos para fazer compras, muitas vezes víamos slogans antiamericanos e antibritânicos afixados pelo Partido Comunista. E às vezes alguém enfiava algum panfleto de propaganda do Guomindang ou um discurso de Chiang Kai-shek no meio das nossas compras. Ainda não entendo por que eles estavam brigando uns com os outros.

"Não demorou muito para haver mais agitações. Qualquer pessoa que tivesse ajudado os japoneses nos anos 1930, ou o Guomindang nos anos 1940, ou qualquer pessoa que fosse anticomunista nos anos 1950 era um traidor que precisava ser liquidado. Nosso orfanato sofreu com isso. A madre superiora foi levada à prisão, onde morreu logo em seguida. Nosso orfanato 'feudoimperialista' foi desmantelado. Lembro que havia uma dúzia de funcionárias e catorze crianças entre dois e doze anos. Qualquer uma que tivesse alguma família recebia um pouco de dinheiro e era mandada para seus parentes. Havia três funcionárias, eu inclusive, que não tinham para onde ir. Os bebês do sexo masculino foram levados embora — acho que foram adotados, mas naqueles dias não havia procedimentos adequados e nenhuma documentação. Acho que o governo estava apenas começando a fazer registros pessoais dos seus cidadãos.

"Então nós, as três funcionárias do orfanato que havíamos sobrado e oito menininhas, formamos um 'grupo de órfãs' e fomos transferidas para uma oficina velha caindo aos pedaços, com uns poucos cômodos. Mandaram-nos um secretário do Partido e nos tornamos oficialmente um Orfanato Patriótico. Na verdade, fazíamos o mesmo trabalho de antes, só que tudo que tinha uma conotação religiosa foi abolido do nosso dia a dia. Mas continuei rezando em voz baixa para mim mesma. Eu era uma moça casada com Deus!

"Quanto às crianças... Algumas se casaram, e algumas se tornaram professoras — havia uma carência de pessoas que soubessem ler e escrever, entende? No final, só sobraram duas. No início, todas tínhamos comida suficiente, roupas para vestir e um lugar onde viver, mas depois de 1957, nos Três Anos de Fome, tudo isso mudou. Sobretudo a partir de 1959, ouvíamos sobre pessoas morrerem de inanição. Fazia dez anos que não recebíamos bebês, mas então, aos poucos, as pessoas começaram a deixar os filhos conosco de novo, e isso continuou até que a Revolução Cultural começou, em 1966. Quando abríamos a porta do orfanato de manhã, às vezes encontrávamos uma criança já morta de fome. Algumas já estavam mortas havia dias, e ainda assim seus pais as deixavam conosco. Por quê?, me pergunto. Sobretudo no início de 1960, todos os dias você via pessoas que haviam morrido de fome. No inverno não era tão ruim, mas quando chegou o verão, o fedor de corpos apodrecendo era horrível. Tivemos muita sorte: tínhamos rações de comida garantidas. O funcionário no Departamento de Distribuição de Alimentos cuidava muito bem de nós. Mais tarde ouvimos falar que ele próprio morrera de inanição. Choramos quando ouvimos a notícia. Hoje ninguém acreditaria que uma pessoa encarregada de suprimentos de comida pudesse morrer de fome!

"Quando começou a Revolução Cultural, fui arrastada para 'sessões de autocrítica', para confessar 'meus crimes'. Meus quatro crimes eram: minhas origens eram ruins (apesar de eu nem sequer saber quem eram os meus pais — eu não sabia nada —, mas aqueles detalhes que haviam sido deixados comigo quando fui abandonada eram a 'prova'). Em segundo lugar, eu havia me vendido aos japoneses e tinha sido instrumento de propaganda japonesa. (Na verdade eu tinha só seis anos de idade na época em que supostamente havia sido uma emissária do governo-fantoche. Como eu poderia sequer saber o que significava 'traidor'? Era ridículo!) Em terceiro lugar, eu servira uma religião americana e imperialista. (Mas eu era cristã, aquela era a minha fé, não era?) Em quarto lugar, eu era uma desertora porque havia tentado fugir do Exército da Libertação do Povo ao ir para o sul. Ai-iá-iá! Você não sabia se ria ou se chorava com aqueles Guardas Vermelhos. Eles achavam que me transformariam numa revolucionária só por me chamar de Mary Vermelha! Então me mandaram para uma fazenda Reforma pelo Trabalho na província de Hubei. Assim que descobriram que eu trabalhara num orfanato, me mandaram fazer a minha 'reforma pelo trabalho' em um orfanato de uma cidadezinha próxima à cidade de Jingzhou.

"Era um lugar miserável, absolutamente caindo aos pedaços. Havia seis bebês com menos de um ano de idade deitados enfileirados sobre um colchão no chão, para os insetos morderem. Que espécie de orfanato era aquele? Lá havia uma velha senhora, já com mais de sessenta anos, que cuidava das crianças e, ao mesmo tempo, cultivava a própria comida. As crianças eram deixadas chorando sozinhas o dia inteiro. Ela as alimentava basicamente com mingau de arroz e as limpava diluindo com água fria a urina e os excrementos do colchão. À noite ela dormia sobre o colchão, espremida com os bebês, à mercê dos mosquitos assim como eles. Quando lembro disso... era de cortar o coração! Eu não podia viver daquele jeito. Era menos um orfanato que um lugar para matar bebês.

"No dia seguinte, às lágrimas, fui falar com o funcionário que me mandara para aquele lugar e contei a ele sobre o estado miserável em que as crianças se encontravam. Ele era um camponês de meia-idade e, ao ouvir a minha história, deu uns tapinhas sobre a cama de estrado de bambu que se usava quando fazia calor no verão e disse: 'À tarde vou lhe mandar duas camas de bambu

— uma para os bebês, e uma para você e a senhora, e eles podem fazer umas redes contra mosquitos, também. Não consigo mais camas no momento, então vocês vão ter que dividir. E em uns dois dias vou mandar umas jovens reeducadas* para ajudar com a horta, durante o dia'. E foi isso o que aconteceu. A velha senhora disse que foi a primeira vez que ela dormiu numa cama! Então, quando as estudantes chegaram, as coisas melhoraram muito. Elas gostavam muito das bebezinhas, e aquelas coisinhas miúdas finalmente começaram a ganhar peso. Ficaram rechonchudas e rosadas, todo mundo achava uma graça! Aparentemente, os pais de cinco das menininhas haviam sido mortos em conflitos durante a Revolução Cultural, e uma fora trazida por um Guarda Vermelho, que a havia encontrado no campo.

"O conceito de orfanato na verdade não existia fora de cidades, naquela época. Matar bebezinhas ainda era uma coisa normal no campo, e mesmo em orfanatos na cidade a maior parte dos bebês simplesmente morria por negligência. Orfanatos devidamente equipados só foram fundados mais tarde. Depois de 1980, à exceção, talvez, de grandes cidades. Cidades do interior, e até mesmo cidades de porte médio, não tinham orfanatos de verdade. Eram chamados orfanatos, mas na verdade consistiam num só cômodo, com uma cama de estrado de madeira e algumas panelas para fazer a comida. Só um lugar onde se cuidava de umas pobres criaturinhas.

"Mais tarde fui transferida para outros lugares em Hubei e Shanxi para fundar orfanatos, e descobri que não havia nem sombra de qualquer tipo de registro. Difícil saber por quê. Nós, chineses, não documentamos as coisas como os ocidentais — a partir do momento em que uma organização é iniciada, eles têm pessoas fazendo registros, incluindo coisas que tenham a ver com prédios

---

* Estudantes do ensino médio enviados para trabalhar no campo durante a Revolução Cultural.

e manutenção. Mas na China, tudo acaba sendo queimado, porque todo mundo tem medo de que a próxima leva de pessoas a comandar o lugar puna os antecessores por qualquer problema que porventura encontrem. É mesmo uma pena!

"Tanto quanto sei, pequenas cidades do interior começaram a ter orfanatos como os da cidade apenas no final da década de 1980 e no início da década de 1990. Uma das razões eram os camponeses que deixavam as aldeias em busca de trabalho. Se as famílias não tinham coragem para matar bebês indesejados, então os trabalhadores os levavam às cidades pequenas na esperança de que fossem aceitos e recebessem cuidados. Havia também as famílias que só queriam bebês do sexo masculino, não uma menina, e as que não podiam ter mais filhos por causa da política do filho único. Elas sabiam para onde ir para ter o bebê e aonde ir para abandoná-lo. Então havia as meninas da cidade ou estudantes que engravidavam antes de casar, eu mesma vi isso — havia muitos casos assim. Elas deixavam uma lembrança com os seus bebês: uma carta, ou então um livro, ou alguma recordação daqueles tempos. Isso não era algo que os camponeses fizessem. Houve ainda outra razão para o desenvolvimento de orfanatos: a liberalização que tornou possível a adoção internacional. Foram as famílias adotivas estrangeiras e o dinheiro que pagavam aos orfanatos o que tornou possível melhorá-los.

"Eu nem mesmo sei quanto custa para os estrangeiros adotar um bebê. Estranho a gente ter trabalhado nisso sem nunca saber. Sei que custa até dez mil yuans para uma família chinesa adotar um bebê do sexo masculino.[4] O dinheiro decerto ia para

4. Ela ficou chocada quando eu lhe disse que estrangeiros podiam pagar de 3 mil a 5 mil dólares (de 1,6 mil a 2,6 mil libras esterlinas), ou algo entre 25 mil e 45 mil yuans na época para adotar uma menininha. E na verdade poderia custar a uma família chinesa de 10 mil a 50 mil yuans (1,3 mil a 6,5 mil dólares) para adotar um menino, mas apenas de duzentos a trezentos yuans (25 a 39 dólares) por uma menina.

os bolsos de oficiais de alto escalão — nunca víamos a cor desse dinheiro nos orfanatos. Mas os orfanatos agora são muito melhores do que antes. A comida, as roupas e os equipamentos que eles têm são completamente diferentes! Vi orfanatos que foram transformados em verdadeiras empresas. Seja como for, é melhor do que enfileirar os bebês no chão para serem mordidos até a morte por insetos.

"Você não sabe o horror que eram os funcionários encarregados dos orfanatos, em tudo o que era lugar. Eles ou forneciam somente os cuidados mais básicos e nenhuma educação, porque eles próprios não sabiam ler nem escrever, ou então transformavam os orfanatos em empresas, ou os usavam como um trampolim para a própria carreira. Quando os estrangeiros chegavam para adotar nossos bebês, os funcionários lhes dispensavam tratamento VIP. Tínhamos que vestir os bebês que estavam sendo adotados com roupas novas, de preferência roupas estampadas com palavras estrangeiras, para manter as aparências. Mas esses oficiais não entendiam que os estrangeiros nos desprezavam justamente porque começamos a correr, aos rebanhos, para lanchonetes de junk food e redes de fast-food ocidental, como o McDonald's! Eram um caso perdido. Nem sequer sabiam a diferença entre pinyin[5] e o inglês! Era esse tipo de líderes que nós tínhamos! Nossos bebês eram arruinados por esse tipo de gente.

"Foi só por volta do ano 2000, quando os trabalhadores migrantes que vinham para cidades grandes viram todos aqueles estrangeiros adotando menininhas chinesas, que eles se deram conta de que existiam lugares que recebiam bebês do sexo feminino. Quanto a oficiais do interior que nunca na vida haviam saído da

---

5. Chinês escrito com as letras do alfabeto, não com caracteres. Por exemplo, *Beijing*.

sua aldeia natal, quando vinham para as cidades para ver como as coisas estavam sendo feitas agora, bem, eles ficavam baratinados. Voltavam para casa ordenando a construção de orfanatos em toda parte. Viam orfanatos como uma maneira de 'resolver o problema do excedente populacional, atrair dinheiro estrangeiro e desenvolver a economia local', como diziam. Sei de tudo isso porque desde 1996 fui convidada a viajar por toda a China para dar conselhos sobre a organização de orfanatos. Senão, eu jamais teria tido a chance de voltar a Shanghai.

"Presto consultoria para vários orfanatos hoje, é o que eles chamam de 'estratégia da administração civil'. A China realmente não tem nenhum sistema decente para gerenciar pessoas e recursos na administração civil, e pessoas que de fato trabalharam em orfanatos, como eu, são raras. Não sei o que querem dizer quando falam em modernização, muito menos quando falam em modernização de orfanatos, mas sei o que eu vi e o que experienciei quando estava crescendo num orfanato ou trabalhando em um. Além disso, é uma maneira de eu fazer alguma coisa por aquelas pobres criaturinhas!

"E ainda há muitos bebês abandonados. Todo ano após a colheita e depois do Ano-Novo chinês, ao voltar para a cidade grande, trabalhadores migrantes levam consigo bebezinhas. Há alguns meninos, mas muito poucos, e geralmente são aqueles que têm algum problema de saúde. Às vezes famílias da cidade escolhem um dos filhos para mandar para um orfanato, também, e os hospitais sempre mandam os bebês que são abandonados lá. E são todas meninas. Os pais simplesmente desaparecem, sem dizer nada.

"As pessoas vêm até mesmo vender bebês. Não tenho certeza se deveria contar isso para você, mas já falei tanto, melhor eu contar tudo de uma vez. Crianças são compradas e vendidas, e alguns orfanatos de fato compram crianças. Eu não disse que alguns oficiais transformaram os orfanatos num negócio? E fazer negócios significa comprar e vender. Na verdade, é daí que sai a verba para o desenvolvimento de orfanatos modernos. O Estado, supostamente, mantém um controle sobre tudo. Mas o que é o Estado, senão pessoas — os oficiais que trabalham na administração do país? Em todo caso, não interessa o Estado; o que acontece na base da sociedade é que conta. A China é grande demais, há gente demais, e as mudanças aconteceram muito rápido. Acho que ninguém consegue vigiar tudo o que está acontecendo, e certamente ninguém consegue vigiar o que fazem obscuros funcionários de orfanatos!

"Então por que a adoção internacional parece ter diminuído desde 2006? Essa desaceleração começou quando orfanatos foram estabelecidos no noroeste da China, talvez como parte do desenvolvimento econômico, e talvez houvesse a intenção de mudar o foco da adoção internacional para o noroeste. Os orfanatos nas cidades do leste estão quase vazios agora — restaram apenas algumas crianças com deficiências físicas, que ninguém quer. Mas órfãos na parte central e na parte oeste da China não estão recebendo cuidados adequados. Vi lugares na província de Ningxia onde as condições são tão miseráveis quanto costumavam ser em Hubei — no verão, não há insetos, mas o inverno é de congelar os ossos, e isso é muito pior. Aqueles pobres bebês! Você não faz ideia.

"E as mães...? Algumas simplesmente abandonam as filhas e dão no pé; outras aparecem uma outra vez e perguntam como elas estão. No início, dizem que estão perguntando em nome de alguém, mas assim que o bebê é registrado no centro de adoção, e às vezes depois de terem sido levados por pais adotivos, a mãe aparece e me conta, não sem antes enrolar um pouco, que ela é a mãe biológica. Oh, aquelas pobres mulheres devem sentir muita falta das filhas. Não dão bola se as pessoas torcem o nariz para elas e estão preparadas para correr o risco de serem multadas pelo departamento do Planejamento Familiar por terem mais de um filho, mas ainda assim elas vêm e perguntam sobre suas bebezinhas. Mas há um tanto de Guan Yin nas funcionárias dos orfanatos, e elas são bondosas a ponto de não falar nada a respeito. Aquelas pobres mulheres, algumas sentem tanta falta das filhas que ficam loucas. Ai! Você não faz ideia.

"Muitas vezes penso que se minha própria mãe tivesse encontrado uma alternativa, ela definitivamente não teria me deixado num orfanato! Quando jovem, eu passava todos os dias trabalhando com as crianças, mas isso não me fazia sentir nada em especial. Então, quando as coisas ficaram difíceis, não havia tempo para pensar; só conseguir o que comer e dormir já era difícil o bastante. Foi apenas quando a vida se aquietou que eu pensei que qualquer tecido que viesse enrolando um bebê era cheio de amor materno! As mães costumavam deixar pequenos amuletos com os bebês. Mas acho que nenhum dos lugares onde trabalhei guardava esses amuletos. Como tudo o mais, eram jogados fora. Escrevi às autoridades sobre isso muitas vezes, mas não me deram ouvidos. Não se trata apenas de que esse tipo de recordação tem valor, mas também são provas da vida da criança. Porém, os administradores dos orfanatos me disseram apenas que não havia espaço onde guardar 'bobagens' desse tipo. Às vezes, ia direto para o forno, como combustível, no mesmo dia da chegada da criança!

"Havia todo tipo de pequenas recordações! Até mesmo palavras. Algumas mães escreviam cartas longas, comoventes, na roupa do bebê. Outras bordavam coisas, ou costuravam algumas cruzes ou xis no tecido. As mais pobres deixavam uma impressão digital com sangue! Alguns bebês pareciam ter chegado sem nada — até que você olhava uma unha bem de perto e via que havia uma cruz ou um xis nela. Talvez os pais estivessem infelizes demais e sua situação fosse muito difícil para fazer qualquer outra coisa — mas será que eles não se davam conta de que as unhas dos bebês cresceriam e seriam cortadas? Nunca as fotografamos, nunca pensamos nisso na época, e de que maneira funcionários de orfanatos poderiam comprar câmeras fotográficas, naqueles tempos?

"Dificilmente os bebês tinham algum tipo de sinal na pele. Mas muitos chegavam com cicatrizes, geralmente entre as pernas. Perguntei a algumas parteiras sobre isso, e todas diziam a mesma coisa: eram queimaduras de querosene de lamparinas ou de cera de vela. A primeira coisa que as parteiras do interior faziam quando o bebê nascia não era desobstruir as vias respiratórias, mas verificar se era um menino ou uma menina, pois isso era o que toda família estava esperando para saber. Algumas das queimaduras eram nas partes íntimas dos bebês, e a umidade dessas regiões tornava mais difícil a cura dessas criaturinhas.

"É verdade que os bebês são pequenos demais para entender o que está acontecendo, mas as mães sofrem muito por amá-los. É um pouco melhor para mulheres com alguma instrução — pelo menos elas sabem que seus bebês vão ser adotados no exterior, a maior parte por famílias bem de vida, e que vão ser tratadas como filhas, não como noivas-crianças ou como mão de obra escrava. Fico com pena, com muita pena, das mães que não têm instrução alguma. Elas próprias tiveram vida tão difícil, e então, além da dor de dar à luz uma filha, passam o tempo todo imaginando todas as coisas terríveis que as famílias estrangeiras vão fazer às suas bebezinhas. Sabe, às vezes elas imploram para que eu passe recados para os estrangeiros: não faça a criança começar a trabalhar muito cedo, senão talvez ela não cresça direito. Não coloque muita água no leite ou no mingau de arroz, senão ela vai ficar com fome. Algumas dizem: ela tem tanto cabelo; se ela gostar, prenda-o num rabo de cavalo durante alguns dias. Não corte as tranças dela para economizar na lavagem do cabelo. Algumas querem que os novos pais a 'segurem no braço esquerdo, para que o som do seu coração a faça dormir'.

"Aquelas pobres mulheres. Depois de carregar o bebê na barriga por nove meses, dá-lo é como ter um pedaço da própria carne cortada fora. Elas não podem aninhar as próprias filhas e não fazem ideia de como os novos pais as tratam. Passam a vida temendo, ansiosas, pelas filhas..."

A voz de Mary sumiu aos poucos — era doloroso demais para ela continuar —, e também eu fiquei mergulhada em pensamentos. Como aquelas mulheres sofriam por terem de se separar das suas filhas. Esqueci de desligar o gravador, e foi só quando transcrevi a conversa, mais tarde, que percebi como foi longo o tempo em que ficamos ali, sentadas em silêncio, naquela pequena mesa de restaurante.

No final da nossa conversa, Mary me deu dois nomes: Na e outra Mary, que eu chamei de Mary Verde. Na, ela disse, viajava bastante entre Shanghai e os Estados Unidos, enquanto Mary Verde era uma oficial de alto escalão em Beijing. Ambas, ela disse, podiam me contar mais sobre como e por que crianças pequenas eram abandonadas. Ela também pediu que eu mudasse seu nome quando escrevesse sobre o que ela havia me contado, para lhe mandar a gravação original e, finalmente, para não entrar mais em contato com ela. Eu lhe disse que muitas das mulheres que eu entrevistava pediam a mesma coisa e prometi fazer como ela queria. Mas eu sabia que sua história e as das mães na história que ela contara nunca me abandonariam...

Quando nos despedimos, Mary me disse: "Publique o que eu disse, por favor, para que aquelas pobres menininhas possam ler e nunca se esqueçam das suas mães chinesas".

Enquanto eu escrevia o primeiro esboço deste capítulo, no dia 13 de fevereiro de 2008, uma cerimônia solene de pedido de desculpas acontecia na Austrália. Em nome do governo australiano, o primeiro-ministro Kevin Rudd pediu desculpas às crianças aborígines australianas que foram tiradas de suas mães para "serem educadas". E em Darling Harbour, em Sydney, há um "muro das boas-vindas" de cem metros de comprimento listando os nomes de incontáveis imigrantes. Senti então que a civilização e a democracia haviam finalmente preparado o caminho para que muitas raças pudessem coexistir na Austrália. Aquele país de imigrantes finalmente foi honesto sobre seu passado e está agora tentando fornecer um espaço de compaixão onde as crianças possam, no futuro, crescer de forma pacífica e saudável, nos braços de suas próprias mães.

7. A mãe que ainda espera nos Estados Unidos

Não posso eu mesma escrever essa história, e ela pesa em mim todos esses anos.

Conheci poucas mães chinesas que tinham alguma ideia de como suas filhas são criadas em famílias ocidentais. A maior parte dessas mães leva uma existência solitária, incapazes de partilhar seu fardo com quem quer que seja. E qualquer esperança, por parte das famílias adotivas, de que suas crianças chinesas possam um dia agradecer às suas mães biológicas por tê-las mantido vivas só pode ser remota. Encontrar a mãe biológica da criança é como procurar uma agulha no palheiro proverbial, considerando-se quão distante o Ocidente está das fontes de informação e como tais fontes são escassas na China. Antes de 1990, a maior parte dos chineses comuns do interior não tinha direito a uma certidão de nascimento nem a algum registro legal semelhante. Além disso, a confidencialidade com que o governo chinês trata as informações referentes a adoções é composta da maneira peculiar como as coisas são feitas localmente e do sentimento de vergonha que tradicionalmente cerca as adoções. Na cultura dominante chinesa, quando as pessoas abandonam ou dão os filhos em adoção, ou se divorciam, forasteiros não devem ser envolvidos no problema. Essas questões são consideradas tão privadas entre marido e mulher quanto sua vida sexual. Muitas famílias nem sequer dizem às crianças que elas foram adotadas. Uma família sem crianças é uma tragédia; um casal sem filhos é um casal que falhou.

Bebês têm sido abandonados na China desde tempos imemoriais. Pessoas simples o faziam porque acreditavam que deviam aos ancestrais um filho e herdeiro como primogênito. A aristocracia e as famílias imperiais faziam-no, muitas vezes, para proteger riquezas e interesses. Ninguém, em nenhum nível da sociedade, queria admitir que a chama no altar dos ancestrais, que só podia ser mantida acesa pelo filho mais velho, pudesse se extinguir. Isso se estendia à camada mais alta da sociedade: todo imperador tinha que ser "genuíno", com poderes e privilégios herdados.

O divórcio como entendemos hoje na China é um produto da sociedade chinesa moderna. Até a derrocada do sistema feudal imperial, em 1911, um homem podia abandonar a mulher, mas uma mulher não tinha absolutamente direito algum de terminar seu casamento. Então, com os violentos levantes e as reviravoltas políticas do século XX, o divórcio e as segundas núpcias passaram a ser vistos como uma maneira de galgar degraus da escada política que conduzia a uma vida melhor. Ninguém admitiria a nenhuma outra pessoa que a razão para seu divórcio era fugir de um casamento tão sem amor que chegava a ser artificial. Só na década de 1980 o povo chinês pôde decidir livremente sobre o casamento, decidir e buscar o tipo de família que de fato quisesse. A partir daquele ponto, "divórcio" finalmente se tornou um assunto sobre o qual as pessoas conversam de forma aberta.

Adoção, na China antiga, significava tomar a seu cuidado o filho de um parente. Aplicava-se sobretudo a meninos, que se juntavam à família adotiva e então passavam a fazer parte da distribuição de riqueza da família. Meninas dificilmente eram adotadas dessa maneira. Normalmente, eram destinadas a uma nova família como noivas-crianças e criadas até ter idade para casar com o filho da família. Antes de esse sistema ser abolido, em 1950, quase todas as noivas-crianças padeciam um destino cruel: não gozavam de igualdade com as demais filhas nem tinham os direitos que supostamente decorreriam do fato de se casarem com uma nova família e eram exploradas como mão de obra barata desde bem jovens. Sentimentos tradicionais sobre relações de sangue permaneciam extremamente fortes, indissociáveis, como de fato era o caso, da herança de propriedades e do dever, por parte dos filhos, de cuidar dos pais, quando velhos. As pessoas receavam que as crianças adotadas, criadas por elas com tanto sacrifício, abandonassem a família adotiva uma vez atingida a idade adulta e voltassem para cuidar dos pais biológicos — que, afinal de contas, não haviam participado da sua criação. Assim, as crianças adotivas raramente ficavam sabendo da verdade sobre a sua origem.

Essas atitudes começaram a mudar a partir de 2005, à medida que o governo passou a encorajar famílias chinesas a adotar crianças abandonadas. Porém, na prática, poucas famílias conseguem fazer isso: atitudes sociais profundamente arraigadas e a política do filho único militam contra. E mesmo que uma família chinesa adote uma criança abandonada, como é que vai reagir o resto da sociedade? E será que as famílias adotivas ou aqueles que abrem mão dos seus filhos conseguirão superar preconceitos tradicionais e criar um novo conceito de família? Todas essas questões necessitam ser trabalhadas, e acho que pode demorar algum tempo.

Quando criei a instituição The Mothers's Bridge of Love, seus objetivos eram ajudar famílias adotivas a saber mais sobre a vida das mães biológicas e sobre a história e a cultura chinesa, e formar uma ponte entre a sociedade que recebia a criança e sua cultura originária. Descobrir informações sobre as mães que foram forçadas a abrir mão de seus bebês era a parte mais difícil do processo. Eu havia encontrado mães desse tipo no meu trabalho como jornalista na China, mas para saber mais, eu precisava ter os contatos certos em todos os níveis do governo. O peso combinado da tradição e da inércia administrativa fez com que isso fosse impossível na época, de forma que essa era uma tarefa na qual eu ainda estava trabalhando.

Eu sabia que precisava aproveitar toda e qualquer oportunidade para desencavar histórias dessas mães, então fiz o que pude para encontrar as mulheres de quem Mary me falara: Na e Mary Verde. Mary Vermelha dissera que elas poderiam me contar mais sobre como e por que bebês eram abandonados. Mas na China não consegui contatar Na. Só a conheci em outubro de 2007, quando eu estava em uma turnê de lançamento nos Estados Unidos do meu livro sobre o Mothers' Bridge of Love. Uma amiga dela havia estado em uma reunião que eu fizera em Boston com algumas famílias adotivas. No dia seguinte, muitos e-mails de novos amigos caíram na minha caixa de entrada, mas só um era em chinês: a mulher se apresentou como sendo o contato de Mary, Na. Ela era agora uma cidadã americana e dizia que esperava poder me conhecer, se eu tivesse tempo disponível em Nova York.

Eu já estava planejando passar algum tempo em Nova York para comprar presentes de Natal, então aproveitei a oportunidade de conhecer Na. Combinamos de nos encontrar em um café na Broadway. Para minha surpresa, quando cheguei o lugar já estava cheio de uma multidão fervilhante, apesar de não ser ainda dez horas de um dia de fim de semana. Esperei por uma mesa próxima à janela, que consegui não sem alguma dificuldade. Faltavam ainda dez minutos para o horário combinado, mas Na parecia ter se mantido fiel aos bons costumes chineses e também chegou cedo. Avistei-a assim que ela entrou pela porta, provavelmente porque era pouco comum uma mulher chinesa entrar sozinha num café. E ela, depois de uma olhada rápida em torno, veio, decidida, na minha direção.

Ela aparentava ter não mais que trinta anos de idade. Observei que estava vestida não no estilo casual europeu, tampouco com marcas de design e joias caras como uma mulher chinesa, mas naquele tipo de estilo chique e caro que é típico dos nova-iorquinos. Ela estava usando um casaco xadrez rosa e azul-pálido, com gola redonda e botões grandes, sob o qual se podia ver uma blusa de cashmere de gola alta e cor creme. Suas joias consistiam em um reluzente colar trançado de ouro e brincos combinando. Ela usava calças creme com bainha italiana e um par de botinas de couro branco com botões ornamentais dourados que combinavam com suas joias.

Na tirou o casaco e se sentou, o retrato da elegância cor de creme. Ela começou me perguntando sobre o que The Mothers's Bridge of Love estava fazendo, e continuamos a discutir as dificuldades que as instituições de caridade dirigidas por chineses espalhados pelo mundo enfrentavam e a falta de reconhecimento e apoio no Ocidente. Gradualmente, a conversa foi de como ajudar famílias ocidentais a entender a cultura chinesa para as cartas que recebíamos de famílias adotivas pedindo ajuda. Várias vezes os olhos de Na se encheram de lágrimas, e ela parecia agitada. Finalmente, as emoções tomaram conta dela e ela disse, com uma voz trêmula.

"Eu sei que a minha filha está entre elas!"

Fiquei estupefata. "Sua filha?"

"Sim, a minha filha. Ela só ficou trinta e dois dias comigo! Então abandonei minha própria filha!" E ela rompeu em pranto.

Fiquei pasma, horrorizada. Como é que aquela mulher elegante, que obviamente estava se dando muito bem nos Estados Unidos, podia ter abandonado a própria filha? Entretanto, tratei de me controlar. Não era o momento para bombardeá-la com perguntas. Fiquei esperando que uma pausa silenciosa, enquanto bebíamos nosso café, pudesse acalmar a nós duas. Um garçom veio até a mesa e perguntou se precisávamos de algo.

Observei enquanto Na secava de forma cuidadosa com lenços de papel chineses decorados com corações as lágrimas do seu rosto impecavelmente maquiado. Então ela agarrou sua xícara de café com ambas as mãos, como se para fazê-las parar de tremer, e olhou para fora da janela, para a avenida que se estendia ao sul até o Central Park.

"Em 2002, no meu último ano na Universidade de Shanghai, tive um caso com um professor meu. Naquela época, eu era uma jovem vivaz, irresistível, ou pelo menos era isso o que eu pensava. Meus pais eram ambos professores em outra universidade. Eles me criaram com uma educação muito rígida e nunca permitiram que eu saísse sozinha. Foi só no meu quarto ano na universidade, quando eu tinha vinte e dois anos, que eles me deixaram mudar para o dormitório da faculdade. Shanghai no final dos anos 1990 estava transformada pelas reformas econômicas. Havia se tornado 'ocidentalizada', e as jovens gozavam de uma boa dose de liberdade. Já no primeiro ano da universidade muitas alunas dormiam com os namorados, e era grande a rivalidade na disputa pelos rapazes. Eu era o patinho feio do meu dormitório de oito meninas. Todas riam de mim por eu ser uma virgem antiquada, uma moça que queria ter um namorado mas não conseguia. Isso me atingia tanto que às vezes eu sentia que tinha menos valor que uma prostituta. Pelo menos elas sabiam sobre ser uma mulher e dar prazer a um homem. Por sorte, era início do outono quando me mudei para o dormitório, e eu ainda podia contar com o mosquiteiro ao redor da minha cama para esconder minha amargura. ('Fossa de estudante', era como chamávamos na época.)

"Seja como for, quando ficava escuro à noite, aquelas redes pareciam ser escudos protetores contra as outras meninas, que se abriam sobre sua vida amorosa. Conversavam sobre tudo, sem restrições, sobre a aparência dos namorados até seus pênis, de como fazer amor até sobre como era ter um orgasmo. Para ser honesta, vendo retrospectivamente, mal posso acreditar que isso tenha acontecido. A geração de alunos que veio antes de nós, mesmo após se tornarem pais, nem sequer se davam as mãos na frente dos filhos, nem se abraçavam ou se beijavam. Como foi que mudamos tão radicalmente para o outro extremo? Eu jamais saíra sozinha, como as minhas colegas saíam. Passei de viver numa clausura, em casa, direto para estar cercada por essa conversa provocativa sobre sexo. Foi realmente difícil me adaptar.

"Às vezes eu me via com a respiração acelerada e sentia uma comichão lá embaixo!" Ela fez uma pausa e me olhou direto nos olhos. "Imagino que esteja chocada por eu falar tão francamente! Nós, chineses, somos dissimulados, você sabe. Somos criados para ser assim. Até mesmo os instintos biológicos são vistos como se fossem preto no branco, e divididos entre instintos maus e instintos bons. A verdade é que todos nós reprimimos muitas memórias no processo de crescimento. Não é só que não queiramos nos abrir com outras pessoas, é que não conseguimos admitir essas memórias para nós mesmos. Mas então essas lembranças se transformam num chicote que nos golpeia durante o sono! Me desculpe, estou parecendo uma mulher terrível."

Foi então que peguei meu gravador e perguntei se poderia registrar suas palavras.

"Desde que você faça como em *As boas mulheres da China* e não use meu nome de verdade. Trabalho com engenharia, sou da geração que briga com computadores. Não posso eu mesma escrever essa história, e ela pesa em mim todos esses anos. Então, se quer usá-la, vá em frente!" E ela estendeu as mãos, com as palmas viradas para cima, como se, além da autorização, estivesse me ofertando seu coração. Então continuou a contar sua história.

"Ouvir as outras moças parece ter, gradualmente, desfeito algumas das defesas morais com que meus pais haviam me cercado durante vinte anos. Não me olhe assim. Estou lhe contando a verdade", ela insistiu. "De início, as minhas reações eram só físicas; emocionalmente, eu não estava muito interessada. Eu não tinha pressa nenhuma. Porém, as coisas começaram a mudar uma noite no final do outono, quando a conversa descambou para o mais jovem professor do nosso departamento.

"Eu não estava interessada em ter discussões academicamente elevadas com ele, e eu não era como as outras meninas, que invejavam a adorável família que ele tinha em casa — uma esposa bonita, que era recepcionista em um hotel de uma rede internacional, e um casal de gêmeos. Não era nada disso. O que realmente me interessava era o fato de que ele não demonstrava absolutamente interesse algum por nenhuma outra mulher. Ele parecia completamente imune à tentação. Fiquei impressionada com a fidelidade dele, e intrigada com a capacidade que o amor tinha de transformar uma pessoa. Durante dois meses eu o segui, ficava observando aonde ele ia e o que fazia. O seu comportamento era de fato exemplar. Se não estava na faculdade, nos banheiros públicos ou no escritório, então ele estava em casa.

"Ele morava no campus. Eles tinham um apartamento no canto do prédio, alguns andares acima, e sobretudo à noite era fácil enxergar o interior do apartamento, sob diversos ângulos. Do lado de fora do apartamento havia apenas uma quadra de esportes, nenhum outro prédio, então eles quase nunca fechavam as cortinas. Parecia que ele ajudava em casa, pelo menos eu costumava vê-lo cozinhando, e quando chegava o fim de semana era possível vê-los segurando os filhos no colo e conversando com os avós. Era de deixar qualquer um com inveja!

"Eu estava convencida de que ele não tinha percebido que eu o espionava, mas um dia ele me chamou no seu escritório. Nada de especial nisso — estávamos tendo aula com ele naquele semestre, afinal de contas —, mas, assim que entrei, ele foi direto ao ponto: 'Por que você está me seguindo?'. Eu queria desaparecer por entre os vãos do assoalho. Devo ter ficado muito vermelha!" E, sorrindo, Na escondeu o rosto com as mãos.

"Decidi simplesmente contar a verdade. Eu disse que queria descobrir se famílias felizes de fato existiam e se havia homens fiéis hoje em dia. Ele me perguntou: 'E há? Encontrou alguma prova?'. Eu disse: 'Acho que sim — você!'. Ele pareceu confuso. Depois de uma pausa, falou: 'Sabe, os homens não são como as mulheres. Os homens reagem de um jeito diferente, não só do ponto de vista psicológico, mas também do ponto de vista fisiológico. São diferentes nos seus sentimentos, o modo como veem as coisas, suas opiniões sobre sexo e responsabilidade'.

"Fiquei decepcionada com sua resposta. Qualquer livro sobre relações entre homens e mulheres teria me dito exatamente a mesma coisa. Eu esperara algo mais profundo da parte dele.

"Mas então, noutra ocasião, ele voltou a me chamar no seu escritório, e dessa vez o que ele disse me chocou: 'Não acredite em tudo o que você vê e ouve por aí. Não sou, na verdade, o homem virtuoso que você imagina. Não há um só dia em que eu não tenha pensamentos libidinosos. Também já traí minha mulher. Não éramos casados, na época, mas saíamos juntos, e eu estava me encontrando com outra mulher na mesma época. Para ser honesto, foi ter os gêmeos que me fez parar de galinhar por aí. Eles pareceram colocar uma coleira no meu coração. E eu não podia suportar a ideia de magoar a mulher que havia me dado dois bebês tão adoráveis! Na, pare de sonhar com o homem perfeito. A razão pela qual lhe contei meu segredo é para que você e suas aspirações quanto ao amor não se machuquem. Você não é como as outras meninas. Elas têm experiência. A experiência sexual para uma mulher é como a casca de uma árvore velha. Toda vez que um homem e uma mulher se divertem juntos, isso deixa na mulher uma cicatriz que nunca cura. Mas o que os homens buscam e suas inquietações são as mesmas das mulheres. Eles também se importam com a virgindade e estão buscando as mesmas respostas que você. Então, faça o que fizer, não se deixe desencaminhar. Isso magoaria o seu namorado, se ele for virgem.'

"Naquele dia eu não abri a boca, mas as palavras do meu professor não pararam de ressoar na minha cabeça. Quando chegou a noite, tomei nota delas, acrescentando um monte de pontos de interrogação e de exclamação. Eu não sabia por que estava fazendo aquilo, mas, à medida que as coisas foram acontecendo, um a um os pontos de interrogação se transformaram em pontos de exclamação.

"Um dia, logo depois disso, fui falar com ele sobre a minha dissertação. Nem mesmo sei como foi que aconteceu, mas depois de alguns instantes olhei bem nos olhos dele e me vi falando: 'Pode me acariciar? Como um homem acaricia uma mulher?'.

"'Por quê?', ele perguntou.

"Falei: 'Quero despertar. Quero saber como é quando um homem e uma mulher ficam juntos'.

"Ele me olhou durante um bom tempo, e então, com uma mão, ele meio que me puxou, meio que me empurrou para trás da porta do seu escritório. Achei que ele ia me pôr para fora, mas no exato instante em que eu esperava que ele abrisse a porta, ele começou a esfregar, delicadamente, a base das minhas costas com uma das mãos. Então acariciou minhas orelhas e meu pescoço, e daí ele enfiou as mãos por baixo das minhas roupas íntimas... foi a primeira vez que um homem me tocou e de repente meu coração começou a bater forte. Instintivamente ergui a minha boca na direção do seu rosto, mas ele colocou sua outra mão sobre a minha boca e disse, baixinho: 'Isso você deve guardar para o seu homem'. Então ele tirou a mão que havia enfiado por baixo da minha roupa, abriu a porta e disse 'Adeus'.

"Não faço ideia de como voltei até o dormitório ou o que comi no jantar aquela noite. Você pode rir, mas era como se a mão dele ainda estivesse sobre minha pele. Na minha cabeça, cheguei mesmo a movê-la até meu peito e então para baixo, e imaginei o prazer que um homem e uma mulher dão um ao outro. Durante dias andei nas nuvens, sentindo sua mão no meu corpo.

"Naquele fim de semana, meus pais, que eram aposentados, partiriam numa viagem de três semanas com outros aposentados para Guilin e pediram que eu fosse para casa, para cuidar de tudo enquanto estivessem fora. Foi o que fiz. O apartamento estava tão vazio que dava para ouvir ecos, e, sentada lá, sozinha, eu ainda sentia a mão do meu professor, como se tivesse crescido e estivesse fazendo o que bem entendesse comigo. Finalmente, não aguentei mais. Fui vê-lo, sob o pretexto de que meu pai havia traduzido alguns artigos e queria que ele checasse algumas palavras do inglês. Toda a universidade sabia como o inglês dele era bom. Ele pensou um pouco e disse que no fim de semana seguinte a mulher iria levar os filhos para ver os avós, em Hangzhou, então teria algum tempo à noite para vir ajudar."

Ao ouvir seu relato, fiquei aterrorizada pela ousadia de Na, mesmo após tantos anos. Eu não podia acreditar que o professor iria até a casa dela. Mas ele foi.

"Ele chegou trazendo um grande dicionário", Na continuou, "e perguntou onde estava o meu pai. Eu disse que ele precisara dar uma saída, mas voltaria logo. Então me ofereci para lhe fazer uma xícara de chá. Enquanto o chá estava em infusão, tirei toda a roupa e, completamente nua, cheguei por trás dele, segurando a bandeja de chá nas mãos. Ele estava folheando os livros das estantes do meu pai e, sem se virar, apontou para um folheto sobre uma nova edição de *Si Ku Quan Shu** e suspirou: 'Ai-iá! Eu queria tanto comprar esses volumes mas, infelizmente, são muito caros. Seu pai está pensando em colecioná-los?'.

"Não respondi. Simplesmente depus a xícara de chá e fiquei parada atrás dele, com as mãos descansando ao lado do corpo!

"Eu estava muito calma. Era muito melhor entregar meu corpo para aquele homem sincero naquele momento do que sabe-se lá para quem, em algum momento do futuro, e, além disso, eu pensava honestamente que o estava recompensando. Como eu não havia respondido nada, foi provavelmente o som da minha respiração que o fez se virar. Ele estava a centímetros do meu corpo nu. Durante alguns segundos ele ficou surpreso, mas não por muito tempo. Ele enrubesceu muito e me tomou nos braços, me beijando e me acariciando sofregamente... e esse foi o início do nosso caso de amor, na minha casa. Nós estivemos nos braços um do outro todos os minutos de todas as noites daquela semana!"

"E durante aquela semana você não se perguntou se ele era um homem bom ou um homem mau?" Eu sabia que muitas mulheres chinesas sentiam culpa ao fazerem amor.

"Ele era só um homem. Nossa geração é diferente da sua. Nós não nos preocupávamos com culpa, ou sobre o que era bom ou mau."

"E depois?" Não pude deixar de perguntar, ao imaginar as cenas envolvendo as duas famílias.

"Não *houve* um depois. Ao final da semana, ele foi buscar a mulher e os filhos e voltou para sua família. Não era estranho

---

* Enorme enciclopédia compilada entre 1773 e 1782 por édito do imperador Qianlong, da dinastia Qing.

quando nos víamos. Quanto a mim, imagino que todo mundo passe por uma iniciação, não é mesmo? Seja como for, foi o que pensei. E todas as minhas colegas pareciam ter tido o mesmo tipo de experiência.

"Ele parecia levar tudo de uma maneira ainda mais pragmática do que eu. *Come on, Xinran* — (ela disse as palavras em inglês) ao ver a expressão no meu rosto —, era sexo, não amor. Acho que essa é a maior diferença entre minha geração e a anterior, e também em relação as gerações que vieram antes. Desde o início, nós tratamos sexo, afeto e amor como aspectos diferentes da vida, até mesmo alguém como eu, sem nenhuma experiência. Para a geração do meu pai, se você tinha os dois primeiros, então o amor decorreria naturalmente, senão, você era uma puta. Mas na realidade você estava vivendo em uma cultura repressiva e hipócrita!"

Ao ouvir a fita de Na, dei com tais palavras, e elas me forçaram a refletir. Será que a minha geração havia sido assim tão acanhada no que dizia respeito à nossa vida amorosa? Na me contara que o caso de uma semana tivera um resultado inesperado. Na vez seguinte em que voltou para casa da universidade, sua mãe percebeu que ela engordara um pouco. Seus pais ficaram lívidos à ideia daquele homem, que não era nem marido nem noivo e que nada estava oferecendo à sua filha. Como casal, eles sempre haviam mantido uma distância educada, mas dessa vez tiveram uma discussão e tanto. O pai queria forçar Na a fazer um aborto; a mãe não estava de acordo. Ela dizia que o bebê já estava formado no útero e que não podia simplesmente ser morto. Mas concordaram em uma coisa: a desgraça de Na envergonhara toda a família, até as primeiras gerações. Então decidiram gastar todo o dinheiro que tinham para mandar a filha única estudar nos Estados Unidos. Ela partiria assim que terminasse o Mês do Nascimento, e de preferência se estabeleceria lá, arranjaria um emprego e um marido, e não traria mais vergonha para a família.

"Minha filha foi um 'bebê de outono', nascida a termo e pesando quatro quilos", Na me contou. "Para tê-la, eu fora para a casa de uns parentes da minha mãe que moravam afastados da cidade. Quando ela colocou a boquinha no meu mamilo pela primeira vez, fiquei profundamente tocada pela confiança e pela dependência que aquela criaturinha tinha por mim! Chamei-a de Xinxin, 'coração com coração' — o meu e o dela. Eu tinha bastante leite — muitas tâmaras chinesas preparadas em casa e pés de porco foram os responsáveis —, e ela cresceu como um anjinho rechonchudo. Quando o Mês do Nascimento terminou, meus pais reservaram dois quartos para nós em um hotel em Changzhou, uma cidade onde não conhecíamos ninguém. Minha mãe estava com receio de que eu não conseguiria dar conta do bebê sozinha, então ficamos no mesmo quarto, e meu pai ficou com o outro.

"Eles queriam que eu deixasse minha filha num orfanato — e passaram três dias e duas noites fazendo a minha cabeça, com um misto de ameaças e persuasão. Eu segurava meu bebê nos braços, chorava, me ajoelhava e implorava para que não me forçassem a abandoná-la. Eles também choraram e me imploraram para fazê-lo. Todos choramos. Finalmente, meu pai teve uma recaída do seu problema cardíaco e teve de ser levado ao hospital. Minha mãe e eu nos revezamos cuidando dele e do bebê. Cada vez que eu cumpria o meu turno no hospital com o meu pai, eu ficava desesperada, pensando que minha mãe poderia tomar a decisão de fazer algo sem eu saber. Não demorou até minha mãe ficar doente, de exaustão. Não conhecíamos ninguém em Changzhou, e descobri que era extremamente difícil cuidar de duas pessoas velhas e de um bebê com um mês de vida. Mas a pequena Xinxin me deu forças para continuar.

"Um dia, minha mãe fez uma espécie de discurso de 'leito de morte'. 'Toda a nossa vida', ela disse, 'seu pai e eu lutamos para apresentar às pessoas uma só fachada, para que ninguém pudesse falar mal de nós quando morrêssemos e nos fôssemos. Mas se a nossa filha única vive como uma mãe solteira, como é que seu pai e eu podemos voltar para casa, para Shanghai? Nem falo sobre passar nossos últimos anos em paz e no conforto: simplesmente não podemos encarar nossos amigos e nossas famílias. Não a forcei a fazer um aborto porque sou mãe e achei que não seria justo para um ser vivo livrar-se dele assim, mas simplesmente não temos coragem o suficiente para enfrentar o tipo de vida que você e o bebê vão nos impor! Você está com vinte e dois, e é a nossa única filha, e desde que você estava dentro de mim nós ansiávamos por vê-la crescer. Faz só um mês que você é mãe e não quer desistir da sua filha, mas você não pensou em como seus velhos pais vão lidar com todo o aborrecimento que essa criança vai trazer! Estou lhe implorando, minha filha, implorando! Você está vendo como tudo isso deixou seu pai doente, e deve também ter visto como deixou doente *a mim*... Descobri que as crianças de todos esses orfanatos aqui são adotadas por famílias americanas. Se sua filha for adotada por eles, quem sabe talvez um dia você possa encontrá-la nos Estados Unidos. A tecnologia está sempre melhorando, então deve haver um jeito. Nós não temos mais muito tempo para viver, por favor, nos conceda uma velhice tranquila!'

"Então foi assim que finalmente decidi dar minha filha para adoção, porque pensei que conseguiria reencontrá-la nos Estados Unidos!" Ela balançou a cabeça lentamente e baixou os olhos para a mesa. Fez-se silêncio, e de repente mais uma vez me dei conta da barulheira do movimentado café à nossa volta.

"E você a encontrou?", perguntei, por fim.

"Ainda não. Só em 2005 vim a descobrir que há trinta mil crianças chinesas adotadas nos Estados Unidos."

"Sua filha tem algum sinal de nascença que a diferencie das outras crianças?" Eu estava pensando que poderia colocar uma mensagem no The Mothers' Bridge of Love.

"Não, ela era uma menininha perfeita. Sua orelha direita era um tantinho torta porque eu sempre a segurava no meu braço esquerdo, e ela ficava um pouco amassada. Mas só um pouco, e pode ser que tenha endireitado, à medida que ela tenha passado a dormir em posições diferentes.

"Não consegui levá-la eu mesma ao orfanato. Minha mãe a levou. Ela disse que havia encontrado o bebê na rua. Vou dizer a você o que dói, de verdade: eu queria que nós duas guardássemos um talismã, algo com o que nos reconhecer, então peguei o sutiã que eu costumava usar quando a estava amamentando e coloquei-o lado a lado com a roupa com a qual eu ia vesti-la, e com uma caneta marcadora vermelha escrevi três grandes caracteres, metade num tecido, metade no outro: Xinxin — dois caracteres de 'coração' — e o caractere para 'amor'. Esperei que pudéssemos ter sempre essa maneira de identificar uma à outra, se em algum momento no futuro pudéssemos colocar as peças de roupa lado a lado de novo. Mas quando minha mãe voltou do orfanato, ela disse que as crianças estavam todas vestidas com a mesma roupa. Disseram-lhe que nenhuma criança ficava com as coisas com as quais havia sido entregue e que se a minha mãe não as quisesse elas simplesmente seriam incineradas. Passei aquela noite agarrada às roupas que sobraram do meu bebê. Não chorei. Era um sentimento estranho, como se a terrível dor que estava me queimando tivesse secado todas as minhas lágrimas.

"Minha mãe nunca me contou para qual orfanato a levara, mas antes de sair da China pela primeira vez, tentei desesperadamente levantar essa informação. Finalmente descobri para qual orfanato fora, mas me disseram que ele havia sido desativado e que as vinte e uma crianças que lá se encontravam na ocasião haviam sido distribuídas para outros quatro orfanatos em cidades próximas. Para onde a minha filha havia ido? Cada vez que vou para casa, sigo mais pistas. Quando encontrei Mary Vermelha, ela conseguiu obter algumas informações para mim, mas os escassos registros de adoção do governo são um segredo muito bem guardado, e não há como verificar. Até hoje, a única coisa que consegui confirmar é que a minha filha provavelmente foi adotada por uma família americana."

"Talvez um dia a tecnologia de DNA se torne tão comum que vai estar até mesmo nos nossos registros civis. Então você poderia encontrar sua filha facilmente. Se isso acontecesse, você a pediria de volta?"

"Não, eu não poderia fazer isso."

"Você se preocupa que os seus pais não a aceitariam, ou que sentiriam vergonha?"

"Não me importo com isso. Contei a meu atual marido sobre ela antes de nos casarmos. Ele é americano, adora crianças, então ele entende. Eu não poderia pedir minha filha de volta porque vi com meus próprios olhos como suas crianças chinesas são preciosas para as famílias ocidentais. É verdade que ela é sangue do meu sangue, e vai ser parte da minha vida enquanto eu viver. Mas famílias adotivas criam os filhos dia após dia, ano após ano, e se tornam parte da vida deles também, parte da alma da família. Eu não poderia dividir essa família e ferir seus corações... A dor que carrego comigo é parte de mim, e estou acostumada com ela. Vou suportá-la sozinha!"

"Então, por que você quer encontrar sua filha?"

"Quero envolvê-la com meus braços. Quero que a pequena Xinxin de que me lembro se transforme nessa filha crescida. Senti muita falta dela e me preocupei muito por ela, quero ter o conforto de vê-la com meus próprios olhos e abraçá-la. Quero vê-la crescida e feliz. Eu gostaria até mesmo de ver minha filha chinesa falar um pouco de inglês fluente! E gostaria de dar a ela a peça de roupa que contém a minha metade dos três caracteres, para que ela soubesse que sua mãe chinesa a amava muito — muito..."

As lágrimas escorriam pelo rosto de Na e caíam na sua xícara de café. As minhas também. As lágrimas de duas mulheres chinesas misturadas com café americano.

Ao escrever o primeiro esboço deste capítulo, conversei sobre a história de Na com meu marido, Toby Eady — que nunca conheceu seu pai, perdido durante a Segunda Guerra Mundial. Perguntei quando foi a primeira vez que ele sentiu falta do seu pai biológico. Ele me disse que foi quando, no início da adolescência, ele começou a tomar as próprias decisões e a se perguntar o que o aguardava, no futuro. Esse foi o momento em que ele gostaria de poder ter recorrido ao pai biológico. A necessidade era forte ao extremo, e o deixou oscilando, emocionalmente, entre o pai biológico e o pai adotivo. Mas ele não podia rejeitar seu pai adotivo, pois fora o amor da sua família adotiva que fizera dele o que ele é hoje. Concordei plenamente com sua maneira de ver as coisas. Ele estava certo. Ninguém pode escolher os pais biológicos, mas seus pais adotivos escolheram você com todo o corpo e toda a alma. Você se tornou parte de duas famílias, em todos os sentidos. Mas ainda sei que Na deve olhar no rosto de todas as meninas chinesas de seis a sete anos que ela vê em Nova York e se perguntar...

Depois de voltar para Londres, recebi um e-mail de Na dizendo que Mary Vermelha, a mulher que nos reunira, havia morrido repentinamente de um ataque do coração, no final de novembro de 2007. Com sua morte, tiveram fim também meus planos de conversar com ela de novo e descobrir mais da sua história. Mas, à sua maneira, Mary já havia me legado as histórias de muitas, muitas mulheres chinesas. Descanse em paz, Mary, darei o meu melhor para contar àquelas meninas chinesas sobre sua vida e sobre como você as amava como uma mãe, apesar de nunca ter conhecido a sua própria.

8. Um conto moral dos nossos tempos

O que é a natureza? O que é o amor materno? [...] Você esteve nessas aldeias do interior? Viu a vida miserável que as meninas aldeãs levam? É só por sorte que elas sobrevivem!

No final dos anos 1980, quando comecei a trabalhar como apresentadora de rádio, era difícil encontrar alguém que *realmente* me dissesse, em uma entrevista, o que estava sentindo. Algumas pessoas tinham muito medo de ser punidas pelo que dissessem, outras simplesmente não sabiam o que dizer, porque nunca ninguém lhes dera ouvidos antes. Algumas pessoas falavam, mas apenas em generalizações amplas, e não falavam sobre seus próprios sentimentos, pois nunca foram ensinadas a entendê-los. Eu estava desesperada, já que havia crescido na mesma sociedade que minhas ouvintes. Um dia eu estava fazendo bolinhos de pimentão vermelho para meu jovem filho, Panpan, e uma semente de pimentão ficou grudada no meu rosto. Não me dei conta, então a semente ficou lá. Peguei o ônibus para o trabalho naquele dia, e outra passageira apontou para minha bochecha e disse: "Você está com uma coisa vermelha no rosto". Agradeci, limpei a sujeira e ficamos ali sentadas durante um bom tempo, conversando. Aquela mulher foi a primeira pessoa que me contou a história de sua vida.

Naquela noite, pensei longa e profundamente sobre o que acontecera, e por fim percebi que eu podia usar a paixão das mulheres pelos detalhes como uma maneira de adentrar seu mundo emocional. Então, daquele dia em diante, certifiquei-me de aplicar a maquiagem um pouco desleixadamente. Qualquer pequeno defeito podia ser transformado em uma ferramenta muito poderosa: uma mulher aparecia diante de mim, apontava-o, eu dizia obrigada e começava a puxar papo com ela. Aos poucos aprendi como usar minha própria falta de conhecimento para destravar os segredos das mulheres chinesas. Para me relembrar o que aquela passageira de ônibus havia me ensinado sobre a desconfiança das mulheres umas com as outras e sobre suas habilidades de comunicação, comecei a pintar só uma unha. Eu a chamava de "meu ponto vermelho". E se eu começava a me sentir superior ou inferior, também servia de lembrete, ao longo dos anos, para eu manter meus pés no chão.

Mas essa técnica nunca se provou útil no tratamento com oficiais do governo e outros burocratas, quando então habilidades muito diferentes eram necessárias. Em novembro de 2006, houve uma mudança radical na política de adoção da China, e como resultado o número de adoções desacelerou dramaticamente, pais solteiros passaram a ser recusados, e controles rígidos foram impostos quanto à idade dos pais adotivos. Famílias adotivas de países estrangeiros quiseram debater as razões para tal. Era por causa dos jogos olímpicos de Beijing, em 2008, ou porque o governo estava prestes a lançar outra campanha política, ou porque a política do filho único seria abolida? Candidatos a pais adotivos e pais adotivos em potencial de todo o mundo inundaram o The Mothers' Bridge of Love com e-mails.

Decidimos investigar por que razão a política de adoção havia mudado, mas não chegamos a lugar algum: nossos e-mails, cartas e telefonemas ficaram todos sem resposta, e tudo o que tínhamos era um comunicado postado na página da internet do China Centre of Adoption Affairs (ccaa) pedindo desculpas por atrasos no processamento de candidaturas. Regulamentações do governo previam que o mecanismo de funcionamento da agência de adoção da China jamais deveria ser revelado a estrangeiros — exatamente como o funcionamento do serviço secreto da China, na verdade.

Como uma pessoa nascida e criada na China, e mergulhada na cultura do país, sei que quando a porta da frente diz "Não entre", é preciso tentar a porta dos fundos. Muitos acreditam que, seja como for, isso garante informações mais confiáveis. Porém, agora que as reformas chinesas estão bem estabelecidas, o governo começou a legitimar esses canais de informação via "porta dos fundos" e a usá-los de modo inconveniente. Por exemplo, eles vazam informações, de forma que as pessoas perdem confiança em vazamentos. Informação vazada pela "porta dos fundos" também é usada para resolver disputas na "porta da frente", ou para reforçar a credibilidade de fontes oficiais, ou então para intensificar o controle sobre instâncias locais do governo.

Durante os anos de 2006 e 2007, tentei diversos tipos de abordagem, e afinal estabeleci contato com três oficiais que trabalhavam em três níveis diferentes do processo de adoção. Eles me disseram que os rumores que eu havia ouvido eram, basicamente, verdade. Em primeiro lugar, o boom econômico na costa leste da China havia provocado uma melhora no padrão de vida, de forma que havia menos órfãos a serem adotados. Até mesmo o número de bebês levados à cidade por trabalhadores migrantes para serem abandonados havia caído consideravelmente. Havia mais uma razão para o fenômeno, e ela era relacionada com a nova política de abrir o noroeste da China — uma área imensa até então subdesenvolvida. Esperava-se que o desenvolvimento econômico possibilitasse ao governo local construir uma rede de instituições de bem-estar social nessa região desolada pela pobreza. Os estrangeiros mostravam-se ansiosos para ajudar os orfanatos chineses, e os recursos por eles fornecidos podiam ajudar a detonar esse processo.

A questão a ser resolvida, entretanto, era como fornecer pessoal adequado aos orfanatos. A vida era difícil no noroeste, os níveis educacionais eram baixos, e os salários e benefícios oferecidos a funcionários de orfanatos daquela região eram consideravelmente menos tentadores do que em qualquer outro lugar da China. Ser transferido para o noroeste era como voltar aos maus e velhos tempos, e a mão de obra especializada de todos os outros lugares da China, sobretudo as pessoas que tinham família, preferia pedir demissão ou ser rebaixada a aceitar um cargo lá. A equipe local, por outro lado, tinha péssima formação e quase não tinha contato com estrangeiros. Então, o que estava desacelerando o ritmo da transferência de centros de adoção do leste para o oeste da China era a necessidade de treinar gente capaz de lidar com procedimentos envolvidos na adoção por estrangeiros.

Também havia uma segunda razão: um número crescente de matérias em jornais locais denunciava maus-tratos e abuso sexual sofridos por crianças chinesas adotadas, bem como o uso de mão de obra infantil por famílias adotivas no Ocidente. A opinião pública chinesa havia se virado contra o Ocidente e as pessoas começaram a condenar a política de adoção do governo. O resultado foi um alastrado clima de medo: orfanatos frearam o próprio trabalho com agências do exterior e alguns simplesmente passaram a rejeitar recursos estrangeiros. Não queriam ser punidos por manter "relações ilícitas com estrangeiros", nem por alguma reportagem negativa que pudesse aparecer na mídia estrangeira.

O conceito de organização civil (isto é, não governamental) é novo na China, e desconcerta a todos, do governo central até as pessoas comuns. Há várias razões para esse preconceito generalizado. Em primeiro lugar, em vários períodos da história chinesa tais organizações foram, na verdade, ilegais. Em segundo lugar, antes de 2005 até mesmo oficiais do alto escalão do governo encaravam o trabalho caritativo como uma prática religiosa. Afinal de contas, segundo eles, orfanatos e outras instituições de assistência social haviam todos sido fundados nos velhos tempos pela Igreja protestante. E liberdade religiosa na China ainda é algo que existe apenas oficialmente. E por último, as pessoas em geral acreditavam que fazer trabalho de caridade podia tornar os ricos mais ricos e fazer os famosos parecerem bem, mas eram céticas de que os pobres recebessem algum tipo de recompensa ao realizar boas ações.

Foi só depois de 1980, com as reformas econômicas, com o crescimento da estabilidade social e avanços nos padrões de vida que as atitudes começaram a mudar e se tornou aceitável não só que caridade era algo que fazia as pessoas se sentirem bem, mas também que famílias precisavam de amor, e que o país precisava de suas famílias.

A maioria dos funcionários do CCAA tinha a experiência prévia de ter trabalhado, de alguma forma, com estrangeiros. Era possível obter deles informações de certo tipo, escritas no papel timbrado com cabeçalho vermelho do governo. Mas não fazia parte de suas funções relatar qualquer coisa que fosse relacionada a sentimentos humanos, a qualquer pessoa. Aquela era uma organização que funcionava de forma azeitada, mas que não tinha coração algum. Os funcionários nos níveis provinciais e municipais pareciam ser completamente ignorantes dos poderes que detinham e de fato pareciam não ter liberdade para exercer tais poderes. Simplesmente passavam adiante ordens que vinham de cima, ao passo que, em função da amarga experiência, o pessoal que de fato trabalhava em orfanatos se tornava mais e mais ressabiado. Ninguém queria dar um passo em falso e correr o risco de perder um emprego que possibilitava trabalhar para estrangeiros — empregos de um tipo muito cobiçado localmente. Como resultado, em 2006 e 2007 foi mais difícil do que nunca obter informações sobre adoção, apesar de que a China supostamente deveria ter se "aberto" e se "modernizado" em função das reformas.

Justamente quando eu estava começando a achar cada vez mais difícil obter informações verificáveis e atualizadas, tive a sorte de encontrar duas mulheres muito diferentes que trabalhavam no sistema de adoções.

Uma delas eu encontrei por acaso, sentada ao meu lado em um voo de Auckland, Nova Zelândia, para Sydney, Austrália. Ela recém-estivera na Nova Zelândia para inspecionar famílias adotivas, e o voo que a levaria de volta à China implicava uma troca de aviões em Sydney. Na condição de compatriotas chinesas voando por céus estrangeiros, nós imediatamente nos unimos. Para proteger sua identidade, a chamemos de Wan. Wan era muito jovem, mas, como uma boa oficial do governo, era extremamente cautelosa com o que dizia. Ela conseguira aquele trabalho, com as privilegiadas viagens internacionais, porque era formada em inglês.

Wan me disse: "A maior dor de cabeça para nós são os americanos que vêm e filmam sem permissão. A China é um país cuja mídia é controlada. A mídia ocidental usa essas filmagens de orfanatos em áreas pobres como prova para atacar nosso governo. As autoridades sancionam pesadamente os orfanatos que aparecem sob os holofotes da mídia. No mínimo, eles perdem recursos e, em alguns casos, todo o pessoal é mandado para casa e substituído, e o orfanato é impedido de enviar crianças para o exterior, para adoção. Nós também somos atingidos e criticados pelo governo. Esses estrangeiros só conseguem pensar em fazer um 'registro histórico'. Nunca pensam nos sentimentos do povo chinês. Se eu fosse uma menina adotada no estrangeiro, não ia querer que as pessoas soubessem que fui pega em uma aldeia montanhosa caótica e esquecida por Deus. Seria muito humilhante!".

Wan estava indignada. Fiquei surpresa em ver que uma especialista em adoção de alto escalão pudesse ser tão bitolada e ter tanta desconfiança de outras culturas e costumes. Fiquei surpresa também ao ver que a mortalmente séria importância da "honra" segundo a cultura tradicional chinesa estava enraizada de forma mais profunda que nunca entre a juventude de hoje.

"Talvez eles queiram que a filha conheça o tipo de circunstâncias de onde veio, porque é parte da história da criança", falei, tentando fazê-la entender.

"Bem, essa é a cultura *deles*. Quantos chineses se importam com suas origens?" Ela tentava justificar sua posição. "Seja como for, as mudanças estão acontecendo tão rápido que eles não vão ter tempo de registrá-las."

Se uma jovem formada na universidade, pensei, tinha tais opiniões sobre os registros históricos na China, então que chance havia de pequenos burocratas de cidadezinhas, sem nenhum tipo de educação superior, darem importância à história e aos costumes locais, que remontavam a milhares de anos? "É só porque as mudanças estão acontecendo tão rápido", falei, "que os pais querem que a filha tenha algum tipo de registro sobre suas origens, depois de ser adotada e levada para um país estrangeiro."

"Claro, todo mundo sabe disso! Mas quantos chineses querem ver sua miserável terra natal mostrada por aí? Você acabou de me dizer que é de Shanghai e que cresceu em Beijing. São duas cidades grandes, então você pode falar sobre elas por aí, e isso faz você parecer importante. Mas eu sou de uma cidadezinha da província de Shanxi e nunca havia estado numa cidade grande até que fui para a universidade. Para pessoas como eu, de Shanxi, cidades mineradoras como Datong e Taiyuan pareciam a capital imperial; realmente respeitávamos as pessoas que vinham de lá. Mas quando cheguei a Beijing e alguém falava em Datong e Taiyuan, era ridículo. As pessoas me olhavam como se eu fosse uma mineradora cara-suja de Datong — na verdade, elas ficavam com pena! Aquelas meninas que vão crescer como se fossem princesas, será que vão mesmo querer ser lembradas de que começaram como Cinderelas?"

Ela de fato tinha razão a respeito de uma coisa: o lugar de origem e o sotaque de uma pessoa continuam sendo sinais de status tão importantes hoje, em todos os níveis da sociedade chinesa, quanto nunca.

"Acho", falei, "que à medida que elas crescerem, suas famílias ocidentais vão ajudá-las a se apaziguar com a pobreza de suas origens e de seus pais biológicos. Afinal de contas, elas nasceram de mães chinesas."

Mas meus argumentos nada podiam com ela: "Acho que você leu livros demais! A literatura diz uma coisa, mas a verdade é bem diferente. O amor materno supostamente é uma coisa incrível, mas muitos bebês são abandonados, e é a mãe quem os abandona, não é? Elas são ignorantes. Sentem emoções de forma diferente da que você sente. De onde eu venho, as pessoas falam sobre sufocar nenezinhas ou simplesmente jogá-las no córrego na entrada da aldeia para ser comida por cachorros como se fosse uma piada. Quanto você acha que essas mulheres amavam os seus bebês?".

Fiquei mordida pela sua obtusidade. "Elas são cercadas por esse tipo de sociedade. Todos nós conversamos e rimos com pessoas à nossa volta, no nosso trabalho, de dia. Isso tudo é para que possamos nos adaptar, torna a vida mais fácil. Mas à noite ou quando estamos sós experimentamos os sentimentos que ninguém mais conhece, e precisamos enfrentar isso sozinhos."

Ela ficou me olhando por alguns segundos. Deve ter percebido que eu estava incomodada pelo rumo da conversa, e ela tinha um coração bom o suficiente para não querer me ferir, então acrescentou: "Sim, você está certa, mas ainda assim elas não têm o nível de instrução que você tem, e não sentem tanto assim, ou não sentem tão profundamente".

Fiquei animada pela primeira parte da frase dela, mas não consegui me conter. "Mas seres humanos são os animais mais 'emotivos' do mundo. Até mesmo perder alguma coisa de que gostamos ou que valorizamos — uma caneta, um livro, uma bolsa — pode nos causar dor e ansiedade. Até mesmo uma criancinha pequena vai chorar se deixar cair um sorvete no chão. Imagine o quanto não sente uma mãe que carregou um bebê no útero por nove meses, se perguntando todo esse tempo como o bebê seria. Ela não pode evitar pensar nisso, e tampouco pode deixar de sentir dor. Até mesmo em áreas paupérrimas as mulheres se preocupam com um filhote de gato ou de cachorro. Então elas com certeza sentem uma tristeza verdadeira quando sua nenezinha é morta ou tirada delas."

"Você obviamente é alguém que sente muita compaixão pelas pessoas", ela disse. E dava para ver que ela não estava apenas querendo me alegrar. Ela estava falando sério. Mas, ao falar, ela balançou a cabeça para os lados. Eu não podia acreditar no seu cinismo. Algumas das palavras de Wan me vieram à mente mais tarde, quando ouvi a história de Mary Verde.

Meus olhos foram atraídos para o mar de nuvens do lado de fora da janela do avião, tomando forma e então se dispersando para o resto de suas existências. Crianças em muitas culturas diferentes aprendem a ver nuvens como seres que saltitam para o sol e a lua, que partilham das alegrias e das dores da humanidade e carregam consigo os sonhos e as esperanças de tantas mulheres. Será que aquela chinesa perto de mim era capaz de sentir essa dádiva da natureza? Olhando para as nuvens, falei: "Não sei. Apenas acredito que o amor materno é inato em qualquer ser vivo. Talvez esse amor não seja expresso de forma que possamos entendê-lo, mas não tenho absolutamente dúvida nenhuma de que ele tem seus próprios e especiais meios de expressão. Mães de pouca instrução de aldeias pobres chinesas têm modos de amar seus filhos que nós, habitantes urbanos, nunca experimentamos e talvez nem sequer possamos reconhecer. Uma coisa triste sobre a educação e a civilização 'moderna' é que só nos ensinam a 'sentir' a vida por meio da experiência daqueles que vieram antes de nós. Não sabemos nos comunicar naturalmente com outras culturas, da maneira como os animais experimentam naturalmente seu entorno e outras pessoas...".

"Há algo que comprove essas suas opiniões?", ela perguntou, olhando além de mim pela janela do avião.

"Passo muito tempo em aldeias", falei, olhando para ela, "e já tive experiências com o carinho e a generosidade de velhas aldeãs."

"Certamente é verdade que as pessoas do interior são muito mais calorosas do que as da cidade. As pessoas das cidades se preocupam demais em competir por status, poder e influência", ela disse, com toda a franqueza.

"As coisas devem estar melhores agora. Volto para a China com frequência, mas nunca fico muito tempo, então é difícil de sentir ao certo o que está acontecendo." Isso era algo que eu percebia muito fortemente: a China estava mudando tão rápido que eu me sentia um pouco como um animal selvagem que foi preso e depois devolvido à natureza — eu nunca conseguiria pertencer integralmente ao grupo de criaturas semelhantes a mim que haviam nascido e crescido na natureza.

Mary Verde foi a outra pessoa que conheci que trabalhava com adoção, a "discípula" de Mary Vermelha. Ela disse que havia escolhido esse nome em gratidão a Mary Vermelha. As mulheres tinham trabalhado juntas durante dois anos e Mary Verde havia feito um registro escrito de várias coisas, como a etiqueta ocidental, as maneiras de missionárias dirigirem orfanatos e métodos para criar crianças em orfanatos. Mary Vermelha tinha consciência de que estava envelhecendo e que deveria passar seu conhecimento e sua experiência para as gerações mais novas, então incentivou Mary Verde e outra jovem mulher a registrarem a experiência dela e a colocá-la em prática. Mas então a outra mulher fugiu com um espanhol que fora adotar um bebê, e Mary Vermelha foi transferida para outro posto, e o projeto não foi terminado.

Porém, Mary Verde pelo menos aprendera o básico sobre dirigir um orfanato e era suficientemente inteligente para, partindo daí, aprimorar seus conhecimentos, por meio do trabalho. Como resultado, fora promovida para um cargo sênior antes dos quarenta anos. E foi ela quem me contou a história mais forte e mais curiosamente pungente das que já ouvi — um conto moral para nosso tempo, tão obcecado pelo trabalho, e que me fez questionar algumas de minhas próprias certezas.

Como Mary Verde era agora uma oficial, eu não podia falar com ela no seu escritório, então nos encontramos no Restaurante Vegetariano Lótus Puro, um estabelecimento comercial fundado e dirigido por monges budistas. Lá, acompanhadas pelos versos dos cantos budistas, encontramos um cantinho silencioso onde conversar.

Expliquei a Mary Verde por que eu queria conversar com ela: com o objetivo de ajudar crianças adotadas no Ocidente a entenderem um pouco da vida de suas mães adotivas, a quem elas provavelmente jamais conheceriam, eu estava escrevendo um livro sobre mulheres chinesas que deram seus bebês em adoção.

"É muito difícil obter informações sobre mulheres que abandonam seus bebês, e é até mesmo mais difícil conseguir que elas falem sobre seus sentimentos", ela disse, enquanto se sentava, com compostura, em um dos sofás macios do restaurante.

"Você tem toda a razão quanto a isso", falei. Desde que eu havia começado a apresentar programas ao vivo de rádio, no final da década de 1980, eu investia todos os meus esforços em aprender como fazer as pessoas se abrirem para mim. Era muito difícil, e eu não havia feito muito progresso, mas continuava tentando. Eu já tinha experimentado todo tipo de abordagem e continuava tentando me aprimorar em ouvir o que as pessoas de fato estavam me contando. Ela viu que eu estava olhando para baixo, para minha unha.

"A sua única unha vermelha — tem a ver com tentar ser uma boa ouvinte?", ela perguntou de repente, apontando para meu dedo.

De novo ela estava certa. E contei a ela sobre o pimentão e sobre o meu "ponto vermelho".

Mary Verde ficou pensativa. "Mas há muito poucas pessoas como você que *querem* ouvir as mulheres falarem sobre seus sentimentos", ela disse, com delicadeza. "E para os chineses, também há vários tipos de sentimento. Há os tipos de sentimento sobre os quais as pessoas gostam de falar, e então há coisas que as pessoas guardam para si por toda a vida."

Fiquei quieta. Ela tinha razão, é claro, mas o fardo de guardar muitas coisas para si podia fazer uma pessoa adoecer. O índice de suicídios entre mulheres chinesas era alto — e muitas daquelas mulheres haviam sido levadas a se matar por causa de sentimentos que guardaram para si.

Ao ver que eu não falava nada, Mary Verde me fez outra pergunta incisiva: "Além do seu trabalho como escritora, você tem alguma razão pessoal para querer entender essas mães?". Aquela mulher tinha antenas extraordinárias...

Respondi sem hesitação e contei a ela parte da minha própria história. "Sou filha de um pai e uma mãe, mas meus pais e o resto da minha família nunca me amaram de verdade, então eu costumava pensar que a minha mãe era, na verdade, minha madrasta, como numa daquelas histórias para crianças. Uma vez adulta, fui averiguar e descobri que eles eram mesmo meus pais! Ainda não consigo entender por que me mandaram para tão longe, para viver com minha avó paterna, quando eu só tinha um mês de idade. Será que eles acreditavam mesmo que se dedicar à revolução era mais importante do que a própria filha? Durante a Revolução Cultural, as quatro pessoas que constituíam a nossa família acabaram em três lugares diferentes, presas ou em campos de trabalhos forçados. Meu irmãozinho e eu éramos desprezados e humilhados, mas até hoje nossos pais nunca nos perguntaram como foi que passamos por aquela experiência. Nós só tínhamos dois anos e meio e sete anos!

"Começar a trabalhar, e sobretudo me tornar mãe, me fez querer entender o que meus pais realmente sentiam por mim, sua filha. Eles sempre pareciam interessados somente na minha carreira e nas minhas realizações. As gerações são diferentes, e nossas vidas são diferentes das deles, mas nos meus sonhos ainda quero ser a filhinha da minha mãe, abraçá-la e ser por ela abraçada. Sei que agora sou adulta, mas ela ainda é minha mãe, e não posso deixar de sentir saudades dela!"

De repente, jorraram todos os sentimentos que eu quisera colocar em palavras, me deixando sobrepujada pela intensidade de minhas emoções.

Mary Verde se debruçou um pouco sobre o braço do sofá e me olhou bem nos olhos. Ela havia perdido sua compostura "oficial", e dava para ver, a partir do seu olhar, que algumas emoções profundamente sentidas por ela estavam apenas esperando para aflorar.

Nós duas ficamos em silêncio durante um tempo. Ela estava obviamente se debatendo, tentando decidir se se abria comigo ou não. Eu me perguntei se fazia tempo demais que ela era oficial do governo e se erguer um muro em torno dos seus sentimentos havia se tornado a sua segunda natureza.

Acreditando que, num primeiro momento, ela preferiria manter os próprios sentimentos de fora da conversa, continuei: "Se você fosse a minha mãe, o que você me diria? Você colocaria a culpa por tudo na época em que vivemos, como todo mundo faz? É mesmo 'a época' que nos faz agir como agimos? Essa época é, afinal de contas, parte da história de um povo... Sei que há muitas respostas possíveis, porque todas as pessoas são diferentes umas das outras, mas quero que minha mãe responda, como mãe...".

"Bem, sim, é provavelmente isso o que a minha filha quer de mim, também", ela disse, mais para si mesma do que para mim.

"Você não está trabalhando tanto a ponto de não poder dedicar um tempinho para ela, está?"

Entre trabalhadores de qualquer nível na China, é mais do que comum pais estarem tão ocupados a ponto de negligenciar os próprios filhos. Apesar de que a política do governo era de que cada família tivesse apenas um filho, a maior parte das crianças vive na escola ou fazendo seus deveres escolares. Ler uma história para a filha? Não há tempo para isso! Cozinhar para o filho? Não há tempo para isso! Jogar algum jogo com ela? Também para isso não há tempo! Estavam todos muito ocupados guardando dinheiro para os encargos da universidade e para o casamento de seus bebês.

"Eu a dei em adoção!" Aquelas três palavras, pronunciadas tão baixinho por Mary Verde, me vieram como um completo choque.

"Você a deu? Quer dizer... porque era uma mãe solteira?" Eu não estava entendendo. Por que uma pessoa com diploma universitário e com um alto salário como ela precisaria dar a própria filha?

"Não, não foi isso. Conversei sobre o assunto com o meu marido e nós dois concordamos." Ela falava calmamente, as palavras saindo uma a uma, os olhos fixos na xícara de chá sobre a mesa à sua frente.

"Quer dizer que você e o seu marido deram a própria filha para adoção? Quantos filhos vocês têm, então?"

"Só um."

"Só ela? Foi porque ela era menina, então?"

"Não, também não foi isso."

"Bem, então..." Eu estava confusa.

"Depois que casamos, tive vários abortos e completei quarenta e dois anos antes de dar à luz um bebê saudável. Nós a adorávamos. Tanto os pais do meu marido quanto os meus já haviam morrido, então precisamos conseguir uma babá para ela. Mas essas *a-yis* do interior não sabem o que fazem e eu havia ouvido falar sobre muitas quase tragédias: uma vez a filha de alguém foi enfiada na máquina de lavar, outra vez a *a-yi* deixou uma criança de dois ou três anos correr atrás de um carro, e uma *a-yi* deu banha de porco para um bebê, como lanche. Uma tragédia depois da outra! Você sabe como é. Mas o que mais podíamos fazer?

"De dia meu marido e eu morríamos de preocupação, e à noite nós mesmos cuidávamos dela. Meu marido já tinha mais de cinquenta anos. Ele ficava tão cansado que não conseguia comer, e eu ficava totalmente exausta todos os dias, também. Era terrível. No trabalho éramos muito ocupados, sempre chegando tarde em casa e tendo que ir trabalhar também nos fins de semana. Eu tinha acabado de ser promovida e era responsável pela expansão dos orfanatos e da adoção por estrangeiros, então eu precisava viajar muito.

"Minha pobre menininha, eu me sentia tão culpada. Eu sentia que havia falhado com ela. Então um dia eu estava visitando um orfanato em Sichuan, e alguém delatou que uma das funcionárias tentara fazer a própria filha passar como órfã, colocando-a para adoção. Naquela época, pensei: como ela pôde fazer tal coisa? Como era possível uma pessoa abandonar alguém que era sangue do seu sangue? Chamei a moça para vir falar comigo. Ela era bem jovem, fazia a comida do orfanato. Ela chorou ao me contar como era difícil a vida de menininhas nas montanhas de Sichuan. Antes de completarem cinco anos, eram mandadas para trabalhar nas lavouras, ou então para as montanhas, a fim de conseguir lenha, que então precisavam carregar montanha abaixo nas próprias costas. Ela mesma tivera uma vida difícil. Dera um filho homem para o marido, mas a família do marido queria que ela tivesse outro bebê. Disseram que lhe comprariam uma Certidão de Nascimento de Minoria Étnica.*

"Quando ela ficou grávida do segundo filho, a família do marido mexeu os pauzinhos e conseguiu para ela um emprego como cozinheira em um orfanato na cidadezinha onde o marido trabalhava como operário. Ela viu os estrangeiros vindo apanhar seus novos bebês e se deu conta de que também as meninas podiam ter uma vida boa, sobretudo quando os estrangeiros mandavam fitas com vídeos mostrando a vida dos filhos no exterior. Quando ela descobriu que teria uma menina, pagou uma propina para uma das colegas levar o bebê e colocá-lo na fila de adoção. Ela foi adotada por um casal francês, e, mais tarde, eles mandaram uma fita de vídeo para o orfanato. Ela viu a filha levando uma vida de princesa e ficou feliz, apesar de sentir falta dela todos os dias. Não era melhor saber que ela estava tendo uma vida boa do que sofrer porque a filha estava vivendo em condições difíceis?"

---

* Na China, membros de minorias étnicas (chineses não han) podem ter mais de um filho.

"Então o que ela fez lhe deu uma ideia?", tentei adivinhar.

"Foi como uma lâmpada se acendendo na minha mente. Deixei-a ir embora sem punição, mas levei seu vídeo para Beijing comigo. Assisti a ele várias vezes com meu marido e fiquei realmente comovida por causa daqueles pais — eles costumavam ler para a filha todas as noites, e sempre que tinham tempo livre, levavam-na para viajar. Acabei me convencendo de que deve ser muito melhor para uma criança ser adotada por uma família de classe média ou alta no Ocidente do que ter que suportar a vida em uma sociedade tão ferozmente competitiva quanto a nossa. Além disso, ela iria para o exterior estudar de qualquer jeito, quando fosse maior.

"Acho que meu marido e eu somos duas criaturas de sangue-frio por termos feito isso, mas em parte a oportunidade se apresentou. Dei-a para um casal de americanos e mexi meus palitinhos para me certificar de que minha filha não precisaria passar um só dia no orfanato. Ela foi levada direto de casa até o hotel deles!"

"Você mesma a levou?" Eu simplesmente não podia imaginar como eles haviam conseguido providenciar a transferência da própria filha, ainda um bebê de colo.

"Como é que eu conseguiria fazer isso?!" E ela ficou em silêncio por um bom tempo. "Consegui que uma funcionária do orfanato que não me conhecia a apanhasse em um pequeno restaurante. A funcionária pensou que era um bebê que eu havia encontrado. Fiz tudo para garantir que ela filmaria os pais adotivos para mim. Eram um casal americano de meia-idade, com aparência gentil. Eles seguraram minha filha nos braços e chegaram a chorar. Minha filha pareceu entender o sentimento deles, passou a mãozinha no rosto da mulher e sorriu para ela, o que fez a mulher chorar ainda mais. Então eles entraram no hotel e a porta se fechou atrás da minha filha e sua nova família!"

Reclinando-se e afundando no sofá, ela disse, simplesmente: "Fomos muito cruéis?".

Eu não sabia o que dizer. Eu queria gritar com ela, queria chorar pela menininha. Finalmente, falei: "Tenho absoluta, absoluta certeza de que você e o seu marido devem ter sofrido muito depois disso tudo". Minha vontade era continuar repetindo aquela palavra, "absoluta".

"Só quando chegamos em casa nos demos conta do que havíamos feito. Caímos na real, mas o pesadelo mal havia começado. A paz e o silêncio na nossa casa não pareciam de modo algum com a paz e o silêncio de antes de ela nascer. Fotografias dela, suas roupas, seus brinquedos, tudo amontoado... parecia que estavam cavando, fazendo um buraco enorme no meu coração. Eu sentia muita falta dela. Para ser franca, nenhum de nós dois conseguiu se conter: naquela noite, nos esgueiramos para o hotel onde o casal estava hospedado. Assim que chegamos ao andar onde o quarto deles estava localizado nós a ouvimos chorar sem parar. Ela estava chamando 'Ma-ma, ma-ma', e sua voz saía sufocada por soluços. Eu nunca a ouvira chorar daquele jeito antes. Meu marido teve receio de que eu explodisse quarto adentro e a pegasse de volta, e agarrou meu braço. Sim, eu realmente o teria feito, se ele não tivesse me impedido. Só fomos embora quando os seguranças passaram fazendo a ronda e perguntaram o que queríamos por ali.

"Ao chegarmos em casa, não jantamos, simplesmente ficamos sentados no sofá. Ficamos sentados ali a noite toda. Por volta das oito horas da manhã seguinte, meu marido disse que ia sair para comprar um jornal. Observei-o sair e pela primeira vez eu o odiei. Como é que ele tinha condições de ler o jornal?! Enquanto ele não estava em casa, peguei um táxi e voltei ao hotel, e me sentei no canto do salão de café da manhã, esperando vê-la.

"Era quase meio-dia quando o casal desceu com a minha filha. Ela olhava na minha direção, mas estava longe demais para me ver. Ela fitava vagamente à frente, para o desconhecido... Então ela foi levada até um táxi. Meu coração estava aos pulos, mas não adiantava, as minhas pernas simplesmente não se moviam. Finalmente me levantei e fui até o carro, mas de repente meu marido surgiu ao meu lado, me segurando junto de si! O táxi lentamente se afastou — eu deslizei para o chão, num quase desmaio. Um dos seguranças do hotel se aproximou e perguntou, educadamente, se eu estava bem e o que éramos um do outro. Ele disse que o meu marido estivera vagando pelo hotel desde as oito da manhã!"

De repente a ficha caiu. "Ele não saiu para comprar jornal, mas para ver a filha de vocês", falei.

"Sim. E daquele dia até o dia do nosso divórcio, ele não me dirigiu uma só palavra. Tudo era escrito em um pequeno quadro-negro da cozinha. Ele me culpava por ser fria e calculista e por não ser uma mãe adequada. Apesar de ele ter concordado com o nosso plano. Tomamos a decisão juntos. Mas de que adianta repassar tudo isso de novo? Nós dois soubemos, depois de nossa filha ter sido adotada, que tudo estava terminado entre nós.

"Não se passa nem um minuto sem que eu pense nela. Às vezes vejo um ônibus dar a partida e fantasio que ela está lá dentro. Empilho seus brinquedos sobre mim, na cama, e passo a noite meio acordada, meio sonhando. Se não estivesse tão insanamente ocupada no trabalho, eu enlouqueceria. Pensar nela dói demais — eu enlouqueceria mesmo!"

Perguntei se ela tinha notícias da menina.

"No ano passado, no seu quinto aniversário, o orfanato recebeu um vídeo enviado pelos pais. As velas sobre o bolo foram acesas, e ela estava olhando para a câmera, enquanto fazia um desejo: 'Quero que a minha mamãe chinesa saiba que eu sou uma boa menina!'" A voz de Mary Verde se desfez em lágrimas.

Um dos monges-garçons se aproximou, nos saudou à maneira budista, com as mãos unidas, e pôs uma pilha de guardanapos de papel sobre a mesa. Então ele perguntou, em voz baixa: "O jorro amargo das lágrimas a levou a uma compreensão?". Ao ver que nenhuma de nós respondia, ele foi embora.

"Você disse que tem muitas perguntas para fazer à sua mãe, Xinran", ela continuou. "Naquele vídeo, a minha filha me fez as perguntas dela: 'Quero saber por que a minha mamãe chinesa não me quis. Será que foi porque eu me comportei mal?'" E ela rompeu em soluços, mais uma vez.

Mal pude me conter. Eu queria fazer a ela as mesmas perguntas! "Por quê? *Por quê?*" Exatamente quão civilizados estávamos nos tornando? Para que serviam, no duro, educação e trabalho? E todo esse esforço para lutar, para ter sucesso — a que preço? Por que a nossa civilização moderna descartara aquele antigo e cego instinto animal de proteger nossas crias? Meus livros foram publicados em dúzias de línguas diferentes em todo o mundo, e recebi e-mails e vídeos de famílias adotivas de todo o mundo. A pergunta mais recorrente é exatamente esta: "Por que a minha mamãe chinesa não me quis?".

Mary Verde percebeu meu olhar de indignação e disse numa voz miúda: "Muitas pessoas acham que entreguei a minha filha para ser criada por parentes, e eu trabalho com adoções. Ninguém sabe que a razão que me faz trabalhar feito louca é a minha própria filha e outras meninas como ela!".

"Outros pais já fizeram a mesma coisa que você em orfanatos?" Eu queria saber, e estava esperando um "não" como resposta.

"Você quer saber a verdade?" Ela me olhou com uma certa ansiedade.

"Claro." Fitei-a com o que eu pensava ser um olhar bem severo.

"Vai ser só uma parte pequena da sua pesquisa, não é? Espero que não haja problemas se eu lhe contar... Sim, há muitos funcionários de orfanatos que ajudam os parentes do interior a 'abandonar' seus bebês e que fazem com que sejam adotados", ela disse, com alguma hesitação.

"Pessoas que trabalham em orfanatos ajudam outras pessoas a abandonarem seus bebês? É contra a natureza! E você quer dizer então que gente como você não só não dá um basta nisso, como na verdade gerencia esse esquema? Isso se tornou procedimento--padrão?" Senti que não devia deixar passar em branco a responsabilidade que ela tinha sobre isso tudo.

Nisso, ela explodiu. "O que é a natureza? O que é o amor materno? O que é padrão? Quem é o modelo do padrão? Você esteve nessas aldeias do interior? Viu a vida miserável que as meninas aldeãs levam? É só por sorte que elas sobrevivem! Não insisto no 'padrão' se essas meninas podem ir para famílias ocidentais e viver existências felizes, saudáveis e receber uma educação excelente... Isso é muito melhor do que padecer do mesmo destino infeliz das suas mães, ou até mesmo de um destino pior. Elas vão ser mil vezes mais valorizadas emocional e fisicamente se forem adotadas no exterior."

"Mas isso deixa um buraco negro no coração da mãe, e perguntas sem resposta no da filha..."

Ela me interrompeu: "As mulheres chinesas são as menos egoístas do mundo. Fazem qualquer coisa pelo marido e pelos filhos, aguentam qualquer dor, derramam lágrimas e o próprio sangue para cuidar deles! A única coisa que as conforta é saber que um dia suas filhas poderão entender que a mãe as amava, e que ela pagou por esse amor com uma enxurrada infindável de lágrimas amargas!".

"Você acredita de verdade que essas filhas conseguem entender o quanto a mãe lhes deu e o que isso lhe custou?"

"Tenho bastante certeza de que quando elas passarem pela dor da gravidez e de dar à luz e se tornarem elas próprias mães, isso vai fazer com que entendam o que é o amor materno."

"E passar o dia inteiro alimentando a cria, trocar fraldas, embalar o recém-nascido até ele pegar no sono pode lhes dar um gosto das agruras que seus pais biológicos padeceram", acrescentei.

"Claro. É por isso que sempre digo às pessoas que trabalham com adoção que as mães chinesas jamais deveriam pensar que as filhas são apenas suas. Pais biológicos trouxeram esses bebês ao mundo, mas quanto à vida que eles hoje levam, esta lhes foi dada pelos pais adotivos!"

Naquele dia, depois de me despedir de Mary Verde meus pensamentos voltaram-se novamente para Mary Vermelha. O que ela teria dito se tivesse ouvido a história da outra Mary? Uma era um bebê abandonado, a outra, uma mãe que deliberadamente abandonara a própria filha. Por alguma ironia do destino, ambas acabaram dedicando a vida a trabalhar com orfanatos e àquelas bebezinhas abandonadas.

9. Laços de amor: pedras e folhas

O deus Sol tinha uma filha muito amada, Nüwa, tão linda que até mesmo o Imperador Amarelo era cheio de admiração por ela.

Há muitos anos carrego comigo um pedaço de folha seca ou um seixo específico, enquanto viajo pelo mundo. Eles me foram dados por uma mãe e por uma mocinha que viviam nas margens do Yangtze, na China.

A "mãe do seixo" vivia no que era então a cidade de Fengdu, na extremidade oeste dos limites navegáveis do rio Yangtze, não muito longe da cidade de Chongqing e sua população de 30 milhões. Fengdu era uma cidade que, durante séculos, fora conhecida como "lar" não apenas de uma população terrena, mas também de espíritos celestiais e fantasmas do Mundo Subterrâneo.[1]

---

1. Fengdu era uma cidade antiga debruçada sobre a colina que encimava os trechos superiores do rio Yangtze no limite sudeste da bacia de Sichuan. Conhecida

Conheci a mãe do seixo em 1984, antes de eu começar a atuar como apresentadora de programas de rádio, mas quando já trabalhava como jornalista freelance. Estivéramos em Chengdu em uma viagem de trabalho e fizemos uma parada no Yangtze no nosso caminho de volta para Beijing. Decidimos pegar um dos barcos a vapor de longa distância para descer o rio e aproveitar a paisagem no que ainda era, então, uma região em grande parte não desenvolvida. Os barcos movidos a vapor eram, naquela época, os principais meios de transporte para a população local. Tomamos um barco a vapor para passageiros que abria caminho correnteza abaixo, parando para o embarque e o desembarque de passageiros de dia, e para receber água e provisões à noite. As longas paradas noturnas também nos permitiam visitar algumas das aldeias à margem do rio.

As reformas econômicas ainda não haviam penetrado das cidades grandes até aquelas pobres aldeias pesqueiras, e a população local subsistia com qualquer coisa que os céus, as montanhas e as águas lhe reservassem. Havia pouquíssimos produtos de manufatura moderna à vista. Os aldeões viviam em cabanas primitivas feitas de bambu e palha e, quanto a roupas, vestiam capas tradicionais feitas da fibra externa do tronco de coqueiros para

---

como Bazi Biedu durante o Período da Primavera e do Outono (da segunda metade do século VIII a.C. até a primeira metade do século V a.C.), tinha uma necrópole famosa que datava de 1,8 mil anos atrás, modelada segundo o Inferno da mitologia taoísta. Fengdu era a "capital fantasma" da China e um lugar de uma atmosfera muito forte, rico em associações históricas e culturais. De fato é descrita em histórias sobrenaturais famosas como *Jornada para o Oeste*, *Histórias estranhas de um estúdio chinês*, *Contos completos de Yue Fei* e *A história de Zhong Kui*. Entretanto, com a finalização da represa das Três Gargantas, a cidadezinha foi engolida por águas montantes, apesar de que a paisagem sobre a "Porta do Inferno" permaneceu acima do nível da água. A população de vivos, enquanto isso, foi transferida para Nova Fengdu, cujos prédios de tijolos brancos se enfileiram na margem oposta.

proteger-se da chuva, calças e um chapéu de bambu, acrescidos, no caso das mulheres, de um pedaço de tecido que lhes cobria o peito. As crianças corriam peladas. As restrições do governo não chegavam até lá e tampouco até aqueles camponeses cuja vida em família era baseada no trabalho braçal. Ali, a política do filho único não havia sido implementada porque a vida era dura, poucas crianças sobreviviam até chegar à idade adulta e mesmo as meninas eram úteis.

As cabanas eram quase desprovidas de móveis, e a dieta dos aldeões consistia de verduras silvestres, peixe e arroz misturados recheando um tubo oco de bambu. O tubo era cozido sobre o fogo e então aberto no sentido longitudinal, pronto para comer. Um pequeno pedaço de algum vegetal salgado ou um pouco de sal podia ser acrescentado, e você segurava o tubo cortado numa mão e, com a outra, levava a comida à boca com o auxílio de um utensílio feito com uma ripa longa de bambu, à guisa de colher. A comida cozida num tubo de bambu sempre tinha o gosto leve e fresco. Esse costumava ser o jantar dos aldeões que viviam ao longo dos trechos intermediários do Yangtze, e aquilo era o que comíamos todas as noites, também. Para incrementar o sabor, quem podia acrescentava óleo e legumes, e os mais pobres acrescentavam minúsculos peixes ou camarões que pescavam durante o dia e que eram pequenos demais para serem vendidos.

Os hábitos modernos não haviam tido impacto algum no modo de vida dos aldeões: jantares eram desfrutados por toda a família reunida e constituíam a principal atividade social. Visitantes eram uma raridade, então consistiam num grande acontecimento para todo mundo, e a aldeia inteira — jovens e velhos lado a lado — sentava-se próximo ao fogo onde se fazia a comida, com o visitante, conversando, rindo e comendo. Aquela era a melhor maneira de receber seus convidados, e as gorjetas deixadas por estes últimos eram uma fonte de renda importante.

Certa noite — lembro que havíamos recém-visitado a cidade-fantasma de Fengdu — o navio a vapor estava ancorado em um pequeno cais à beira d'água. Fôramos arrastados até a aldeia pesqueira local para um jantar de tubo de bambu. As chamas do fogo usado para cozer os alimentos refletiam-se nas ondulações da superfície da água, parecendo, às vezes, estrelas, às vezes uma fonte de luz, ou um monte de fadinhas querendo brincar. Era um lugar de conto de fadas, e a silhueta das distantes encostas das montanhas fornecia como que um misterioso pano de fundo, uma escuridão aveludada. O ar era permeado pelo odor de folhas de bambu e pelo cheiro de peixe. Moradora da cidade grande, eu nunca havia visto uma paisagem como aquela. Fiquei ali sentada, absorvendo, pouco a pouco, a paz que imperava ao meu redor.

Enquanto observava as formas escuras das montanhas ao longe, de repente vi uma figura esbelta sentada em uma pedra que emergia lá no meio das águas do rio. A figura mantinha-se em movimento, como se ele ou ela estivesse jogando algo na água. O que seria? Um espírito, uma fada...? Isso me fez pensar naquele assustador mito chinês sobre Jingwei, que tenta encher o mar com gravetos e seixos.

O deus Sol tinha uma filha muito amada, Nüwa, tão linda que até mesmo o Imperador Amarelo era cheio de admiração por ela.

Quando o deus Sol não estava em casa, Nüwa brincava sozinha. Porém, ela queria muito que o pai a levasse consigo em suas viagens para o mar do Leste, onde o sol nasce. O deus Sol, entretanto, estava todos os dias muito ocupado, dirigindo o curso do sol da aurora, a cada manhã, até ele se pôr, à noite, e não podia levar a filha consigo. Um dia Nüwa remou secretamente atrás do pai, num barco, mas infelizmente uma tempestade se levantou e ondas do tamanho de montanhas viraram a pequena embarcação. Nüwa foi engolida pelo cruel mar, para nunca mais voltar. Seu pai foi tomado de tristeza — incapaz de comandar que os raios do sol brilhassem sobre ela e a trouxessem de volta à vida, ele foi deixado sozinho, para prantear a sua perda.

Entretanto, Nüwa renasceu como um pássaro de cabeça listrada, garras vermelhas e bico branco. Foi-lhe dado o nome de Jingwei, por causa do seu choro lamentoso, "jingwei, jingwei".

Jingwei não conseguiu perdoar a crueldade do mar por ter lhe arrebatado sua jovem vida e prometeu vingança. Ela aterraria o mar e o transformaria em terra seca. Jingwei começou a catar seixos, com o bico, voando de um lado para o outro, entre sua casa na montanha de Fajiu e o mar do Leste. Incontáveis vezes ela fez a viagem, carregando um seixo ou um graveto por vez, voejando sobre as ondas irregulares e chorando lamentosamente, então deixando cair o que fosse que houvesse trazido.

O mar encapelava-se e ribombava, derramando escárnio sobre os esforços de Jingwei. "Pequeno pássaro", ele dizia. "Desista! Mesmo se trabalhar por um milhão de anos, você nunca vai me transformar numa planície deserta!" Mas Jingwei respondia, lá do alto do céu: "Mesmo que eu leve dez milhões de anos ou cem milhões de anos, até o final do mundo, vou tratar de aterrá-lo e fazer de você terra seca!".

"Por que me odeia tanto?", perguntou o mar.

"Porque você roubou minha jovem vida e vai fazer o mesmo com outros jovens inocentes. Vou continuar pelo tempo que for necessário, até terminar meu trabalho!"

E lá se foi ela, para o alto, gritando "jingwei, jingwei", e se dirigiu à montanha Fajiu para buscar mais seixos e gravetos. Para lá e para cá ela voou incansável, derrubando mais e mais seixos e gravetos no mar. Meses e anos se passaram até que um dia uma andorinha-do-mar apareceu. Ela ficou estupefata — o que o outro pássaro estava fazendo? Mas quando ouviu a história de Jingwei, a andorinha-do-mar se comoveu com sua persistência canina. Eles se casaram e chocaram uma bela ninhada de filhotes — os machos puxaram ao pai andorinha-do-mar, enquanto as fêmeas puxaram à mãe, Jingwei, e juntaram-se a ela na interminável tarefa de buscar seixos e gravetos para aterrar o mar.

Os chineses respeitam enormemente Jingwei por seu altruísmo, sua determinação férrea e pela força de vontade. Tao Yuanming, poeta da dinastia Ming, celebrou em versos a brava luta daquele pequeno pássaro contra as ondas do oceano, e a história se tornou sinônimo de idealismo invencível e de empenho árduo.

A admiração das pessoas simples por Jingwei pode ser vista em vários monumentos a ela dedicados, que levam inscrições como "Jingwei faz uma promessa às águas" e "Jingwei aterra o mar", que ainda podem ser vistos em vários locais às margens da costa leste da China.

Perguntei a um pescador sentado junto ao fogo: "Quem é aquela lá?".

"É uma mulher louca. Ela vem aqui todas as noites para alimentar a filha", ele respondeu, casualmente.

Não o entendi, embora tivesse pensado em Jingwei. Mas a figura silhuetada realmente não estava muito longe, e meus companheiros estavam ocupados brincando de "cabeças de peixe"[2] com os aldeões, então me afastei sem fazer alarde e fui até ela.

A silhueta ouviu quando me aproximei e, sem olhar em tor-

---

2. Os pescadores guardam as cabeças dos peixes graúdos que vendem para os grandes navios e usam-nas para jogos: cada um pega uma cabeça com um só palitinho ou graveto, e espera-se para ver de quem é a cabeça de peixe que cai antes; ou então amarram algo na cabeça e a giram — quando ela para, a pessoa para quem a boca está apontando deve cantar uma música, dar um rodopio ou tomar uma bebida; em outras regiões, há outros jogos.

no, disse: "Não sou louca. Venho aqui para ver a minha filha". Ela obviamente ouvira minha pergunta e a resposta do pescador. Ela falava um mandarim bem melhor que o dos outros nativos.

"Onde está a sua filha?", perguntei, olhando em torno. Eu não estava vendo ninguém ali perto.

"No rio!" Ela ainda não olhava para a minha direção.

Suas palavras me fizeram pensar que ela podia, de fato, ser louca.

"A mamãe diz que a minha irmã maior foi levada pelo rio", uma vozinha falou dos braços da mãe.

Sem fazer barulho nem falar nada, aproximei-me da figura. À luz pálida do luar, era difícil divisá-la completamente. Eu não queria incomodá-las e simplesmente me sentei ao seu lado. Se meus companheiros junto ao fogo precisassem de mim, com certeza veriam que a minha silhueta se juntara à dela, pensei.

"Mamãe, posso ver a minha irmã maior?" Uma mãozinha emergiu e apontou para o rio, à luz da lua.

"Sim, quando você for grande, poderá partir num barco e vê-la", a mãe-sombra respondeu.

"Você vai comigo?" A mão tratou de se recolher.

"Sim, desde que eu não esteja velha demais para me locomover!" A sombra aninhou a criança junto de si.

"Mas por que a senhora não vai ver a minha irmã maior agora?", uma cabecinha surgiu e perguntou.

"A mamãe precisa cuidar da vovó e do vovô. Se fôssemos embora, o que eles fariam sem nós?" A sombra pressionou a cabeça contra a cabeça da filha.

"Então cozinhe para eles um monte de tubos de bambu e eles vão ficar bem." A mãozinha acariciou a cabeça da sombra.

"Está fazendo tanto calor que os tubos de bambu vão estragar e começar a cheirar mal." A sombra pousou um beijo na cabeça da criança.

"Então vamos no inverno", e a mão apontou mais uma vez para o rio.

"Se nós não cortarmos lenha e não fizermos a semeadura no inverno, o que a vovó e o vovô vão comer?"

"Mas nunca vamos encontrar minha irmã se a gente só ficar aqui sentada, todos os dias." A criança ajeitou o corpo para o lado e pegou o rosto da mãe com as duas mãos.

A mãe-sombra não disse nada e se limitou a jogar no rio algo que parecia comida feita no tubo de bambu.

"O que sua mamãe está jogando no rio?", perguntei às mãozinhas que se moviam à luz do luar.

"Comida em tubos de bambu. Ela diz que os peixes vão comer a comida e que então a minha irmã vai comer a mesma coisa que nós."

"Para onde foi sua irmã?"

"Ela foi raptada!", a criança se limitou a responder, como se não soubesse o significado do que estava dizendo.

Fiquei horrorizada.

"Sequestrada", a figura umbrosa repetiu, com pesar. "Deixei-a na margem do rio por um momentinho. Mas cheguei tarde demais para salvá-la. Com meus próprios olhos, vi dois homens a pegarem, correrem para o barco e então eles se foram. Oh, por que cheguei tarde demais?"

"Traficantes de gente, aqui?", perguntei.

"Eles costumam pegar crianças e vendê-las, eu sei disso", ela falou. (As crianças eram vendidas a camponeses e pescadores ao longo do rio como mão de obra e também para mais tarde se tornarem suas esposas.) "Era um dia muito ventoso e a água estava encapelada. Pensei que talvez eles não conseguissem atracar na margem. Que pecado! Minha pobre menina, ela perdeu a mãe com apenas seis meses de idade. Ela vai fazer cinco anos agora, já deve estar lá em cima, nas montanhas, cortando lenha! Eu gostaria de saber se ela está recebendo comida suficiente." A voz da sombra era cheia de remorso.

Suas palavras me deixaram arrepiada. Eu não sabia como era ser mãe, mas a dor na voz da mulher me assombrou por anos a fio.

Antes de nosso barco partir, no dia seguinte, enquanto fazíamos fotos do nascer do sol à margem do rio, uma menininha de cinco ou seis anos veio dançando até mim e me estendeu a mão. Na mão dela, um seixo branco como o leite e do formato de um grão de feijão. "Minha mãe pediu que você entregue isto para minha irmã maior, se a vir, para ela não ficar com fome!"

Enquanto nos afastávamos, vi a criança segurando a mão de uma mulher que estava tão carregada de lenha que quase desaparecia por baixo dela. Ficaram juntas, nos olhando, a mulher ainda sustentando seu fardo enquanto o barco contornava o pico. Na última visão que tive delas, a menininha parecia estar abanando. Segurei o seixo na mão, lembrando as palavras da menina: "Minha mãe disse que se minha irmã maior receber isto aqui, ela não vai ter fome!".

Era possível comer seixos? Eu sabia que não era isso o que a mãe queria dizer. Ela decerto sentia muita falta da filha e só queria dar algo a ela, fosse o que fosse. Ela acreditava que se a filha visse o seixo que a mãe lhe mandara, talvez não sentisse tanto sua falta. Mas quem havia pegado sua filha, e onde ela estava agora?

Meu pedaço de folha seca, por sua vez, veio de Jiujiang, próximo aos trechos baixos do Yangtze, alguns anos mais tarde. Passei por Jiujiang em uma viagem de trabalho em 1996. No momento em que eu fincava pé na margem do rio, vi uma menina de catorze ou quinze anos tropeçar ao longo da estrada, sobrecarregada sob um pesado fardo de pequenos pássaros de cerâmica. Caminhei atrás dela, me perguntando se deveria ajudá-la, embora, para ser honesta, eu não soubesse bem como. Eu certamente não queria correr o risco de quebrar um dos seus passarinhos. Foi só quando ela fez uma pausa para respirar que percebi a coisinha minúscula que ela era. Então uma mulher se aproximou e lhe deu cinquenta centavos, e a menina depôs a carga no chão.

Enxerida, perguntei: "O que você está fazendo?".

"Indo para o próximo trabalho!", ela disse, sem me olhar, mas guardando com cuidado o dinheiro, enfiando-o numa abertura junto ao decote do seu casaco.

"Que tipo de trabalho?", perguntei.

Então ela me olhou e disse, séria: "Carregar coisas. Por que pergunta? Eu vivo aqui, e a minha família também está aqui".

"Você vai à escola? Você não parece ter dezesseis anos de idade!" Olhei-a da cabeça aos pés.

"Eu só tenho quinze anos. Fiz dois anos de escola, mas então a gente não podia mais pagar", ela disse num tom moroso e saiu, num passo firme, na direção do rio.

Eu não estava com nenhuma pressa, então decidi continuar conversando com a menina.

"Não há outra coisa que você possa fazer? Isto é trabalho para um menino!"

"Nos outros serviços você tem que trabalhar o dia inteiro. Meu pai está em casa doente, e eu preciso ficar de olho nele. Com esse trabalho eu posso ir e vir o quanto quiser, e o dinheiro não é mau."

"Você mora longe daqui?"

"Não muito longe, não." Ela apontou para um aglomerado de cabanas sobre a barragem do rio.

"Você pode me levar até lá? Eu lhe pago, o mesmo que você recebe por carregar mercadorias", falei, tratando de pegar minha bolsa.

"Não venha tentar me enganar. Todo mundo me conhece por aqui, nesta cidadezinha e nos arredores", ela me advertiu.

"Não vou enganar você. Eu só gostaria de saber como você e sua família vivem. Sou jornalista, tenho um programa no rádio."

"É mesmo? Por aqui, se ouve muito programa de rádio pelas ruas. Tem muito disso. Então, como sei que você não vai me enganar?"

"O.k., deixe-me mostrar a você meu cartão de imprensa."

"Não sei ler, só sei somar um pouco de números e subtrair", ela disse, sem sequer se dar o trabalho de olhar para o cartão de imprensa na minha mão.

"O.k., então deixe-me pensar... Eu lhe dou cinquenta yuans agora.[3] Você pega isso agora, e pode ficar também com o meu relógio. Se eu enganar você, você pode quebrar meu relógio." Desafivelei a pulseira do relógio.

"Isso seria uma pena. Não posso aceitar. Se o quebrasse, eu não poderia pagar por ele. Não se preocupe, acredito em você. Esse dinheiro é mais do que eu ganho numa semana!"

Enquanto me levava até sua casa, a menina disse que o seu nome era Ye'r, que significa "folha". Antes de morrer, sua mãe lhe dissera que ela era uma menina "sem raízes" porque a família a havia comprado. Não era apenas o transporte de passageiros e de mercadorias que florescia no rio Yangtze — havia um mercado crescente de produtos e pessoas roubadas, também. Não havia policiais ribeirinhos e lanchas suficientes para pôr um fim nisso. Além do mais, muitos policiais eram membros de gangues. De acordo com Ye'r, os habitantes locais não faziam distinção entre a polícia e os traficantes. Todo mundo, naquela cidadezinha, se juntava às gangues, e os membros se ajudavam e se protegiam mutuamente. Forasteiros eram mantidos à parte e qualquer um que se intrometesse era "exterminado". Fiquei surpresa ao ouvir

---

3. Cinquenta yuans nos anos 1990 equivaleriam, hoje (2009), a quinhentos yuans (73 dólares ou 44 libras).

uma menina tão jovem falando sobre a própria comunidade de uma maneira tão adulta.

A casa de Ye'r não era longe da vila, na barragem do rio. Não que se pudesse de fato chamá-la de casa, já que era apenas uma cabana de sapê. Lá dentro alguém estava dormindo sobre um estrado de madeira, as pernas cobertas por moscas. Ye'r entrou e, sem fazer barulho, tratou de espantá-las. Não houve reação alguma por parte do homem e ela voltou a sair, fazendo sinal para eu me sentar no ancoradouro feito de troncos de árvores na beira d'água.

Ye'r olhou para trás, para a cabana: "Acho que ele não vai durar muito mais. As pernas dele estão apodrecendo".

"Por que você não o levou ao hospital?", perguntei.

"Ele não me deixa pedir ajuda. Diz que não quer médico nenhum. Tem um médico muito bonzinho na vila que queria ajudá-lo, mas ele não deixa", Ye'r disse, simplesmente.

"Por quê?", inquiri.

"Ele diz que é uma punição, que ele está tendo o que merece", Ye'r apertou os lábios.

"Punição pelo quê?", perguntei. A vida era cheia de surpresas — nunca dá para saber o que nos espera na próxima esquina.

"Tanto minha mãe quanto meu pai costumavam trabalhar num barco, coletando lixo das margens do rio e transportando gente e produtos. Quando eu era bebê, eles me roubaram — ele me contou isso depois que ficou doente. Antes de morrer, minha mãe me contou que eu tinha sido comprada, mas meu pai disse que ela nunca falou a verdade, nem quando estava à beira da morte, e que então ela vai acabar como um fantasma d'água."

"E ele lhe contou onde estão seus pais biológicos?" As palavras dela me fizeram pensar nas figuras umbrosas da mãe e da filha que eu encontrara doze anos antes e na pequena pedra que elas me deram. Mas naquela viagem eu não a levara comigo.

"Sim, faz seis meses que ele me contou tudo", ela respondeu, casualmente.

"E então? Você não foi à procura deles?" Eu não conseguia imaginar como é que ela podia ter dominado sua fúria.

"E o que meu pai faria sem mim? Quem cuidaria dele?" Ye'r parecia confusa.

Fiquei tocada por sua bondade. "E quando ele morrer, você acha que vai procurá-los?"

"Eu bem que gostaria, mas será que minha mãe vai me reconhecer? Tantas crianças são roubadas, como é que algum dia eu vou descobrir quem sou?"

"Pergunte de novo ao seu pai. Tenho certeza de que ele poderia lhe contar alguns detalhes que podem convencer sua mãe biológica de que você é filha dela", eu disse, tentando incentivá-la.

"Meu pai diz que muito provavelmente ela está morta." Ye'r olhou para baixo.

"Por quê?", inclinei a cabeça na direção da menina.

Ye'r olhou para o rio: "Ele disse que antes de eu ser roubada minha mãe era conhecida num raio de quilômetros como a beldade dos trechos altos do Yangtze, mas há alguns anos alguém a mostrou para ele, e ela parecia tão velha que estava quase irreconhecível".

"Você sabe por quê?", perguntei, apesar de achar que eu sabia a resposta.

"Meu pai disse que provavelmente era por causa do pecado que fizeram com ela." Ela se virou para me olhar.

"Você acha que ela sentia falta da sua bebezinha?" Pensei de novo na mulher da sombra.

"Não sei." Ela parecia em dúvida.

"E você realmente não pensou em ir vê-la?", insisti.

Ye'r ficou na defensiva. "Eu não sabia nada disso quando era pequena. Só fiquei sabendo há seis meses, quando ele caiu doente.

Ele me disse porque estava com medo de também se transformar num fantasma d'água!"

"Então você odeia seus pais?" Com certeza ela deve odiá-los, pensei.

"Mas por que eu faria isso?", foi a resposta.

"Porque eles a tiraram da sua mãe biológica, é claro!"

Para minha surpresa, Ye'r disse, muito francamente: "Bem, não os odeio. Nunca conheci minha mãe biológica, e agora sei que ela existe, mas não faço ideia de como ela é. Além disso, minha mãe e meu pai nunca bateram em mim, e por aqui não tem uma só família em que a filha não seja surrada e xingada, mas eles nunca fizeram nada disso comigo".

Naquele dia, antes de eu ir embora, dividi em duas partes o dinheiro que eu tinha comigo e dei a Ye'r 25 yuans extras. Ela tentou recusar, dizendo que receber dinheiro para não fazer nada era como roubar. Finalmente a convenci a aceitá-lo, dizendo que ela devia guardá-lo para quando pudesse fazer uma viagem de barco para encontrar sua mãe biológica.

Passamos a noite a bordo do nosso navio a vapor, ancorado junto à cidadezinha, mas não preguei o olho. Eu estava pensando em Ye'r, a menina cujos novos pais haviam cometido uma má ação ao raptá-la, e que, ainda assim, a haviam tratado com tanta gentileza.

No dia seguinte, Ye'r veio se despedir de nós. Ela colocou na minha mão um pequeno pacotinho enrolado na folha de uma árvore. Eu o abri e encontrei, lá dentro, uma folha menor, de um amarelo-esverdeado. "Eu não tenho nada meu", ela disse. "Mas se você subir o rio e encontrar a minha mãe biológica, por favor dê a ela essa folha, e isso vai deixá-la bonita de novo!"

Fiquei atônita com as palavras da menina. Voltei a pensar na pedra e na mãe-sombra que havia me dito: "Por favor, dê isso a ela, para que ela não passe fome!". Desejei ter levado comigo o seixo. E agora Ye'r queria que eu entregasse a folha à mãe que ela jamais conhecera, para que ela voltasse a ser bonita. O que lhes dava a certeza de que eu encontraria seus entes queridos? Era apenas uma coincidência? Ou será que o espírito do rio tomara conta de mim?

Depois disso, várias vezes juntei o seixo e a folha, sentindo que, de algum modo, isso permitia à mãe abraçar sua filha.

E foi por essa razão que, quando deixei a China, encontrei um lugarzinho para o seixo e para a folha na minha mala, embora eu não soubesse dizer ao certo por que não me sentira capaz de deixá-las para trás. Quando comecei a trabalhar em *As boas mulheres da China*, senti como se estivesse dando os primeiros passos que me permitiriam entender por quê. Eu estava dando os primeiros passos na direção da descoberta. E mais tarde, quando, em 2004, fundei o The Mothers' Bridge of Love, eu sabia que havia encontrado a resposta: aquele seixo e aquela folha representavam os milhões de mães que nunca mais viram suas filhas; era minha maneira de levar uma mensagem e um abraço amoroso a todas aquelas filhas que nunca chegaram a conhecer sua mãe.

10. Floco de Neve, onde está você?

Ela é tão pequena, pobrezinha, e mandá-la para um orfanato perturbaria até mesmo os espíritos dos seus finados pais!

Tenho um segredo, muito bem guardado. Raramente falo sobre isso, mas é a razão pela qual tenho tentado com tanto empenho reunir mães e filhas.

Uma vez, criei uma menininha. Ela se chamava Xue'r.

Ela nascera no final dos anos 1990, mas foi um parto difícil e, infelizmente, sua mãe teve uma hemorragia e morreu quando Xue'r tinha apenas três dias. Apesar de nem sequer ter tido a oportunidade de levar a filha ao peito, a mãe lhe deu o nome de Xue'r ("Floco de Neve"), em homenagem aos grandes flocos de neve que caíam do lado de fora da janela no dia em que ela nasceu, como se fossem fadinhas trazendo a criança ao mundo. E mais uma coisa: na testa do bebê, havia uma marca de nascença rosa-escuro, em baixo-relevo, causada, segundo as enfermeiras, por uma lágrima que a mãe, moribunda, vertera enquanto segurava a filha nos braços...

Seus pais haviam sido profundamente apaixonados um pelo outro, e após a morte da mulher o marido, que era cirurgião, tomou uma grande quantidade de pílulas para dormir, fez dois cortes em si mesmo com um bisturi e deitou-se para morrer junto à mulher, na câmara mortuária do hospital. Ele deixara um bilhete de despedida muito simples: ele não podia abandonar sua amada esposa, sozinha no Mundo Subterrâneo. Sobre a filha, Floco de Neve, ele nada dizia.

Eu estava no hospital entrevistando pessoas que haviam sido feridas em uma nevasca quando uma enfermeira me contou essa bela porém trágica história. Decidi ir ver a pequena órfã. Floco de Neve estava deitada, quietinha, em um bercinho na ala de recém-nascidos, vazia. Não sei se por acidente ou se de propósito, as enfermeiras a haviam colocado junto à janela e, enquanto os flocos de neve caíam lentamente lá fora, as sombras que eles faziam no rosto do bebê pareciam lágrimas da mãe que deixara sua filha para trás. Ao olhar para ela, senti lágrimas encherem meus olhos.

Peguei o bebê no colo e beijei sua rosada "marca de lágrima", esperando que ela pudesse sentir que alguém mais além da sua mãe a amava. Floco de Neve abriu os olhos e pareceu fitar dentro dos meus. A enfermeira me dissera que nenhum dos lados da família a queria, pois era uma menina, e então o hospital teria de mandá-la para um orfanato.

Durante o trajeto até minha casa, Floco de Neve ficava voltando ao meu pensamento. No dia seguinte, assim que amanheceu fui até o hospital, por entre os flocos de neve que voavam em círculos. As enfermeiras de plantão me disseram que ela seria levada ao orfanato naquela tarde, quando o clima amainasse. Localizei a enfermeira-chefe e disse a ela que eu queria criar Floco de Neve. Ela olhou para mim e disse: "Xinran, você não pode se precipitar com uma coisa dessas. Independentemente de todos os procedimentos pelos quais é preciso passar — e duvido que a aceitem —, haveria problemas quando a criança tivesse que começar a escola. Além disso, já tem um filho, então você não teria a autorização de adotar outro, de acordo com a política do filho único!".

"Mas e — se eu apenas a criar?", implorei. "Isso vai reduzir os gastos do governo."

"Você não está tentando reduzir os gastos do governo, você está com pena da criança!", disse a enfermeira-chefe, brusca mas acertadamente.

"Bem, sim, você tem razão", admiti. "Ela é tão pequena, pobrezinha, e mandá-la para um orfanato perturbaria até mesmo os espíritos dos seus finados pais!"

"Claro que perturbaria. Todos nós somos humanos, temos sentimentos. Mas o hospital nunca fez uma coisa dessas. Como é que podemos deixar você criá-la? Apenas os avós têm o direito de criar os netos, nem mesmo tios e tias podem fazê-lo. As autoridades de planejamento familiar ficariam preocupadas de abrir um precedente. Os parentes do casal que têm bebês 'extras' podem querer adotá-los! Nós não podemos! Ficaríamos em maus lençóis!"

Tentei outra tática e perguntei: "Então, aonde devo me dirigir se eu quiser me candidatar a criá-la legalmente?".

"Bem, nunca ouvi falar de algo assim acontecer antes, ninguém nunca perguntou isso que você está perguntando. Não podemos ajudá-la."

Pude ver que a enfermeira-chefe, como as pessoas de níveis administrativos intermediários na China, jamais tomaria uma decisão sozinha. Ela apenas transmitia ordens do escalão superior para o inferior — uma funcionária, não um ser humano. Então fui falar com um superior do hospital, que era um velho amigo meu. Ele fez uma sugestão sábia: eu deveria levá-la para casa naquele momento, enquanto Floco de Neve ainda estava registrada como paciente do hospital. Em poucos meses chegaria o Ano-

-Novo chinês, e a política relativa a adoções poderia ser alterada ou abrandada. Quando fosse a hora, tentaríamos encontrar uma maneira de legalizar as coisas.

E foi assim que Floco de Neve se tornou minha filha. Meu filho, Panpan, tinha um ano e meio de idade, e estava começando a caminhar e a falar. Ele misturava as palavras "Mama" (mãe) e "Meimei" (irmãzinha), e quando Floco de Neve chorava ele a acalmava da mesma maneira que eu fazia com ele, dizendo "Mama, meimei, mama, meimei". Nossa *a-yi* na época era uma jovem muito bonita, e à medida que Floco de Neve ficava mais bonita a cada dia, não surpreendeu ninguém que tenham começado a correr fofocas afirmando que ela era filha ilegítima da nossa *a-yi*!

Conosco, Floco de Neve recebia bastante comida e cuidados; ela logo, logo ficou rechonchuda e se transformou num bebê forte e ativo, bem pesadinho de se carregar no colo. Quase três meses haviam se passado, e chegou o Ano-Novo chinês. As pessoas vinham à nossa casa para nos desejar feliz Ano-Novo e todo mundo caía de amores pelo sorriso feliz da minha alegre filha.

Eu era extremamente ingênua naquela época. Eu realmente pensava que por alguma via indireta eu conseguiria adotar Floco de Neve, que eu encontraria brechas em uma lei que se tornava mais rígida a cada dia, que eu estava cercada de pessoas dispostas a me ajudar e que eu podia dar a Floco de Neve uma verdadeira família. Como eu estava errada. Logo depois do Ano-Novo chinês, o diretor da rádio veio me procurar para ter uma conversa particular: ele me aconselhou a dar Floco de Neve. Não muito depois disso, fui advertida pelo departamento pessoal de que, se eu não agisse logo, o diretor poderia perder o emprego, assim como eu, porque eu havia desobedecido à política de planejamento familiar do filho único. Isso equivalia a tirar a tigela de jantar de um colega de trabalho, porque era a unidade de trabalho que administrava o quase militar sistema de racionamento naqueles tempos, e se você fosse mandado embora do seu emprego, era muito improvável que conseguisse encontrar outro. Você não poderia sequer passar a trabalhar na terra.

Não tive escolha, a não ser ceder; ou, pelo menos, aparentar concordância. Protelei tudo o máximo que pude, com o pretexto de estar reunindo as coisas dela e seus registros médicos. Rezei por um milagre, tive esperanças de que de alguma forma esqueceriam da minha Floco de Neve. Entretanto, as autoridades de planejamento familiar eram intransigentes, e menos de duas semanas depois o diretor da rádio veio falar comigo de novo e me entregou uma advertência escrita: eu receberia uma punição. Meu delito ficaria registrado na minha ficha pelo resto da minha vida!

"Xinran", ele disse, soturno, "se você não quer dar aquele bebê, isso é problema seu. Mas se demitirem você, nós também vamos sofrer as consequências. Na melhor das hipóteses, eu vou ser rebaixado. Planejamento familiar e a política do filho único são leis nacionais, não uma política regional flexível. Espero que você pense um pouco naqueles de nós que também seremos responsabilizados..."

Com isso, eu soube que não tinha escolha. Não se tratava apenas de que meu chefe e amigo estava prestes a ser arrastado para o problema e que eu perderia meu emprego. Eu não seria mais capaz de sustentar meus filhos, nem mesmo no nível mais básico. E Floco de Neve seria vista como "ilegal" pelo resto da sua vida. Isso não era justo com ela.

Assim que eu soube que teria de desistir de Floco de Neve, o sono me abandonou e passei a exibir uma aparência exausta e miserável. Nos cerca de três meses em que ela estivera conosco, a felicidade de Floco de Neve passara a depender de mim; ela confiava em mim do mesmo modo como qualquer criança confia na própria mãe.

Um dia antes da data em que Floco de Neve deveria ir embora, liguei a calefação e deixei o nosso apartamento aconchegante e agradável. Então experimentei nela todas as peças de roupa que eu comprara para o verão, o outono, o inverno e a primavera seguintes. Eu as comprara maiorezinhas, de forma que nossa menina de três meses de idade parecia um tanto ridícula nas de verão (que eram para um bebê de oito meses) e nas suas roupinhas de inverno (para uma criança de doze meses), mas a *a-yi* e eu não conseguimos esboçar sorriso algum. Engolimos as lágrimas enquanto a trocávamos de uma roupa para outra, imaginando como ela seria, quando fosse maior. Então ficamos até tarde da noite fazendo as malas dela.

No dia seguinte, todas nós fomos com Floco de Neve até o hospital. Consolei a mim mesma e à *a-yi* dizendo que iríamos visitá-la no orfanato e que ela seria sempre a nossa Floco de Neve.

Foi uma semana longa e agonizante, até que consegui dar uma fugida e ir visitar Floco de Neve, sem ousar dizer a ninguém para onde eu estava indo. Levei quase três horas procurando — numa cidade que estava em constante reconstrução — até que encontrei o orfanato, não muito longe do centro da cidade. Eu não podia acreditar no que estava vendo: seria possível que aquela cabana precária feita de tijolos e madeira fosse mesmo um orfanato? Uma velha senhora alimentando o fogo do lado de fora de uma porta baixa de madeira fez um sinal silente para eu entrar. A porta estava gasta, e, lá dentro, havia apenas um cômodo — de apenas três metros e meio por três metros e meio. À direita ficava um fogão; no canto, algumas tigelas, pauzinhos e utensílios de cozinha; contra a parede, de frente à porta, ficava uma escrivaninha simples de escola ao lado de uma cama de solteiro, tamanho adulto; enfiada no canto à esquerda, uma prateleira feita de ripas de madeira na forma de uma grande gaveta continha os bebês. O menorzinho tinha lugar de sobra, mas as cabecinhas e os pés do maiorzinho tocavam a parede ou a borda de madeira! Havia, ao todo, nove bebês, e quase todos estavam vestidos com as roupas de Floco de Neve.

Segurei meu fôlego, chocada. Será que a minha Floco de Neve também estava lá? De repente eu a vi. Havia se passado apenas uma semana, mas ela emagrecera bastante. Seu rostinho estava pálido e sua expressão vivaz já não existia mais. Ela decerto estava faminta demais para despender energia se agitando. Ela me reconheceu e estendeu os bracinhos, como em protesto por ter sido abandonada naquele lugar! Uma corda em mim se rompeu. Peguei-a no colo e explodi em rios de lágrimas. Claro, meu choro assustou as outras crianças e elas logo trataram de me acompanhar com seus lamentos.

Pensando retrospectivamente, decerto nós parecíamos mais solenes e trágicos do que a *Quinta sinfonia* de Beethoven! Ao barulho, a velha enfermeira entrou e se apresentou como Mamãe Tang. Limpando as lágrimas dos próprios olhos, Mamãe Tang me contou a seguinte história:

"Não podemos fazer nada. O governo não tem dinheiro, e não recebemos apoio de ninguém. Só manter as crianças vivas já é difícil. Por sorte recebemos aquelas roupas de você, elas mantiveram os bebês protegidos das correntes de ar frio. Se eu acender um fogo com carvão aqui, tenho medo de que a fumaça as deixe doentes, mas, do jeito como a coisa vai, tenho medo de que o frio seja a morte delas".

"E os oficiais do governo local, eles não fizeram uma visita de Ano-Novo?" Meus instintos de repórter haviam acordado.

"Disseram que viriam, mas então alguma outra questão mais importante de governo apareceu, e eles não vieram. A pessoa que trouxe o recado disse que este lugar vai ser demolido, que o orfanato vai mudar para outro lugar e que as coisas devem melhorar depois disso. Mas ninguém esteve aqui desde então, exceto o fiscal encarregado de pagar os salários no início do mês."

Mamãe Tang estava atarefada, providenciando o mingau de arroz das crianças.

"Ninguém de vocês reclamou?" Eu sempre tentava transformar as outras pessoas em repórteres, pois achava que todo mundo devia tomar a responsabilidade para si e informar às autoridades o que estava se passando, na realidade.

"Para quem? Antes, tínhamos uma pessoa que sabia o que dizer e sabia escrever cartas, mas agora o orfanato foi transformado em um negócio. Ninguém quer vir aqui e só sobramos eu e a mulher do interior. Ela saiu para fazer compras. Eu pergunto a você, olhe só o que a fome está fazendo com essas crianças. Simplesmente não nos dão comida suficiente para elas. Elas mamam com toda a força dos seus corpinhos e só largam a mamadeira depois de sorver a última gota!"

"Os familiares vêm visitá-las?" Tratei de tirar da minha bolsa o leite em pó que eu levara comigo.

"Isso é maravilhoso!", ela exclamou, deliciada, antes de continuar: "Essas meninas são muito sortudas por terem Floco de Neve por aqui. Elas são órfãs — quem é que vai vir vê-las? As famílias querem se livrar delas o quanto antes. Se alguém vem, é só para perguntar se tem algum menino por aqui. A senhora não reparou que todos os bebês são meninas? É uma preocupação, elas crescem a cada dia, e então o que é que vamos fazer com essas meninas...?"

"O que aconteceu com elas, no passado?" Egoísta, dei uma mamadeira de suplemento para Floco de Neve primeiro.

"Não sei", ela disse, alimentando um dos menorezinhos. "Este orfanato é temporário, um anexo de emergência que foi feito quando o orfanato anterior ficou cheio. Mas o governo local não tinha onde alocá-lo. Não sei de onde tiraram este lugar aqui. Eu trabalhava em um jardim de infância, até que me aposentei, e estava sentada em casa, sem nada para fazer. Meu velho morreu faz anos, e os filhos saíram do ninho. Por sorte eu ainda me loco-movo bem, então ainda posso cuidar das crianças, pobrezinhas. A mulher do interior fica com o turno da noite e ela é muito competente. Ela se desfez de uma filha mulher e não conseguiu ter um filho, então o marido a expulsou de casa. Ela cuida dessas crianças como se fossem suas filhas. Ela é ótima, mas não temos dinheiro para comprar comida e roupas, elas crescem tão rápido, e as quatro estações são muito marcadas por aqui. Não conseguimos acompanhar..."

Aquela noite, quando terminei o programa e fui para casa, revirei todos os armários e gavetas e tirei de lá todo e qualquer item de vestimenta de Panpan, as roupinhas leves de verão e os trajes quentes de inverno. Guardei só duas mudas de roupa para ele. Então empacotei todos os lençóis, exceto um jogo extra. Na manhã seguinte, assim que os bancos abriram, saí de casa e saquei algum dinheiro (não havia caixas eletrônicos na rua, naquela época) e voltei ao orfanato com duas grandes sacolas cheias. Nós três estendemos os lençóis sobre as ripas de madeira, para torná-las um pouco mais quentes. Então mandei Mamãe Tang ir comprar alguns laticínios e alguns móbiles para as crianças. Elas precisavam de cores vivas e de barulhinhos para ouvir! De volta à rádio, procurei uma pilha de cartões de visitas de amigos e escrevi a cada um deles, pedindo ajuda.

Dois responderam imediatamente, oferecendo auxílio. Um era o diretor de uma fábrica de móveis, e ofereceu dez berços para crianças de até doze anos e um cercadinho. O outro era o diretor de uma fábrica de laticínios, se prontificando a entregar leite fresco todos os dias. A única condição era que eu mencionasse a generosidade deles no meu programa.

Eu me senti reconfortada ao ver aquele orfanato escuro e sem vida transformado em um lugar mais claro, mais alegre. Mamãe Tang e sua assistente, que não haviam dito uma só palavra até então, também se alegraram. Eu esperava que todas aquelas melhorias oferecessem algum consolo à assistente, que provavelmente sofria pela própria filha.

Eu não ousava contar coisa alguma relacionada a Floco de Neve a meus colegas na rádio. Tanto quanto eles sabiam, eu passava todos os dias correndo de um lado para outro, fazendo entrevistas. Logo depois disso, meu programa foi escolhido pelos ouvintes como um dos três programas favoritos numa das primeiríssimas pesquisas de opinião realizadas com ouvintes de rádio. Isso me deu uma ótima desculpa para dar fugidas do trabalho e ir cuidar de Floco de Neve no orfanato.

Seis meses passaram-se assim, e logo se aproximava o que seria o primeiro aniversário de Floco de Neve. Conversei com as duas mulheres a respeito e decidimos fazer uma comemoração conjunta do Ano-Novo ocidental, do Ano-Novo chinês e de aniversário para todas as crianças e também para Panpan. Compraríamos roupas novas para elas, arranjaríamos alguns brinquedos novos e então eu contrataria um táxi e pegaria todas as crianças, nós três adultas e minha *a-yi* e iríamos à cidade mostrar-lhes os lugares e as multidões que elas nunca antes tiveram oportunidade de ver.

Tínhamos tudo planejado quando me mandaram fazer uma reportagem sobre crianças mineradoras numa localidade que ficava a um dia de viagem de carro. Eu ficaria fora da cidade durante duas semanas, e naquela época havia muito poucas conexões telefônicas e não existiam celulares.

Na noite da minha volta para casa, acordei meu Panpan, que dormia. Ele murmurou "mamã" e caiu no sono de novo. Ele tinha sorte, era pequeno demais para sentir saudade de alguém como os adultos sentem. Então minha mente se voltou para aquelas crianças mineradoras que eu recém-conhecera. Quando é que as crianças chinesas poderiam viver em famílias felizes, amorosas e com uma situação confortável? Pensei em Floco de Neve, que não tinha absolutamente nada, e comecei a me preocupar. Eu mal podia esperar para ver suas bochechinhas rosadas... Pensei que aquela noite não acabaria nunca.

Eu tinha folga no dia seguinte e não precisava ir à emissora de rádio, então levei Panpan para ver Floco de Neve. Mas no pequeno orfanato só restavam os novos berços — todos eles vazios.

Mamãe Tang não estava lá, e tudo que consegui descobrir com a assistente, que tinha um sotaque pesado da província de Guizhou, era que as crianças haviam sido levadas embora. De início pensei que elas tivessem sido levadas para um check-up médico, ou então que os oficiais do governo local estivessem cuidando delas naquele dia, mas então o céu escureceu e começou a nevar muito forte, e as crianças ainda não tinham voltado. A assistente repetia: "Eu já lhe disse, as crianças foram levadas embora!".

"Para onde?" Eu estava histérica, mas ela não dizia mais nada. Ela tampouco sabia onde estava Mamãe Tang.

Fiquei com receio de que Panpan, que estava dormindo num dos berços, pudesse ficar gripado, então voltei para casa. Quando minha *a-yi* ouviu a notícia, ficou tão preocupada quanto eu.

Durante as duas semanas seguintes, revirei todo o sistema de orfanatos, procurando Mamãe Tang, e contatei todos os departamentos do governo que pudessem saber o que havia acontecido. O que descobri foi o seguinte: quatro dias depois de eu sair em viagem, Mamãe Tang quebrou a perna e teve de ir para o hospital. Nada lhe foi dito sobre o que aconteceu com o orfanato na sua ausência. Uma jovem recém-saída da universidade havia sido enviada como substituta temporária, mas dois dias depois uma oficial apareceu dizendo que o orfanato seria demolido em poucas semanas para abrir espaço para uma autoestrada nacional que precisava ser finalizada até a primavera. Era a maneira chinesa de fazer as coisas — sem nenhum procedimento legal e tão rapidamente quanto levava para alguém emitir uma ordem! Então as crianças foram redistribuídas em outros orfanatos.

"As crianças receberam um número, cada uma, antes de ir embora?", perguntei ao oficial que se disse encarregado.

Ele me fitou, surpreso. "Para que faríamos isso? Não, não receberam número nenhum. Talvez os novos orfanatos lhes deem um número."

"Há uma ficha sobre cada criança?"

Ele pareceu entender ainda menos. "Ficha? Que ficha? Não, não há. Talvez nos novos orfanatos."

"Então como é que algum dia no futuro alguém vai conseguir encontrar as famílias biológicas delas?", explodi.

Ele riu na minha cara: "Você deve estar brincando! Nenhum órfão jamais encontra sua mãe!".

E foi só isso o que obtive como resposta.

Na vez seguinte em que voltei ao orfanato, até mesmo os novos berços haviam sido levados. Apenas a assistente, que não tinha para onde ir, estava lá, aguardando seu destino.

"Quem levou os berços?"

"Não sei", ela disse, tomada de pânico.

"Você não pediu para ver os documentos deles, simplesmente deixou levarem os berços embora?"

"Que documentos? Pareciam oficiais importantes, e estavam furiosos." Ela ficou ainda mais assustada, e sua voz tremia.

De repente me dei conta de que, para aquela interiorana analfabeta, não havia diferença alguma entre bandidos especializados em pilhagem e pequenos oficiais do governo que se comportavam como bandidos, então tratei de falar de forma mais delicada e desisti de extrair dela qualquer informação.

Nos cantos escurecidos da sala vazia, algumas partes de brinquedos estavam caídas, espalhadas, elas próprias como órfãos abandonados.

Onde você está, Floco de Neve? Se pelo menos... eu não tivesse viajado para fazer aquela reportagem. Esse é um arrependimento que vou carregar sempre comigo, muito mais pesado que uma pedra. Não parei de perguntar e procurar, até que, em 1996, fiquei sabendo que todas as órfãs da idade de Floco de Neve foram muito provavelmente adotadas quando o primeiro grupo de americanos chegou à China. Muitas crianças daquela área foram levadas embora e em seguida adotadas, no exterior; embora também fosse possível, mas improvável, em se tratando de uma menina, que ela tivesse sido adotada por uma família chinesa.

À medida que os anos se passaram e eu viajava pelo mundo, não pude deixar de procurar Floco de Neve, a menina com a marca de nascença no formato de uma lágrima na testa, minha filhinha. Em 2005, fui à reunião anual da Children Adopted From China (CACH), uma organização com sede no Reino Unido. Ao olhar para as mais de cem menininhas chinesas, não consegui me segurar: os traços de Floco de Neve pareciam estampados em cada um daqueles rostos felizes e inocentes. Em outubro de 2007, encontrei-me com um grupo de adolescentes chinesas na Universidade de Berkeley, em São Francisco, e mais uma vez derramei lágrimas silenciosas. Floco de Neve poderia estar entre elas, pensei. Ela deveria ter dezessete anos. Pedi que se sentassem à minha volta e se revezassem na leitura do meu livro sobre o Mothers' Bridge of Love. Examinei com cuidado cada um dos rostos, esperando ver a lágrima de nascença em uma daquelas testas jovens. Não a encontrei, mas não perdi as esperanças porque eu sabia que minha Floco de Neve seria, então, tão bonita quanto elas, tão...

Muitas vezes penso que de todas as mães que perderam suas filhas eu sou a que tem mais sorte, porque posso contar àquelas meninas chinesas o que a mãe delas realmente sentiu. E, diferentemente das mães biológicas, tenho a oportunidade de ver as filhas delas como jovens mulheres e abraçá-las de uma maneira que suas mães, é quase certo, nunca poderão fazer.

Floco de Neve, minha filha, onde quer que você esteja, sua mãe sente saudades de você!

Posfácio
Duas cartas direto do coração

Antes de finalizar minhas próprias palavras para todas as filhas chinesas espalhadas pelo mundo, quero trazer-lhes mais uma carta de uma mãe adotiva que resume muito do que tentei expressar neste livro. Nies Medema mora em Amsterdam e é mãe de duas meninas chinesas. Esta é a carta que ela escreveu para duas mães diferentes, uma mensagem de gratidão e de graça, de uma afortunada mãe para duas mães menos afortunadas.

Queridas mães das minhas duas filhas,

Muito obrigada por darem à luz minhas filhas. Nós somos as mães delas. Tenho o privilégio e a alegria de criá-las. Somos três mulheres, com duas filhas. Duas mães na China, uma mãe com duas filhas em Amsterdam.

Se uma pessoa herda caráter e inteligência pelos genes, vocês duas devem ser inteligentes, bonitas, espertas, amigáveis e bondosas. Isso é o que eu vejo nas filhas de vocês. Elas são a alegria da vida do meu marido e da minha. E sentir a falta delas deve causar dor ao seu coração. Não sei se e como vocês conseguem partilhar essa dor. Tenho lido histórias de mães chinesas e a falta que sentem de suas filhas, a quem não puderam criar. Não sei o que vocês sentem, mas meu coração está com vocês.

Minha filha mais velha às vezes fica brava com você, e às vezes ela fica triste. Ela tem — como você sabe, tendo-a dado à luz — seis anos e meio e me perguntou, recentemente, se você a deixou porque não a amava. Digo a ela que é porque não havia alternativa, porque você realmente não tinha condições de tomar conta dela, e que é claro que você gostaria de ter podido fazê-lo.

Ela sente falta de você quando eu às vezes fico brava com ela. Ela pensa que você teria sido uma mãe melhor, mais gentil e amiga. Digo a ela que isso talvez seja verdade.

Mas você, de fato, causou-lhe dor, sabe? Será que fico brava com você porque deixou sua filha no portão da estação de trem? Acredito que você gostaria de ter podido cuidar dela. E fico muito feliz que você a tenha abandonado. Isso é loucura, eu sei, mas me deu a alegria e a felicidade de ser a mãe dela. E ela também me ama, ela me ama muito, como eu a amo. E, ainda assim, ela preferiria ser a filha de alguém que se parecesse mais com ela. Ela se pergunta sobre você. Ela quer saber, caso a encontremos, se ela precisa ir embora para viver com você. Digo-lhe que ela será sempre nossa e sempre viverá conosco. "Mas a minha mãe chinesa vai ficar triste se eu não for viver com ela", ela diz. Digo que sim, mas que você também ficaria feliz em ver sua filha, e em ver como ela está bem.

Escrevo com lágrimas nos olhos. Fico muito feliz por ser capaz de criar e amar suas filhas. Levei tempo até aceitar a mim mesma como "mãe legítima" das meninas. Será que eu tinha o direito de desfrutar das crianças de outras mães? Sei agora que eu não apenas tenho o direito legal (que é só burocracia), mas que também tenho o dever de ser a mãe "de direito e de verdade", já que você não está aqui. Não posso tomar seu lugar, mas amo suas filhas.

Deixe-me contar a você, mãe da minha filha mais nova, algo engraçado sobre a nossa criança. Ela é leve como uma borboleta, seu coração é bom, alegre, o seu cérebro, aguçado, ela fala coisas espirituosas e agradáveis. Há algum tempo, estávamos observando alguns cozinheiros profissionais em ação. Um deles disse que Zuen não deveria pensar em se tornar cozinheira porque o trabalho era muito duro. Ela respondeu, muito segura de si mesma: "Não, vou me tornar um pinguim!". Outro dia ela nos disse que queria se tornar um pavão. À noite estava brava porque ainda não era um pavão.

Então, você vê, nossas filhas são tudo o que uma mãe pode desejar. Nós rimos, conversamos, choramos, aproveitamos juntas a vida. Uma amiga me perguntou se sinto falta de não tê-las dado à luz. Na verdade, não. Não por mim. Minhas filhas são minhas, as tivesse eu dado à luz, elas seriam outras pessoas, e eu as amo como elas são. Às vezes desejaria isso para minhas filhas, pois elas são obrigadas a sentir dor. Mas ninguém passa pela vida sem sentir dor. Então, o que faço com elas é encontrar maneiras de aprender a viver com essa dor. E desejo, de fato, que vocês também tenham encontrado uma maneira.

Nós, meu marido, nossas filhas e eu, nunca as vimos, mas vemos vocês nas suas filhas. E então amamos vocês.

Nies Medema

(Holanda)

A minha própria mensagem, como este livro, é para as filhas dessas mães, e para as filhas de todo o mundo.

Queridas filhas,

Espero que quando terminarem este livro vocês tenham chegado mais perto de encontrar a resposta para a pergunta que têm se feito durante toda a vida: "Por que minha mãe chinesa não me quis?". Não há uma resposta simples a essa pergunta. Não se pode resolver isso como uma conta de somar, nem encontrar a resposta num livro de história, nem procurá-la nos livros de Xinran ou em um estudo acadêmico.

A resposta está na sua mãe biológica. Ela lhes deu o dom da vida, e esse dom — que vem imbuído de todas as esperanças que ela tinha para ela bem como de todos os desejos dela para você — custou-lhe anos de provações e angústias.

Cada um de nós tem, na nossa vida, algo que realmente amamos. Além dos nossos amigos e da nossa família, sempre há algo que valorizamos e que nos deu prazeres inesperados — uma música perfeita, um livro com uma história que nos toca, um menino dos nossos sonhos sentado em um banco de parque. Esses momentos mágicos ou essas coisas maravilhosas nos deixam com memórias intensas, que ficam conosco para sempre, até bem depois de a realidade se evaporar e bem depois de crescermos. Se tais momentos singulares de prazer podem ficar conosco para sempre, imagine o quanto você não significou para aquela que a carregou por mais de nove meses de gravidez. Ela nunca, nunca vai esquecer você, não importa por que nem como você tenha sido afastada dela. Você, sua filha, era parte dela, a ela ligada, dela dependente... o milagre que ela deu à luz.

É bem possível que sua mãe biológica fosse uma camponesa que nunca saiu dos limites da pobre aldeia montanhosa onde vivia e que nem sabia por onde começar a leitura de um livro. Ainda assim, como a moça camponesa do capítulo 2 ou como Kumei, a lavadora de pratos, ela nunca vai esquecer os movimentos agitados que você fazia na barriga dela e a dor que trazer você a este mundo lhe causou.

E, de novo, ela pode ter sido uma moça vivaz mas ingênua, que nada sabia da vida, e ainda menos sobre como homens e mulheres podem gerar a vida juntos. Ela provavelmente nem sequer soube o momento em que você se enraizou nela, como "Waiter", do capítulo 1. Mas ela teve coragem suficiente para enfrentar a condenação social e sacrificar o próprio futuro para lhe dar a vida. À medida que você tomava forma dentro dela, você lhe deu forças para ser mãe e entender a vida, e é por isso que as memórias que ela tem de você nunca, nunca vão desbotar.

Ou talvez sua mãe biológica fosse uma boa mulher, uma mulher virtuosa, tradicional, que colocava a família em primeiro lugar mas que se viu encurralada entre a política do filho único e a necessidade de gerar um herdeiro para levar adiante a linhagem familiar. Como os pais "guerrilheiros" da menininha que brincava de dedos de orquídea comigo. Eles estavam em um dilema terrível, e ainda assim sua existência mostra como eles sobrepujaram o próprio medo. Se eles não a tivessem protegido, você nem sequer teria recebido um nome, e a sua vida teria se extinguido em questão de instantes. Sem eles, você não desfrutaria a luz do sol, as flores, os amigos de escola e a família que você tem hoje.

Ou talvez sua mãe biológica seja atormentada todos os dias pela consciência e condenada pelos amigos e pela família como uma mulher desalmada, como Mary Verde. Porém, ainda assim, o fato de ela ter se afundado no poço infinito de dor que traz no coração e ter colocado a sua felicidade futura acima de tudo é na verdade justamente a razão pela qual hoje você pode aproveitar a vida na sua família adotiva e ter oportunidade de viver em uma sociedade na qual duas culturas diferentes se unem.

Talvez ela tenha pagado com a própria vida o fato de ter dado você à luz, como aconteceu com a mãe de Floco de Neve. Mas acredito que ela nunca deixou você sozinha; ela apenas passou a ser parte das montanhas e dos mares, do vento que acaricia seu rosto, ajudando você a sentir a mudança das estações. Ela lhe traz paz com o luar, à noite, e as ricas texturas e as cores da vida na luz do sol, durante o dia.

Então, queridas crianças, vocês estão vivas e vicejantes hoje porque sua mãe desafiou convenções sociais, a opressão e a ignorância para dar-lhes o dom da vida. Dar o devido valor a sua própria vida é uma maneira de recompensá-la; vocês se realizarem é uma maneira de agradecer a ela.

Escrevi um poema simples para Floco de Neve. Tenho escrito a ela muitos poemas no meu coração, mas nunca pude mandá-los a ela. Quando fui assistir pela primeira vez ao filme *Titanic*, por alguma razão estranha a letra da canção-tema de Céline Dion, "You're here in my heart/ And my heart will go on and on", me deixou cravada no meu assento até bem depois de todo mundo ter ido embora do cinema. De alguma maneira, através daquela letra, toda a minha saudade de Floco de Neve voltou a acordar e transbordou para fora de mim.

Se vocês querem saber como me senti naquele momento, ouçam a música de Céline Dion enquanto leem o poema abaixo. Coloquei todo o meu sentimento nessas palavras e acredito, de coração, que todas as mães com quem falei e cuja história contei ecoariam tais sentimentos e também mandariam a mesma mensagem, junto comigo:

Amada Criança,
Você me vê nos seus sonhos?
Todos os dias espero por você...
Espero
O vento me trazer seu hálito
A luz me trazer suas cores
Rezo
Para que o dia a faça sorrir
Para que a noite lhe traga paz.

Amada Criança,
Se a chuva tocar você, são minhas lágrimas

Se o vento acariciar você, é a minha mão
O dia é meu olhar atento sobre você
A noite sou eu aninhando seus sonhos.

Amada Criança,
Você me vê nos seus sonhos?
Toda porta que se abre são meus braços a envolvendo
Obrigada,
Minha filha
Obrigada
Por ser minha filha inesquecida.

Apêndice A
Mais cartas de mães adotivas

Prezada Xinran,

Obrigada pela sua mensagem. Lamento sobrecarregá-la com essa questão, sobretudo porque você está se recuperando da diferença de fuso horário. Apenas pensei que você devia ficar sabendo sobre este website e este blog.

Realmente acho que um livro sobre as mães biológicas seria muito importante para as famílias adotivas e também para as mães biológicas que conversaram com você. As famílias adotivas precisam saber que foi difícil para muitas mães biológicas abrir mão de suas filhas. Pode ser que seja uma história dolorosa, mas, ainda assim, é parte da história das nossas filhas.

Apesar de eu ser especialista, por formação, na história da dinastia Ming, tentei dar às minhas duas filhas alguma ideia sobre o início de suas vidas na China por meio de alguns contos que escrevi para elas. Estou mandando esses contos para você, em anexo. Das quatro histórias, "Chunyi e os Nai-nais" foi publicada por um boletim de assuntos de adoção, e cedi os direitos de publicação de "Somewhere in China a Mother Remembers" (<www.agiftfromchina.com/webshop/shopindex. html>) à The Good Rock Foundation (<www.goodrock.org.uk>) para apoiar as iniciativas de caridade que eles desenvolvem na China.

Se algum dia você se decidir a publicar suas entrevistas com as mães biológicas, eu gostaria de me oferecer para ajudar no livro.

Sua,

Anita M. Andrew

(Professora de história,

Northern Illinois University)

Querida Xinran,

Você se lembra? Nós nos conhecemos no Hotel Tandjung Sari, em Sanur, na beira da praia.

Xinran, sinto muito por ter ido embora às pressas, eu teria ADORADO conversar com você mais tempo, mas minhas amigas não queriam nem mesmo ter ido a Sanur, já que só tínhamos quatro dias em Bali.

Foi ideia minha e, na verdade, o destino nos reuniu lá. Como expliquei a você, na noite anterior eu havia folheado a edição de *Hello Bali* e meus dedos abriram a revista bem no seu anúncio; eu li aquilo, fechei a revista, expliquei como eu estava chateada por não conseguir estar em Bali no dia 30 para ouvir sua palestra e as moças com quem eu estava viajando ficaram fartas de me ouvir lamentar que eu ia perder você.

Bem, como lhe expliquei, no dia seguinte tive vontade de viajar até Sanur para caminhar pela beira da praia e sugeri às minhas amigas que simplesmente caminhássemos até encontrar um local agradável e, *voilà*, o resto é história, como dizem.

O problema é, Xinran, que, depois de sairmos de lá às pressas, eu imediatamente me arrependi e mais tarde disse isso às meninas, eu devia ter ficado, e tê-las mandado de volta a Legian para terminar suas compras. Naquela noite não consegui dormir, pois sentia que não era apenas o acaso o que tinha me levado até você. Tentei ligar no dia seguinte (espero que você não se importe), mas você não estava por perto; o homem na recepção disse que deixaria um recado para você me ligar, mas talvez você não tenha recebido a mensagem (ou talvez tenha pensado "que mulher louca, está me assediando"... rarrarrá).

Seja como for, querida Xinran, quando cheguei em casa e contei a história do nosso encontro, meu marido disse que eu devia pegar um voo de volta para Bali para encontrá-la novamente e comparecer à sua palestra no dia 30. Mas quando pensei melhor no assunto, me dei conta de que seria o primeiro dia de volta às aulas para os meus filhos, e isso eu não poderia perder.

Eu disse a ele que você estava escrevendo um livro com histórias de mães que deram seus bebês para adoção, e ele sugeriu que talvez a razão pela qual nos encontramos foi para eu compilar histórias de mães que adotaram e fazer você traduzi-las e publicar um livro para as mulheres chinesas lerem sobre como os bebês delas são amados e cuidados etc...

Não sei ao certo, mas sinto de fato que houve uma razão para o nosso encontro (mais ou menos quando você conheceu Singyi em Wuxi, no hotel, depois de ela ter esperado 45 anos pelo seu amante, Gu Da).

Senão por outra razão, Xinran, fiz um post sobre seu trabalho [com] o Mothers' Bridge para o nosso grupo de apoio australiano e pedi às pessoas que por favor visitem seu website e doem dinheiro para sua causa — ao menos isso há de ser uma coisa boa a resultar do nosso encontro fortuito.

Xinran, quando você vem à Austrália? E você vai fazer palestras semelhantes pelo país? Se algum dia vier a Darwin, gostaríamos de estender nosso convite para seu marido e para você, é claro, ficarem conosco. Temos uma grande população chinesa em Darwin e tenho certeza de que a sociedade Chung Wah também daria as boas-vindas a você aqui (talvez tenha sido essa a razão do nosso encontro??).

Minha filha e eu estávamos falando sobre você ontem à noite na cama e ela estava toda risonha e entusiasmada sobre a China e sobre ser chinesa (o que é bom, já que ela acabou de passar por uma fase estranha, antichinesa) — tinha sido por isso que ela não quisera ir até você para ser abraçada.

Ela é a criança mais maravilhosa do mundo e eu não poderia amá-la mais se ela tivesse nascido de mim, sei que é uma coisa terrível de dizer, mas acho que a amo mais do que meus seis filhos biológicos, talvez porque ela seja a única menina, mas somos muito ligadas e até mesmo com apenas quatro anos de idade ela é a minha pedrinha e minha melhor amiga.

Tenho uma dívida permanente com a China e com a mãe biológica dela por me darem esse presente tão precioso, e se eu só tiver direito a um pedido, seria que sua mãe biológica soubesse como ela é amada e que ela vai ter todas as oportunidades na vida de prosperar como bem entender.

Querida Xinran, preciso ir, pois já passei do meu tempo no computador, acabamos de construir nossa nova casa e ainda não temos uma linha telefônica nem acesso à internet. No momento estou dependendo da biblioteca pública e portanto só posso ver meus e-mails a cada poucos dias.

Boa sorte com sua palestra em Ubud, fico triste de perdê-la, tenho certeza de que você vai estar ótima,

Amistosas saudações,
Kim Reinke
(Austrália)

Olá, Xinran,

Sou a mãe adotiva de uma preciosa filha de sete anos de idade, o amor da minha vida, vinda da China.

Meu marido e eu estamos aguardando o parecer para nossa segunda filha, o que, esperamos, deve acontecer perto do final do ano.

Li seu artigo em *China Connections*. "Mensagens de mães biológicas na China", gosto desse título.

Acredito firmemente no amor que a mãe biológica da minha filha tinha por ela. Por favor, escreva o livro.

Sou a autora de um livro infantil, publicado por mim mesma, chamado *Letter of Love from China*, escrito sob o ponto de vista de uma mãe biológica para sua filha explicando seu amor por ela, as razões pelas quais não a criou, seu amor pela beleza da China e sua esperança de que a filha encontre uma família adotiva que possa amá-la como ela mesma a ama.

Minha ilustradora fez um trabalho magnífico. As ilustrações são lindas!

Meu livro foi muito bem, mas fico sabendo de alguns pais adotivos que não gostaram do livro porque preferem dizer aos filhos adotivos que não sabem se eles eram amados ou se foram "indesejados".

Acredito que se você escrevesse esse livro ajudaria as famílias a pensarem de forma mais racional sobre o abandono.

Por favor, visite meu website. Plum Blossom Books <www.plumblossom.com>, eu teria o maior prazer em lhe enviar uma cópia do meu livro.

Aguardo notícias suas.

Meus melhores votos,

Bonnie Cuzzolino

(EUA)

Apêndice B
Leis chinesas de adoção

REFORMA DA LEI DE ADOÇÃO DA REPÚBLICA POPULAR
DA CHINA*

Aprovada em 29 de dezembro de 1991 no XXIII Encontro do Comitê Central da Sétima Assembleia Popular Nacional e revisado de acordo com a Decisão sobre a Reforma da Lei de Adoção da República Popular da China, tomada no Quinto Encontro do Comitê Central na Nona Assembleia Popular Nacional, em 4 de novembro de 1998.

Sumário
Capítulo I   Disposições gerais
Capítulo II   O estabelecimento da relação de adoção
Capítulo III Validade da adoção
Capítulo IV Dissolução da relação de adoção
Capítulo V   Responsabilidade legal
Capítulo VI Disposições suplementares

* Fonte: site oficial do CCAA.

CAPÍTULO I DISPOSIÇÕES GERAIS

Artigo 1 — A presente lei é estabelecida com o objetivo de proteger a relação de adoção legal e de salvaguardar os direitos das partes envolvidas na relação de adoção.

Artigo 2 — A adoção será realizada com fins de criação de menores adotados e com a proteção dos direitos legítimos do adotado pelo adotante, em conformidade com o princípio de igualdade e voluntariedade, e de forma a não transgredir a moral da sociedade.

Artigo 3 — A adoção não deve infringir leis nem regulamentações sobre planejamento familiar.

CAPÍTULO II O ESTABELECIMENTO DA RELAÇÃO DE ADOÇÃO

Artigo 4 — São passíveis de serem adotados menores de catorze anos, conforme abaixo especificado:

(1) órfãos desprovidos de pais;

(2) bebês ou crianças abandonados cujos pais não podem ser identificados ou encontrados; ou

(3) crianças cujos pais se encontram incapazes de criá-las devido a dificuldades extraordinárias.

Artigo 5 — Os seguintes cidadãos ou instituições têm direito a encaminhar crianças para adoção:

(1) tutores de um órfão;

(2) instituições de bem-estar social;

(3) pais que se encontrarem incapacitados de criar os próprios filhos devido a dificuldades extraordinárias.

Artigo 6 — Os adotantes devem preencher, simultaneamente, os seguintes pré-requisitos:

(1) não ter filhos;

(2) estar capacitado a criar e a educar o adotado;

(3) não apresentar nenhuma doença que faça com que seja inapropriado, do ponto de vista médico, que o adotante adote uma criança; e (4) ter a idade mínima de trinta anos.

Artigo 7 — A adoção do filho de um familiar colateral de sangue da mesma geração e até o terceiro grau de parentesco não ficará sujeita às restrições especificadas no Item (3) do Artigo 4; no Item (3) do Artigo 5; e no Artigo 9 da presente lei e tampouco pela condição de se tratar de um menor de catorze anos.

Um chinês estabelecido em país estrangeiro, ao adotar um filho de um familiar colateral de sangue da mesma geração e até o terceiro grau de parentesco, também não está sujeito ao pré-requisito de não ter filhos, especificado para adotantes.

Artigo 8 — O adotante pode adotar apenas uma criança, seja do sexo masculino ou feminino. Órfãos, crianças com deficiências físicas ou bebês e crianças abandonados que forem criados em instituições de bem-estar social e cujos pais biológicos não possam ser identificados ou encontrados podem ser adotados independentemente das restrições de que o adotante não deve ter filhos e de que pode adotar apenas uma criança.

Artigo 9 — Quando uma pessoa do sexo masculino sem esposa adotar uma criança do sexo feminino, a diferença de idade entre o adotante e a adotada não pode ser inferior a quarenta anos.

Artigo 10 — Os pais que desejarem dar o filho em adoção devem agir de comum acordo. Se um dos pais não pode ser identificado ou encontrado, o outro pode dar o filho em adoção sozinho.

Quando uma pessoa casada adota uma criança, a adoção deve ocorrer de comum acordo entre marido e mulher.

Artigo 11 — Adotar uma criança bem como dar uma criança para adoção são atos que devem acontecer de forma voluntária. Quando uma adoção envolver um menor que tenha dez anos ou mais, o consentimento da criança deve ser obtido.

Artigo 12 — Se os dois pais de um menor forem pessoas julgadas incapacitadas, os tutores do menor não poderão dá-lo em adoção, exceto se os pais puderem causar sérios danos ao menor.

Artigo 13 — Quando desejar dar um menor órfão em adoção, o tutor deve obter o consentimento da pessoa que tem a obrigação de sustentar o órfão. Se a pessoa que tem a obrigação de sustentar o órfão não estiver de acordo com que o órfão seja adotado, e se o tutor não estiver disposto a prosseguir na condição de tutor, é necessário alterar a guarda, de acordo com os Princípios Gerais do Código Civil da República Popular da China.

Artigo 14 — Um padrasto ou uma madrasta poderão, com o consentimento dos pais do enteado ou da enteada, adotar o enteado ou enteada, e tal adoção não ficará sujeita às restrições especificadas no Item (3) do Artigo 4; no Item (3) do Artigo 5 e no Artigo 6 da presente lei, e tampouco à restrição de que o adotado deve ter menos de catorze anos e de que o adotante pode adotar apenas uma criança.

Artigo 15 — A adoção deve ser registrada no departamento de assuntos civis do governo, acima do nível de condado. A relação de adoção entra em vigor na data em que for registrada.

O departamento de assuntos civis encarregado do registro deve, antes do registro, anunciar publicamente a adoção de bebês e crianças abandonados cujos pais biológicos não possam ser identificados ou encontrados.

Se as partes envolvidas na relação de adoção desejarem concluir o acordo de adoção, um acordo escrito concernente à adoção deverá ser lavrado.

Se uma ou ambas as partes envolvidas na relação de adoção desejarem que a adoção seja registrada em cartório, a adoção deverá ser registrada em cartório.

Artigo 16 — Após o estabelecimento da relação de adoção, o órgão de segurança pública deverá, de acordo com as concernentes regras e regulamentações do Estado, expedir o registro de residência para o adotado.

Artigo 17 — Órfãos ou crianças cujos pais se encontrarem incapacitados de criá-los podem ser sustentados por familiares ou amigos de familiares.

A relação de adoção não se aplicará à relação entre os sustentadores e a pessoa sustentada.

Artigo 18 — Se o cônjuge sobrevivente der um filho menor para adoção após a morte do outro cônjuge, os pais do falecido terão a prerrogativa de criar a criança.

Artigo 19 — Os pais de uma criança adotada por outrem não podem, sob pena de violação das regulamentações de planejamento familiar, ter outros filhos sob a alegação de terem dado o filho ou a filha em adoção.

Artigo 20 — É estritamente proibido comprar ou vender uma criança ou fazê-lo dissimulando-o de adoção.

Artigo 21 — Um estrangeiro pode, de acordo com a presente lei, adotar uma criança (do sexo masculino ou feminino) na República Popular da China.

Se um estrangeiro adotar uma criança na República Popular da China, tal adoção deverá ser examinada e aprovada pela agência responsável do país de residência do adotante, de acordo com as leis do país. O adotante deve entregar documentos que atestem detalhes de idade, estado civil, profissão, bens, estado de saúde e penas criminais que porventura tenha cumprido, a serem fornecidos pelas autoridades da agência do seu país de residência. Tais documentos certificatórios devem ser autenticados pelo departamento de relações exteriores do país de residência do estrangeiro, [ou por] agência autorizada pelo departamento de relações exteriores e pela Embaixada ou pelo Consulado da República Popular da China no país em questão. O adotante deve firmar um acordo escrito com a pessoa que estiver dando a criança em adoção e registrá-lo pessoalmente junto ao departamento de assuntos civis do governo do povo em nível provincial.

Se uma ou ambas as partes envolvidas na relação de adoção requisitarem que seja feito registro em cartório, elas deverão comparecer a uma agência notarial qualificada e designada para o registro público envolvendo estrangeiros, autorizada pelo departamento de administração jurídica do Conselho do Estado, a fim de efetuar o registro público da adoção.

Artigo 22 — Quando o adotante e a pessoa que estiver dando a criança em adoção desejarem realizar uma adoção secreta, os demais devem respeitar o desejo e, portanto, não devem trazer o assunto a público.

CAPÍTULO III VALIDADE DA ADOÇÃO

Artigo 23 — Quanto à data do estabelecimento da relação de adoção, as disposições legais concernentes à relação entre pais e filhos aplicam-se aos direitos e aos deveres na relação entre pais adotivos e filhos adotivos; as disposições legais que regem a relação entre filhos e parentes próximos dos seus pais aplicam-se aos direitos e aos deveres na relação entre filhos adotivos e familiares próximos dos pais adotivos.

Os direitos e deveres na relação entre uma criança adotada e seus pais biológicos e outros familiares próximos se extinguirão com o estabelecimento da relação de adoção.

Artigo 24 — Uma criança adotada poderá adotar o sobrenome do pai adotivo ou da mãe adotiva e também poderá manter o próprio sobrenome, se tal for acordado mediante consulta aos pais.

Artigo 25 — Não terá validade legal nenhum ato de adoção que contrarie as disposições do Artigo 55 dos Princípios Gerais do Código Civil da República Popular da China e as disposições da presente lei.

Qualquer ato de adoção considerado inválido por uma corte do povo não terá validade, a considerar o início do ato.

CAPÍTULO IV DISSOLUÇÃO DA RELAÇÃO DE ADOÇÃO

Artigo 26 — Nenhum adotante poderá pôr fim à relação de adoção antes que o adotado atinja a maioridade, exceto quando o adotante e a pessoa que tiver dado a criança em adoção concordarem em pôr fim a tal relação. Se a criança adotada envolvida atingir a idade de dez anos ou mais, seu consentimento será necessário.

Quando um adotante fracassar na função de criar o adotado ou cometer maus-tratos, abandono ou outros atos nocivos aos direitos legais do menor adotado, a pessoa que tiver dado a criança em adoção tem o direito de requerer o término da relação de adoção. Se o adotante e a pessoa que tiver dado a criança em adoção não chegarem a um acordo sobre a questão, um processo pode ser iniciado na corte do povo.

Artigo 27 — Se a relação entre os pais adotivos e uma criança adotada que atingiu a idade adulta se deteriorar a ponto de impossibilitar a convivência na mesma residência, eles poderão pôr fim à relação de adoção, mediante acordo. Na ausência de um acordo, eles poderão entrar com um processo na corte do povo.

Artigo 28 — Ao fazer um acordo sobre o término da relação de adoção, as partes envolvidas deverão finalizar o procedimento registrando o término da relação de adoção no departamento de assuntos civis.

Artigo 29 — Quando do término da relação de adoção, os direitos e os deveres na relação entre uma criança adotada e seus pais adotivos e os familiares próximos destes também se encerrarão, e os direitos e deveres na relação entre a criança e seus pais e os familiares próximos destes serão automaticamente restaurados. Entretanto, no que diz respeito aos direitos e aos deveres na relação entre uma criança adotada que atingiu a maioridade e seus pais e os familiares próximos destes, poderá ser decidido mediante consulta sobre se serão ou não restaurados.

Artigo 30 — Quando do término de uma relação de adoção, uma criança adotada que atingiu a idade adulta e que foi criada por pais adotivos deverá prover uma quantia de dinheiro para sustentar os pais adotivos que tiverem perdido a habilidade de trabalhar e que não contarem com alguma fonte de renda. Se uma relação de adoção for terminada porque o filho adotado, já em idade adulta, submeteu os pais adotivos a maus-tratos ou os abandonou, os pais adotivos podem solicitar uma compensação do filho adotivo pelos custos de vida e de educação pagos durante o período da adoção.

Se os pais de um filho adotivo requererem a extinção da relação de adoção, os pais adotivos podem solicitar uma compensação apropriada dos pais pelos custos de vida e de educação pagos durante o período da adoção, exceto se a relação de adoção houver sido terminada porque a criança sofreu maus-tratos ou foi abandonada pelos pais adotivos.

CAPÍTULO V RESPONSABILIDADE LEGAL

Artigo 31 — Qualquer pessoa que raptar e mantiver em cativeiro uma criança, tentando fazer o ato passar por adoção, será investigada por responsabilidade criminal de acordo com a lei.

Qualquer pessoa que abandonar um bebê será multada pelo órgão de segurança pública; se as circunstâncias constituírem um crime, o infrator será investigado por responsabilidade criminal de acordo com a lei.

Qualquer pessoa que comprar ou vender crianças terá os rendimentos ilegais daí provenientes confiscados e será multada. Se as circunstâncias constituírem um crime, o infrator será investigado por responsabilidade criminal de acordo com a lei.

CAPÍTULO VI DISPOSIÇÕES SUPLEMENTARES

Artigo 32 — A Assembleia Popular de uma região autônoma e seu Comitê Permanente poderão, com base nos princípios da presente lei e à luz das condições locais, formular disposições de caráter adaptativo ou suplementar. As regulamentações concernentes de uma região autônoma serão submetidas ao Comitê Permanente da Assembleia Popular Nacional, para registro. As regulamentações concernentes de uma prefeitura autônoma ou de um condado autônomo serão submetidas ao Comitê Permanente da Assembleia Popular Provincial ou da Assembleia Popular da região autônoma para aprovação antes de entrar em vigor, e também serão submetidas ao Comitê Permanente da Assembleia Popular Nacional, para registro.

Artigo 33 — O Conselho do Estado poderá, de acordo com a presente lei, formular medidas para sua implementação.

Artigo 34 — A presente lei entrará em vigor em 1º de abril de 1992.

LEI DE PLANEJAMENTO POPULACIONAL E FAMILIAR DA REPÚBLICA POPULAR DA CHINA[1]

Adotada na xxv Reunião do Comitê Permanente da Nona Assembleia Popular Nacional, em 29 de dezembro de 2001.

Sumário

Capítulo I   Disposições gerais

Capítulo II   Formulação e implementação de planos de desenvolvimento populacional

Capítulo III Regulamentação da reprodução

Capítulo IV Compensações e seguridade social

Capítulo V   Serviços técnicos para o planejamento familiar

Capítulo VI Responsabilidade legal

Capítulo VII Disposições suplementares

---

1 Fonte: Website oficial do governo chinês (HTTP://www.gov.cn/english/laws/2005-10/11/content_75954.htm.

CAPÍTULO I DISPOSIÇÕES GERAIS

Artigo 1 — Esta lei é instituída de acordo com a Constituição com o propósito de proporcionar um desenvolvimento coordenado entre a população, de um lado, e a economia, a sociedade, os recursos e o meio ambiente de outro, promovendo o planejamento familiar, protegendo os direitos e os interesses legítimos dos cidadãos, aperfeiçoando a felicidade das famílias e contribuindo para a prosperidade da nação e o progresso da sociedade.

Artigo 2 — Sendo a China um país populoso, o planejamento familiar é uma política de Estado fundamental.

O Estado adota uma medida ampla a fim de controlar os números e elevar a qualidade geral da população.

O Estado apoia-se na publicidade e na educação, nos avanços da ciência e da tecnologia, em múltiplos serviços, bem como no estabelecimento e no aprimoramento dos sistemas de compensação e de seguridade social para a implementação de programas de planejamento populacional e familiar.

Artigo 3 — Os programas de planejamento populacional e familiar deverão ser combinados com os esforços de oferecer às mulheres melhores oportunidades de educação, de emprego, para cuidar da saúde e elevar seu status.

Artigo 4 — Ao promover o planejamento familiar, o Governo do Povo, em todos os níveis, bem como seus quadros executarão suas funções administrativas estritamente de acordo com a lei e garantirão o cumprimento da lei no âmbito civil, e não poderão infringir direitos e interesses legítimos dos cidadãos.

Será amparada pela lei a execução legal das funções oficiais por parte dos departamentos administrativos encarregados do planejamento familiar e seus quadros.

Artigo 5 — O Conselho do Estado exercerá liderança sobre os programas de planejamento populacional e familiar em todo o país. O governo local, em todos os seus níveis, exercerá liderança sobre os programas de planejamento populacional e familiar dentro do limite de suas respectivas regiões administrativas.

Artigo 6 — O departamento administrativo para planejamento familiar sob o Conselho do Estado ficará encarregado do programa de planejamento familiar e do programa populacional no que diz respeito ao planejamento familiar da nação como um todo.

Departamentos administrativos do governo local ou acima do nível de condado encarregados do planejamento familiar ficarão responsáveis pelo programa de planejamento familiar e pelo programa populacional no que diz respeito ao planejamento familiar dentro dos limites de suas regiões administrativas.

Os demais departamentos administrativos do governo local do povo ou acima do nível de condado ficarão encarregados dos aspectos concernentes aos programas de planejamento populacional e da família que se encontrem nos limites de suas funções.

Artigo 7 — Organizações públicas como sindicatos, ligas da Juventude Comunista, associações de mulheres e associações de planejamento familiar, bem como empresas, instituições e cidadãos individuais, devem auxiliar o governo do povo a implementar os programas de planejamento populacional e da família.

Artigo 8 — O Estado recompensa organizações e indivíduos que tenham realizado contribuições especiais no âmbito do programa populacional e do planejamento familiar.

CAPÍTULO II FORMULAÇÃO E IMPLEMENTAÇÃO DE PLANOS DE DESENVOLVIMENTO POPULACIONAL

Artigo 9 — O Conselho do Estado fará o planejamento do desenvolvimento populacional e os incorporará aos planos nacionais de desenvolvimento econômico e social. Baseado nos planos para desenvolvimento populacional em toda a nação, e tendo tais planos sido feitos pelo governo do povo em nível imediatamente mais alto, governos do povo no nível de condado ou acima deverão, à luz das condições locais, apurar tais planos para suas regiões administrativas e incorporá-los nos seus planos de desenvolvimento econômico e social.

Artigo 10 — Governos do povo no nível de condado ou em níveis superiores formularão, com base nos planos de desenvolvimento populacional, planos para a implementação de programas de planejamento populacional e familiar, e tomarão providências para tal implementação.

Os departamentos administrativos de planejamento familiar do governo do povo em nível de condado ou em nível superior deverão ser responsáveis pela implementação rotineira dos planos populacional e familiar.

O governo do povo de aldeias, aldeias étnicas e pequenas cidades, bem como escritórios regionais de áreas urbanas, se encarregarão dos programas de planejamento populacional e familiar nas áreas sob sua jurisdição e implementarão os planos de planejamento populacional e familiar.

Artigo 11 — Nos planos de implementação dos programas de planejamento populacional e familiar, serão especificadas medidas para manter o tamanho da população sob controle, melhorando os serviços de saúde para a mãe e para o filho e elevando a qualidade geral da população.

Artigo 12 — De acordo com a lei, comitês de aldeias e comitês de residentes farão um êxito dos programas de planejamento familiar. Departamentos do governo, as forças armadas, organizações públicas, empresas e instituições deverão fazer dos programas de planejamento familiar um êxito em suas próprias unidades.

Artigo 13 — Departamentos encarregados de planejamento familiar, educação, ciência e tecnologia, cultura, saúde pública, assuntos civis, imprensa e publicações, bem como emissoras de rádio e tevê, deverão tomar providências para educar o povo sobre a importância do programa populacional e do planejamento familiar. Para o bem público, os meios de comunicação de massa obrigatoriamente darão publicidade ao programa populacional e ao planejamento familiar.

Escolas deverão, de forma adequada às características do seu público e de maneira planejada, conduzir, entre os alunos, educação sobre fisiologia e saúde, puberdade ou saúde sexual.

Artigo 14 — O planejamento familiar entre migrantes deve ser conjuntamente gerenciado pelo governo do povo da localidade onde a residência do cidadão migrante está registrada e pelo governo do povo da localidade onde eles estiverem vivendo, mas sobretudo pelo último.

Artigo 15 — O Estado, com base no desenvolvimento nacional econômico e social, gradualmente aumenta a verba total para os programas de planejamento populacional e familiar. O governo do povo em todos os níveis deve garantir a verba necessária para os referidos programas.

O governo do povo, em todos os níveis, deve dar apoio especial aos programas de planejamento populacional e familiar em áreas carentes e em áreas habitadas por população [de minoria] étnica.

O Estado incentiva que organizações públicas, empresas, instituições e indivíduos ofereçam auxílio financeiro à população e aos programas de planejamento familiar.

Nenhuma unidade e nenhum indivíduo poderão reter, reduzir ou apropriar-se de forma indevida dos fundos destinados para programas de planejamento populacional e familiar.

Artigo 16 — O Estado incentiva a pesquisa científica bem como o intercâmbio e a cooperação internacional no que diz respeito aos programas de planejamento populacional e familiar.

CAPÍTULO III REGULAMENTAÇÃO DA REPRODUÇÃO

Artigo 17 — Os cidadãos têm direito à reprodução bem como a obrigação de praticar o planejamento familiar de acordo com a lei. Tanto o marido quanto a esposa carregam igual responsabilidade quanto ao planejamento familiar.

Artigo 18 — O Estado mantém sua atual política no que diz respeito à reprodução, incentivando casamento e procriação tardios e advogando em favor de um filho por casal. Quando os requerimentos especificados pela lei e pelas regulamentações forem contemplados, planos para um segundo filho, se requeridos, poderão ser realizados. Medidas específicas nesse sentido devem ser formuladas pela Assembleia Popular provincial, da região autônoma ou da municipalidade autônoma diretamente submetida ao governo central ou por seu Comitê Permanente.

O planejamento familiar também será introduzido para as populações [de minoria] étnica. Medidas específicas nesse sentido deverão ser formuladas pela Assembleia Popular Provincial, da região autônoma ou da municipalidade autônoma diretamente submetida ao governo central ou por seu Comitê Permanente.

Artigo 19 — O planejamento familiar será praticado principalmente por meio da contracepção.

O Estado cria condições para assegurar que cada cidadão escolha, de forma consciente, métodos de contracepção seguros, eficazes e apropriados. Quando procedimentos de controle de natalidade forem necessários, a integridade da pessoa tratada será assegurada.

Artigo 20 — Casais em idade de reproduzir deverão conscienciosamente adotar métodos de contracepção e aceitar procedimentos técnicos e orientação quanto ao planejamento familiar.

Artigo 21 — Casais em idade de reproduzir que praticarem planejamento familiar receberão gratuitamente os serviços técnicos básicos especificados pelo Estado.

Os recursos necessários para o fornecimento dos serviços especificados no parágrafo anterior deverão, de acordo com regulamentações concernentes do Estado, ser listados no orçamento ou ser assegurados por planos de seguridade social.

Artigo 22 — Ficam proibidos a discriminação e maus-tratos de mulheres que derem à luz bebês do sexo feminino e de mulheres que sofrerem de infertilidade. Ficam proibidos a discriminação, maus-tratos e o abandono de bebês do sexo feminino.

CAPÍTULO IV COMPENSAÇÕES E SEGURIDADE SOCIAL

Artigo 23 — O Estado, de acordo com as regulamentações, oferece compensações a casais que praticarem planejamento familiar.

Artigo 24 — Para facilitar o planejamento familiar, o Estado estabelece e aprimora o sistema de seguridade social cobrindo o seguro básico de velhice, o seguro médico básico, o seguro maternidade e benefícios de bem-estar.

O Estado incentiva empresas a oferecerem modalidades de seguros que facilitem o planejamento familiar.

Em áreas rurais onde as condições permitirem, vários tipos de esquemas de apoio à velhice podem ser adotados de acordo com os princípios de orientação do governo e com a boa vontade de parte da população rural.

Artigo 25 — Cidadãos que se casarem tarde e protelarem a procriação estão sujeitos a não mais terem direito a licença nupcial e de maternidade, bem como a outros benefícios.

Artigo 26 — De acordo com regulamentações concernentes do Estado, durante os períodos de gravidez, parto e amamentação as mulheres gozarão de uma garantia de emprego especial e terão direito a assistência e subsídios.

Cidadãos que se submeterem a operações cirúrgicas em função do planejamento familiar gozarão de licenças conforme especificado pelo Estado. O governo da localidade pode lhes oferecer compensações.

Artigo 27 — O Estado deve fornecer ao casal que voluntariamente optar por ter apenas um filho durante toda a vida um "Certificado de Honra para Pais de Filhos Únicos". Casais que receberem o referido certificado gozarão de compensações de acordo com as regulamentações concernentes do Estado e da província, da região autônoma ou da municipalidade autônoma diretamente submetida ao governo central.

Quando medidas de lei, regras ou regulamentações especificarem que as compensações para casais que tenham apenas um filho durante toda a vida devem ser dadas pelas unidades onde eles trabalharem, tais unidades deverão executar as referidas medidas.

Quando o filho único de um casal sofrer de deficiência ou for morto em um acidente e o casal decidir não ter nem adotar outro filho, o governo local do povo deverá fornecer ao casal a assistência necessária.

Artigo 28 — Governos locais do povo, em todos os níveis, auxiliarão famílias rurais que praticarem planejamento familiar a desenvolver empreendimentos econômicos, apoiando-as e dando-lhes tratamento preferencial em termos de recursos, tecnologia e treinamento.

Famílias carentes que praticarem planejamento familiar receberão prioridade em termos de empréstimos assistenciais, auxílio por meio de trabalho e outros projetos de combate à pobreza, bem como de assistência social.

Artigo 29 — Medidas especiais para conferir as compensações especificadas no presente capítulo devem ser formuladas pelas Assembleias Populares, ou por seus Comitês Permanentes ou pelo Governo do Povo em nível provincial, de regiões autônomas, de municipalidades autônomas diretamente submetidas ao governo central ou de cidades grandes de acordo com as disposições da presente lei, de leis concernentes e regulamentações administrativas, na luz das condições locais.

CAPÍTULO V SERVIÇOS TÉCNICOS PARA O PLANEJAMENTO FAMILIAR

Artigo 30 — O Estado estabelece sistemas de assistência médica pré-nupcial e natal para prevenir ou reduzir a incidência de problemas de nascimento e aprimorar a saúde dos recém-nascidos.

Artigo 31 — O governo do povo em todos os níveis deve tomar medidas para assegurar aos cidadãos o acesso aos serviços técnicos de planejamento familiar, a fim de aprimorar sua saúde reprodutiva.

Artigo 32 — O governo do povo local em todos os níveis deve distribuir de forma racional e fazer uso múltiplo de recursos de saúde, estabelecer e aprimorar instituições que fornecem serviços técnicos de planejamento familiar bem como instituições médicas e de assistência médica que fornecem tais serviços, além de aprimorar a estrutura e as condições e elevar o nível de tais serviços.

Artigo 33 — Instituições que fornecem serviços técnicos de planejamento familiar e instituições médicas e de saúde que forneçam tais serviços deverão, dentro dos limites de suas respectivas responsabilidades, conduzir, entre grupos de pessoas de diferentes idades reprodutivas, propaganda e educação de conhecimento básico sobre o programa populacional e planejamento familiar, fornecer check-ups pré-natais e acompanhamento para mulheres casadas em idade fértil, oferecer conselhos e orientação bem como garantir serviços técnicos no que diz respeito ao planejamento familiar e à saúde reprodutiva.

Artigo 34 — Pessoas que fornecerem serviços técnicos de planejamento familiar orientarão cidadãos que pratiquem planejamento familiar na escolha de métodos contraceptivos seguros, eficazes e apropriados.

Casais que já tenham filhos são incentivados a escolher métodos contraceptivos de longa duração.

O Estado incentiva a pesquisa, o emprego e o uso amplo de novas tecnologias e contraceptivos para fins de planejamento familiar.

Artigo 35 — É estritamente proibido o uso de ultrassonografia e outras técnicas de identificação do sexo do feto com objetivos não médicos. É estritamente proibida a realização de aborto para seleção de sexo com fins não médicos.

CAPÍTULO VI RESPONSABILIDADE LEGAL

Artigo 36 — Qualquer pessoa que, violando as disposições da presente lei, cometer um dos seguintes atos será instruída a se corrigir e receberá uma advertência disciplinar, e seus ganhos ilegais serão confiscados pelo departamento administrativo responsável pelo planejamento familiar ou pela saúde pública; se os ganhos ilegais excederem 10 mil yuans, o infrator será multado em não menos que duas vezes e não mais que seis vezes o valor dos ganhos ilegais; se não houver ganho ilegal algum ou se os referidos ganhos forem inferiores a 10 mil yuans, ele será multado em não menos do que 10 mil yuans e não mais que 30 mil yuans; se as circunstâncias forem agravantes, sua licença deverá ser cassada pela autoridade que a'conferiu; se um crime for constituído, a pessoa deverá ser investigada por responsabilidade criminal, de acordo com a lei:

(1) realizar ilegalmente uma cirurgia relacionada a planejamento familiar em outra pessoa;

(2) usar ultrassonografia ou outra técnica para identificar o gênero do feto com fins não médicos ou para a realização de aborto objetivando seleção de sexo com fins não médicos em outra pessoa; ou

(3) realizar uma cirurgia de controle de natalidade falsa, fornecendo um falso relatório médico, ou fornecendo um certificado falsificado de planejamento familiar.

Artigo 37 — Se alguém forjar, alterar ou comercializar certidões de planejamento familiar, seus ganhos ilegais serão confiscados pelo departamento administrativo encarregado do planejamento familiar; se os ditos ganhos excederem 5 mil yuans, o infrator será multado em não menos que duas porém não mais que dez vezes o valor dos referidos ganhos; se não houver tais ganhos ou se os ganhos forem inferiores a 5 mil yuans, ele será multado em não menos que 5 mil yuans mas não mais que 20 mil yuans. Se a ofensa constituir um crime, ele será indiciado por responsabilidade criminal de acordo com a lei.

Certidões de planejamento familiar obtidas por meios ilícitos serão revogadas pelo departamento administrativo responsável pelo planejamento familiar; se a culpa recair sobre a unidade que emite tal certificado, os encarregados e demais pessoas diretamente responsáveis receberão sanções administrativas de acordo com a lei.

Artigo 38 — Encarregados de fornecer serviços técnicos para planejamento familiar que operarem contrariando regras e regulamentações ou que protelarem medidas necessárias, diagnóstico ou tratamento, se as consequências forem sérias, arcarão, de acordo com as leis e regulamentações administrativas pertinentes, com a responsabilidade legal cabível.

Artigo 39 — Qualquer funcionário de um órgão do Estado que cometer uma das seguintes faltas no trabalho de planejamento familiar será indiciado por responsabilidade criminal de acordo com a lei, se o ato constituir um crime; se o ato não constituir um crime, ele receberá uma sanção administrativa de acordo com a lei; seus ganhos ilícitos, se houver, serão confiscados:

(1) infringir os direitos pessoais, direitos de propriedade ou outros direitos e interesses legítimos de um cidadão;

(2) abusar de poder, negligenciando seu dever ou entregando-se a práticas indevidas para ganho pessoal;

(3) solicitar ou aceitar propinas;

(4) reter, reduzir, mal apropriar-se ou desviar verbas para planejamento familiar ou importância referente a multas de manutenção social; ou

(5) inventar dados estatísticos falsos ou enganosos sobre a população ou planejamento familiar, além de fabricar, adulterar ou recusar-se a fornecer tais dados.

Artigo 40 — Qualquer unidade que, em violação das disposições da presente lei, descumprir sua obrigação de auxiliar na administração do planejamento familiar será instruída a fazer uma retificação e criticada em circular emitida pelo governo do povo local concernente; os encarregados e as demais pessoas diretamente responsáveis receberão sanções administrativas de acordo com a lei.

Artigo 41 — Cidadãs que derem à luz bebês de forma a desrespeitar as disposições do Artigo 18 da presente lei pagarão a taxa de manutenção social prescrita por lei.

Cidadãs que descumprirem o pagamento integral da referida taxa, pagável dentro do limite de tempo especificado, pagarão cada um uma sobretaxa adicional, de acordo com as concernentes regulamentações do Estado, a contar da data em que cada um descumprir o pagamento da taxa; no que diz respeito àqueles que ainda assim descumprirem o referido pagamento, o departamento administrativo de planejamento familiar que decide sobre a coleta de taxas deverá, de acordo com a lei, dirigir-se à Corte do Povo, para que se faça cumprir a lei.

Artigo 42 — Quando a pessoa que deveria pagar as taxas de manutenção social de acordo com as disposições descritas no Artigo 41 da presente lei for um funcionário do Estado, ela receberá, ainda, uma sanção administrativa, de acordo com a lei; no que diz respeito a um infrator que não for funcionário do Estado, uma medida disciplinar deverá, ainda assim, ser tomada a seu respeito pela unidade ou pela organização à qual ele pertencer.

Artigo 43 — Qualquer pessoa que resistir ou obstruir a realização dos deveres oficiais do departamento administrativo encarregado de planejamento familiar ou de seus membros ficará sujeita a críticas e deverá ser impedida pelo departamento administrativo de planejamento familiar. Se seu ato constituir uma violação das regulamentações administrativas, essa pessoa receberá, de acordo com a lei, uma punição por tal violação; se tal violação constituir um crime, ela será indiciada por responsabilidade criminal.

Artigo 44 — Cidadãos, pessoas jurídicas ou organizações que acreditarem que um departamento administrativo está infringindo seus direitos e interesses legais ao seguir o programa de planejamento familiar poderão, de acordo com a lei, apelar por uma revisão administrativa ou dar início a um processo administrativo.

CAPÍTULO VII DISPOSIÇÕES SUPLEMENTARES

Artigo 45 — Serão formuladas pelo Conselho do Estado medidas específicas de planejamento familiar entre migrantes, medidas para fornecer a eles serviços técnicos de planejamento familiar, bem como medidas referentes à cobrança de taxas de manutenção social.

Artigo 46 — Medidas específicas para a implementação da presente lei pelo Exército de Libertação do Povo Chinês serão formuladas pelo Comitê Militar Central.

Artigo 47 — Esta lei entrará em vigor em 1º de setembro de 2002.

Apêndice C
Suicídio entre mulheres

Cientistas nos informam que o suicídio é uma das maiores causas de morte entre os chineses jovens, sendo que mulheres e meninas são as mais afetadas.

Em um ensaio publicado no jornal médico britânico *The Lancet*, cientistas americanos e chineses afirmam que o suicídio é a quinta maior causa de morte na China, sendo responsável por 3,6% de todas as mortes. Essa pesquisa, baseada em dados do Ministério da Saúde da China referentes aos anos de 1995 a 1999, revelou que um em cada cinco chineses que morriam com idade de quinze a 34 anos havia cometido suicídio. Esses pesquisadores eram de dois hospitais psiquiátricos bem reputados: Hospital Huilong, de Beijing, e a Harvard Medical School, de Massachusetts. Eles afirmaram que a China é um dos poucos países do mundo em que o índice de suicídios entre as mulheres é mais alto que o índice entre os homens: 25% mais mulheres que homens cometem suicídio.

CAMPONESAS JOVENS

Eles afirmaram que o que tornava a China um caso único era o fato de as diferenças nos índices de suicídios bem-sucedidos terem origem em um índice de suicídio muito alto entre camponesas mulheres. Na faixa de idade dos quinze aos 34 anos, 30% das mulheres e meninas que morriam eram suicidas; o índice entre seus contemporâneos homens era de apenas 12,5%.

A pesquisa mostrava que esse alto índice de suicídio entre mulheres era consequência de tentativas de autoagressão. No mundo todo, as mulheres são mais propensas à autoagressão que os homens. Na China, é fácil pôr as mãos em substâncias químicas fortes para uso agrícola, e em zonas rurais há uma carência de profissionais da área médica. Isso significa que virtualmente todas as tentativas de suicídio foram bem-sucedidas, apesar de que as mulheres que se mataram não necessariamente desejassem morrer.

CAMPONESES VELHOS[1]

A pesquisa descobriu que pessoas de idade vivendo no interior são o grupo mais propenso a tirar a própria vida; o índice de suicídio dessa parcela da população é duas vezes mais alto que o índice entre mulheres jovens. Os autores do artigo apontam que o fato de a cultura chinesa tradicional dar aos velhos um status elevado torna essa descoberta particularmente digna de atenção.

A pesquisa sugere que não há, na China, fortes proibições religiosas ou legais que coíbam o suicídio. Também não há um sistema de bem-estar social, nem outras redes de segurança.

1. Na China, antes de 1999, 78% da população era composta de camponeses.

A pesquisa revela que na China 38% dos suicidas têm algum tipo de doença mental. Isso significa que os demais suicídios resultam de pressões extremas, talvez de doenças sérias ou dificuldades financeiras.

Apêndice D
As dezoito maravilhas de Chengdu

Todas as localidades da China têm uma lista das suas "maravilhas", que estão sempre em constante mudança. As *Dezoito maravilhas de Chengdu* abaixo são as do final dos anos 1980.

1. OS HABITANTES DE CHENGDU FICAM DOENTES SE NÃO FOREM DIARIAMENTE A UMA CASA DE CHÁ

Os habitantes de Chengdu adoram tomar chá. Naquela época, a população do distrito metropolitano de Chengdu era de mais de 10 milhões, e da cidade em si, 3 milhões ou mais — e 200 mil desses habitantes de fato passavam seus dias nas casas de chá da cidade. As pessoas costumam dizer que os moradores de Beijing saíram em busca de oportunidades, os moradores de Shanghai, em busca da moda; para as pessoas de Guandong, era o dinheiro, mas o que as pessoas de Chengdu queriam era viver a vida. Como costumam dizer, ganhe um pouco de dinheiro, vá até uma pequena casa de chá, jogue um pouco de mah-jong,

260

coma alguns bons kebabs, assista a um filme ou dois e compre algumas ações não muito importantes.

2. AS ESPERTAS MULHERES DE CHENGDU SÃO ADORÁVEIS

As mulheres de Chengdu são conhecidas pela beleza. A explicação é que o clima é muito úmido, como acontece em toda a província de Sichuan, então os sichuanenses comem muita pimenta picante, o que os faz suar e assim se livrar da gordura. Perder peso as deixa mais bonitas. Há um ditado que diz: "Vá para Beijing pelos prédios, para Shanghai pelas pessoas, para a ilha de Hainan pelas prostitutas, para o nordeste pelas pessoas altas, para Xi'an pelas tumbas, para Yunnan pelos afloramentos de calcário e para Chengdu pelas garotas". E há outro: "Em Beijing, você se sente insignificante, em Guandong, você se sente pobre, na ilha de Hainan, você se sente doente, e em Chengdu, você sente que se casou cedo demais".

3. OS HOMENS DE CHENGDU ADORAM AQUELAS LINDAS MULHERES QUE LHES ENTORTAM AS ORELHAS

Há clubes de torcedores de futebol em toda parte, mas em Chengdu há um clube incomum, o Clube das Orelhas Tortas. O que quer dizer orelhas tortas? É uma associação de homens que ficaram com medo das esposas, que lhes dão puxões de orelhas até que eles obedeçam a suas ordens.

4. QUEM É DE CHENGDU COME PICLES EM TODAS AS REFEIÇÕES

As pessoas de Chengdu são metódicas em seus hábitos alimentares. Os três elementos-chave da sua dieta são picles de vegetais, hot pot* e chá. Precisam que o hot pot os alimente, que o chá corte o excesso de gordura, e os picles, além de ser uma maneira de ingerir legumes, ajuda na digestão. Picles e hot pot fazem uma combinação ideal. Como diz o ditado, "Se você misturar carne e legumes, o arroz nunca é desperdiçado; se você misturar homens e mulheres, eles nunca se cansam".

5. VENDEDORES AMBULANTES DE "LANCHES DE APOSTADORES" ANUNCIAM SEUS PRODUTOS AOS GRITOS TODAS AS NOITES

Os habitantes de Chengdu adoram ficar acordados até tarde jogando mah-jong, e os jovens adoram passar a noite na rua. Por volta da meia-noite, eles ficam com fome e começam a procurar "lanches de apostadores". A maior parte dos restaurantes fecha cedo, então a comida noturna é vendida por vendedores de rua, direto dos seus triciclos. Alguns ganham a vida desse jeito, e vivem bem, porque seus clientes são jogadores de cartas e apostadores. Se quem está pagando é um apostador que ganhou, ninguém vai prestar atenção no preço, e se quem está pagando é o apostador que perdeu, então vale a pena que comam para compensar um pouco terem perdido no jogo.

---

* Prato chinês das regiões frias. Consiste numa panela funda aquecida por carvão ou por eletricidade, contendo um caldo quente em que os comensais vão mergulhando os mais variados ingredientes, de fatias de carnes variadas a legumes e cogumelos.

6. HÁ JOGOS DE MAH-JONG EM TODAS AS ESQUINAS

Chengdu é uma cidade descontraída, e seus habitantes passam o tempo todo bebendo chá, saindo para comer e jogando mah-jong. As pessoas não perdem nenhuma oportunidade de jogar mah-jong: jogam em celebrações familiares, jogam em funerais, jogam em visitas de fim de semana a restaurantes do interior, voltam para casa do trabalho, jantam e jogam mah-jong. Todo mundo joga o tempo todo. Alguns homens jogam até que a esposa o abandona e leva os filhos consigo, mas os jogadores não conseguem deixar seu amado jogo.

7. SE UM RATO MORRE, TODO MUNDO SE JUNTA EM VOLTA PARA VER

Os habitantes de Chengdu adoram pequenos escândalos de rua. Conforme diz o ditado, "Para juntar ao seu redor três círculos de pessoas, bastar cuspir". Se não acredita em mim, experimente: se vir uma formiga mudando o formigueiro de um lugar para outro na rua, observe-a com cuidado. Provavelmente alguém vai aparecer e perguntar o que você está olhando. Quando você disser do que se trata, a pessoa não vai acreditar, então vai se abaixar ao seu lado e olhar também. Assim que você tiver duas ou três pessoas olhando, em menos de meia hora serão pelo menos uma dúzia de curiosos.

8. SEMPRE QUE FAZ TEMPO BOM, TODO MUNDO CORRE PARA TOMAR BANHO DE SOL

Chengdu tem um clima estranho. "Os cachorros de Sichuan latem para o sol", como dizem, porque o sol é uma raridade nessa cidade. Se o sol brilha no inverno, então todo mundo corre com os amigos para o campo para fazer uma refeição em um restaurante do interior ou para ir até a casa de chá mais próxima e relaxar sob os raios de sol. Os moradores de Chengdu dizem que tomar sol no inverno elimina a umidade do corpo.

9. NINGUÉM FAZ FOFOCA NEM CONTA VANTAGEM COMO OS HABITANTES DE CHENGDU

Em toda a China as pessoas fofocam, e dão ao ato os mais variados nomes, mas em Chengdu elas são campeãs.

10. EM CHENGDU, OS CONVIDADOS RECEBEM UMA MASSAGEM NOS PÉS OU NA CABEÇA

Os habitantes de Chengdu adoram se divertir. Se quiserem fazer amizade com você ou se quiserem sua ajuda para alguma coisa, primeiro vão convidá-lo para uma lauta refeição. Quando estiver cheio de tanto comer e beber, então vão levá-lo a um salão para uma massagem relaxante nos pés ou na cabeça.

11. PEQUENOS COMERCIANTES LEVAM A MELHOR DAS VIDAS

Isso significa os pequenos comerciantes que passam os dias sentados em casas de chá, assistindo à ópera de Sichuan, com as pernas cruzadas e joelhos agitando-se no ritmo da música. Não sofrem pressão nem têm responsabilidade alguma, e tampouco dão importância para as aparências. Algumas pessoas os tomam por espíritos de porco. Mas eles sabem muito bem que levam uma vida boa.

12. ATÉ MESMO BEM-SUCEDIDOS HOMENS E MULHERES DE NEGÓCIOS ADORAM CAFÉS PÉ-SUJO

Chengdu tem um monte de gente que se deu bem nos negócios, mas apesar de todo o seu dinheiro, o que essa gente realmente adora fazer é passar o tempo em uma casa de chá barulhenta ou em um café pé-sujo, ou então comer kebabs ou algum outro lanche direto numa banquinha de rua.

13. AS PESSOAS MONTAM SEUS TABULEIROS DE XADREZ EM QUALQUER ESQUINA

Você pode ver gente jogando xadrez em todas as vias principais e em todos os becos sem saída. Nas vias principais, nem sempre são os campeões de xadrez que você encontra, mas você nunca vai vencer quem estiver por ali. O melhor que você pode desejar é um empate, mas desse jeito você nunca vai ganhar dinheiro algum.

14. AS JOVENZINHAS DE CHENGDU SE TRANSFORMAM EM PEQUENAS MADAMES

Se você vir uma senhora de idade em Chengdu, deve chamá-la de Irmã Mais Velha; se vir uma mulher jovem, chame-a de Irmã Mais Nova; e se você vir uma mãe de meia-idade se levantando como uma jovem, também deve chamá-la de Irmã Mais Nova.

15. TODAS AS MULHERES USAM SAPATOS DE COURO

As mulheres elegantes de Chengdu costumavam usar roupas de grife e anéis de ouro nos dedos. Mais tarde, itens de luxo importados se tornaram a marca da elegância. Mulheres que não têm dinheiro para comprar sapatos feitos com couro de verdade usam sapatos de imitação de couro.

16. QUANTO MAIS JORNAIS SURGEM, MAIS ELES VENDEM

Todo mundo em Chengdu gosta de ler jornal. É a primeira coisa que as pessoas fazem quando vão a uma casa de chá, e às vezes leem as coisas mais incríveis. Então pegam o telefone e contam aos amigos. Os jornais de Chengdu sustentam um grande número de jornalistas e escritores. O número de jornais também faz com que se reúnam num mesmo lugar e dá a Chengdu uma atmosfera bastante cultural.

17. AS BICICLETAS VÊM COM UMA SOMBRINHA SOBRE O SELIM

Em Chengdu, a chuva chega do leste, assim que o sol se põe no oeste. À noitinha, o sol raia o céu de vermelho no oeste, enquanto se esconde atrás das montanhas. As mulheres de Chengdu muitas vezes fixam um porta-sombrinha na traseira das suas bicicletas e ali enfiam a sombrinha.

18. CHEGA-SE MAIS RÁPIDO AO TRABALHO DE BICICLETA DO QUE DE ÔNIBUS

Chengdu tem muitas alcunhas, como cidade-tartaruga e cidade-brocado, mas também tem outro apelido: os moradores chamam-na de cidade-engarrafamento. Então Chengdu é o reino das bicicletas — quase todo morador tem uma, e as lojas de bicicleta ganham um dinheirão.

Agradecimentos

Meu sincero obrigado:

Às mães chinesas que abriram o coração para mim e me contaram sobre suas vidas secretas; às filhas chinesas que me perguntaram sobre suas raízes e confiaram em mim; às famílias adotivas ocidentais que me escreveram e incentivaram a ter coragem e a representar as mães chinesas secretas às suas amadas filhas da China... Minha alma foi regada vezes sem conta pelas minhas lágrimas enquanto eu escrevia este livro e sentia a sua dor e o seu amor.

A Nicky Harman, minha tradutora, Alison Samuel, meu editor, todas as pessoas que trabalham na Toby Eady Associates, e a todos que trabalharam neste livro: juntos vocês me ajudaram a fazer com que as mães chinesas secretas sejam conhecidas em inglês, e me ajudaram a partilhar o amor delas pelas filhas com leitores de todo o mundo...

A instituição The Mothers' Bridge of Love formou uma ponte entre diferentes culturas e reuniu incontáveis voluntários de todas as idades, de pessoas com mais de cinquenta anos até crianças em idade pré-escolar, de uns vinte países ou mais, todas elas em busca da cultura chinesa. Juntos empreendemos a missão de ajudar crianças adotadas a encontrar suas raízes. Juntos experimentamos a felicidade de milhares de famílias adotivas que envolvemos em nossas atividades. A muito custo tateamos nosso caminho pelo golfo que separa a cultura ocidental e a cultura chinesa; fomos inspirados pelo apoio que as filhas encontraram no The Mothers' Bridge of Love. Cada voluntário se tornou uma parte indispensável das atividades do The Mothers's Bridge of Love. Quanto às pessoas nomeadas a seguir, considero inestimável sua contribuição para a construção de pontes interculturais: Meiyee Lim e Wendy Wu, ex-diretoras executivas do MBL; Emily Buchanan, Toby Eady, Jeremy Gordon, Ching-He Huang, Christina Lamb, Kailan Xue, administradores do MBL; chefes de equipe do MBL e todo e qualquer voluntário do MBL em vários países, bem como o conselheiro jurídico do MBL, Wilfrid Vernor-Miles. Perdoem-me por não nomear individualmente todos vocês, voluntários, e por favor aceitem meu sincero obrigado por seu entusiasmo pela cultura chinesa e pelo trabalho amoroso que vocês têm feito pelas crianças chinesas e suas mães. A gratidão que tenho por vocês não conhece limites.

ESTA OBRA FOI COMPOSTA POR 2 ESTÚDIO GRÁFICO EM MINION E
IMPRESSA PELA GEOGRÁFICA EM OFSETE SOBRE PAPEL PÓLEN
SOFT DA SUZANO PAPEL E CELULOSE PARA A
EDITORA SCHWARCZ EM FEVEREIRO DE 2011